PLOTIN

# Seele – Geist – Eines

Enneade IV 8, V 4, V 1, V 6 und V 3

Griechischer Lesetext und Übersetzung
von Richard Harder,
in einer Neubearbeitung fortgeführt
von Rudolf Beutler und Willy Theiler,
eingeleitet, mit Bemerkungen zu Text und
Übersetzung und mit bibliographischen
Hinweisen versehen
von Klaus Kremer

Griechisch-deutsch

FELIX MEINER VERLAG
HAMBURG

PHILOSOPHISCHE BIBLIOTHEK BAND 428

Studienausgabe aus PhB 211 a (Enn. IV 8, V 4, V 1),
PhB 212 a (Enn. V 6) und PhB 215 a (Enn. V 3)

CIP-Titelaufnahme der Deutschen Bibliothek

*Plotinus:* Seele – Geist – Eines : Enneade IV 8, V 4, V 1, V 6 und V 3 ; griechisch-deutsch / Plotin. Griech. Lesetext u. Übers. von Richard Harder. In e. Neubearb. fortgef. von Rudolf Beutler u. Willy Theiler. Eingeleitet, mit Bemerkungen zu Text u. Übers. u. mit bibliograph. Hinweisen vers. von Klaus Kremer. – Hamburg : Meiner, 1990
(Philosophische Bibliothek ; Bd. 428)
ISBN 3-7873-0928-4
NE: Harder, Richard [Übers.]; Beutler, Rudolf [Bearb.]; Gt

 Satz: C.H. Beck'sche Buchdruckerei, Nördlingen, und Satzoffizin Hümmer, Waldbüttelbrunn. Druck: W. Carstens, Schneverdingen. Verarbeitung: Hansa Buchbinderei, Hamburg. Einbandgestaltung: Jens Peter Mardersteig. Gedruckt auf säurefreiem, alterungsbeständigem Werkdruckpapier. Printed in Germany.

# INHALT



## Plotin

*Text und Übersetzung*

# VORWORT

Die in dieser Studienausgabe zusammengestellten fünf Schriften aus der Harder-Beutler-Theiler-Ausgabe erscheinen mir besonders geeignet, Plotins Weg zum Einen aufzuzeigen: den Aufstieg von der in der Welt, aber auch noch in der Seele und sogar im Nus noch anzutreffenden Vielheit zum schlechthin Einen. Die Begründung der Auswahl gerade dieser Schriften gibt der Abschnitt 2 der nachfolgenden Einleitung, die – dem Zwecke dieser Ausgabe entsprechend – keine umfassende Kommentierung der Texte, sondern eine systematische Einführung in das Denken Plotins geben will.

Der Studienausgabe sind daher weder ein Kommentar noch Anmerkungen beigegeben, zumal die Erläuterungsbände der oben genannten Gesamtausgabe diesbezüglich noch immer als verbindlich gelten dürfen. Außerdem ist auf die nach wie vor vorzüglichen Einleitungen (Notices) zu den einzelnen Schriften in der Plotinausgabe von Bréhier sowie auf den kritischen Kommentar von Cilento zu verweisen. Allerdings hielt ich es meinerseits für notwendig, aufgrund der inzwischen abgeschlossenen textkritischen Standardausgaben von P. Henry und H.-R. Schwyzer (editio maior und editio minor) den mir als besonders wichtig erscheinenden Stellen die neue oder bessere Lesart aus der editio minor beizugeben. Das geschieht hier in einer gesonderten Tabelle, die die Lesarten Harder$^2$ und H-S$^2$ bzw. die danach nochmals vorgenommenen Korrekturen enthält, und zwar im Anschluß an den Griechisch-Deutschen Text. Als wünschenswert erschien auch eine Tabelle, welche die Quellenangaben, soweit sie die fünf hier gebrachten Schriften betreffen, bietet. Diese Tabelle erscheint als Schlußteil der vorliegenden Plotinausgabe.

Was die Einleitung anbelangt, so hat mir das, was ich gebracht habe, weniger Kopfzerbrechen bereitet als vielmehr jenes, das ich, zum Teil unter Schmerzen, habe weglassen müssen. Eine Einleitung vermag keinen fortlaufenden Kommentar zu ersetzen.

Herrn Manfred Meiner danke ich für die ehrende Anfrage, die mich zur Konzeption dieser Ausgabe anregte, für das Eingehen auf meine Vorschläge und die Mühewaltung der Drucklegung. Für Hilfen beim Korrekturenlesen bin ich meinem Assistenten, Herrn Dr. phil., Dr. theol. Werner Schüßler, sowie Frl. Claudia Schwickerath und Frl. Carola Fleck zu Dank verpflichtet. Ein Wort des Dankes schulde ich last not least Hans-Rudolf Schwyzer, mit dem ich seit mehr als 20 Jahren korrespondiere. Er hat Einleitung und Lesartentabelle durchgesehen und mir für letztere noch wertvolle Hinweise gegeben, wenngleich ich aus Raumgründen nicht alle aufnehmen konnte.

Trier, den 24. Mai 1990 *Klaus Kremer*

# EINLEITUNG

## *1. Zur Chronologie der fünf Schriften*

Die fünf hier abgedruckten Schriften Plotins* nehmen in der uns von Porphyrios (* ca. 233 n. Chr.), dem Schüler und Herausgeber der plotinischen Werke (300 n. Chr.), überlieferten Chronologie der 54 Schriften Plotins folgende Reihenfolge ein: Die Schriften IV 8, V 4 und V 1 gehören in die erste Schaffensperiode Plotins, das heißt in die Zeit zwischen 253 und 263 n. Chr. Als Porphyrios im Jahre 263 zu Plotin stieß, hatte dieser, wie Porphyrios berichtet (Vita Plotini 4,1–14), 21 Schriften verfaßt, von denen die Schrift IV 8 an sechster Stelle stand, gefolgt von V 4 an siebenter und V 1 an zehnter Stelle (ebd. 4,32 f. 34.41 f.). Zur Chronologie Plotins insgesamt sind Harder², Vc, Igal² und Schwyzer¹, 313,41–315,15 heranzuziehen. Für Plotins Lebensweg sind instruktiv und erhellend Harder (257–295) und Schwyzer¹ (315,16–316,29).

Die Schrift V 6 fällt nach dem Bericht des Porphyrios (ebd. 5,1–15) in die Zeit seines knapp sechsjährigen Aufenthaltes bei Plotin (bis 268). Sie nimmt den Platz 24 in der chronologischen Reihenfolge ein (ebd. 5,13–15). Die Schrift V 3 gehört der Spätphase des plotinischen Schreibens an. Sie ist die 49. in der chronologischen Anordnung, mit den Schriften 46, 47, 48 und 50 noch in Rom 268/269, dem ersten Regierungsjahr von Kaiser Claudius II., verfaßt und noch im selben Jahr dem inzwischen nach Sizilien abgereisten Porphyrios nachgesandt (ebd. 6,1–16; vgl. Schwyzer¹, 315,62–316,3). Die genannten fünf Schriften umfassen daher einen schriftstellerischen Zeitraum von rund 15 Jahren. Da Plotin erst im Alter von etwa 50 Jahren zu schreiben begann, lassen seine Schriften wenig

* Zur Zitationsweise der in der Einleitung verwandten Literatur vgl. das an die Einleitung sich anschließende Quellen- und Literaturverzeichnis.

Entwicklungsgeschichtliches vermuten. Auf einige jedoch in diese Richtung weisende Stellen wird, soweit sie die hier zu behandelnden Schriften betreffen, einzugehen sein (s. unten Abschnitt 6,a u. b).

## *2. Durchgehende Fragen in den fünf Schriften*

Eine Reihe von Hauptthemen findet sich in allen oder fast allen diesen Schriften:

### a) Frage der Hypostasen

Die Frage der drei Hypostasen (Seele-Nus-Eines), nach Plotins Auffassung im platonischen Parmenides bereits grundgelegt (V 1,8), wird erstmalig in V 4 (7)[1] aufgegriffen, in V 1 (10) prinzipiell behandelt, bleibt in V 6 (24) im Blick und erfährt in V 3 (49) eine ihrer reifsten Ausformungen.

### b) Plotins quaestio vexata: Wie kann das Viele aus dem Einen hervorgehen?

Das von Bréhier (40) als Plotins quaestio vexata bezeichnete Problem, wie das Viele aus dem Einen hervorgehen könne, wird in allen Schriften ausdrücklich ventiliert, in IV 8,6,1–22, in V 4,1,21–41 und V 4,2,12 f., in V 1,6,1–12 und V 1,7,5 f., in V 6,6,29 und V 3,15,1–10. In abgewandelter Form zeigt sich dieses Problem in IV 8,5 in der Frage nach dem Grund des Abstiegs der Seele in die irdische Welt. Das gleiche Problem kann von Plotin auch so angepackt werden: Wie kann das Eine geben, was Es nicht hat? Hat Es die Dinge, dann ist Es nicht einfach! Hat Es sie nicht, wie kann Es sie dann geben (V 3,15,1–3)? Die beste Antwort darauf gibt er in der 38.

[1] Die Zahlen in Klammern beziehen sich auf die chronologische Anordnung der Schriften.

Schrift chronologischer Reihenfolge (VI 7,17,3–9), wonach das Gebende nicht haben muß, was es gibt, weil das Gebende das Höhere und das Gegebene das Geringere ist (vgl. auch V 3,15,5–10, s. unten S. XXVII f.).

### c) Ein Etwas unserer Seele weilt immer im Geist (Nus)

Als eine Neuerung – es handelt sich um eine Kardinalthese von ihm – gegenüber den kaiserzeitlichen Platonikern (vgl. Harder², Ib, 439) bezeichnet Plotin in IV 8,8,1–3 seine Lehre, daß "ein Etwas der Seele" immer im rein geistigen Bereich, der für ihn mit dem Nus der zweiten Hypostase zusammenfällt, verweile. "Denn während zum Beispiel Numenios (Jamblich bei Stobaeus 1 S. 380,15 ff.) den Abstieg auf das Böse der Seele zurückführt, und so die Gnostiker, gibt Plotin der irdischen, im Leibe weilenden Seele den geistigen Adel zurück, sein erster Protest gegen die gnostischen 'Schauerdramen'" (Harder², Ib, 440). Die Schrift V 1 wird in Erinnerung an IV 8 geschrieben, wie überhaupt die Darstellung der drei Hypostasen in V 1 im Dienst der Seelenlehre steht (Bréhier, 7 f., Notice zu V 1)[2]. Im Sinne des augustinischen "Du aber warst noch innerlicher als mein Innerstes und höher noch als mein Höchstes"[3] entdeckt unsere Seele die Hypostasen in sich (V 1,10,5 f. und V 1,11,1–15). Wie der Nus immer auf Jenes (das Eine) schauen muß, um Nus sein zu können, und nichts zwischen beiden steht, so muß auch der obere 'Teil' der Seele immer auf den Nus schauen, damit die Seele bestehen kann. Und ebensowenig steht etwas zwischen ihr und dem Nus (V 1,6,45–49; vgl. unten Abschnitt 5,c). Die Thematik

[2] Zur Schrift V 1 bietet Brunner eine gut paraphrasierende Darstellung des Textes.

[3] Tu autem eras interior intimo meo et superior summo meo (Conf. III 6,11). Für das augustinische "Geh' nicht nach draußen, in Dich selbst kehre zurück. Im inneren Menschen wohnt die Wahrheit" (De vera religione 39,72,202) ist Plotin I 6,9,7 ("Kehre ein zu Dir selbst und sieh Dich an") Hintergrund und Anregung. Denn Augustinus kannte diese Schrift bereits vor seiner Bekehrung.

von dem auf den Nus gerichteten 'Teil' der Seele kehrt wieder in V 3,7,26–34 mit der aufschlußreichen Ergänzung, daß die Seele dadurch gleichsam in ihr Inneres gerichtet sei. Meistens formuliert Plotin umgekehrt, daß die Hinwendung ins eigene Innere die Hinwendung zum eigenen Ursprung bedeutet (vgl. z.B. VI 9,2,35f.). Ein sachlicher Unterschied liegt nicht vor.

Eng mit Plotins Anschauung von dem in der geistigen Welt bleibenden 'Teil' der Seele hängt seine Entdeckung des Unbewußten zusammen, eine "so spezifisch plotinisch(e)" Lehre, wie Harder[2] zu Recht anmerkt (Ib, 440). Nicht erst Leibniz, schon gar nicht erst Freud, sondern Plotin ist der Entdecker des Unbewußten (vgl. IV 8,8,3–11; erwähnt wiederum in V 1,12,1–12)[4].

### d) Das Sich-selbst-Denkende ist der Nus

Das im eigentlichen Sinne sich selbst denkende Prinzip ist der Nus, die zweite Hypostase. Das darüberliegende Prinzip, das Eine, bedarf des Selbstdenkens bzw. der Selbsterkenntnis nicht mehr, das darunterliegende Prinzip, die Seele, hat die Selbsterkenntnis noch nicht bzw. erreicht sie erst wieder beim Aufstieg zum Geist (Nus), im Stadium der Geistwerdung also. Die Selbsterkenntnis des Nus wird behandelt in V 6 und V 3,5–13, ist aber ebenfalls angesprochen in V 4,2,10f. 13f. und in V 1,4.8 und 9.

[4] An einschlägiger Literatur hierzu vgl.: Les Sources, 343–390 (grundlegend); Ph. Merlan, Monopsychism, Mysticism, Metaconsciousness (The Hague 1963) 13ff.; E.W. Warren, Consciousness in Plotinus: Phronesis 9(1964)83–97. F.M. Schroeder, Synousia, Synaisthesis and Synesis: Presence and Dependence in the Plotinian Philosophy of Consciousness. In: Aufstieg und Niedergang der römischem Welt, Bd. 36,1 hg. v. W. Haase (Berlin-New York 1987) 677–699.

### e) Sein, Denken und Leben sind eins

Gemäß dem plotinischen Verständnis der zukunftsträchtigen und schicksalhaften Äußerung des Parmenides, daß Denken und Sein dasselbe sind (τὸ γὰρ αὐτὸ νοεῖν ἐστί τε καὶ εἶναι, Vorsokratiker, frg. B 3), erblickt Plotin im Nus den Ineinsfall von wahrem Denken und wahrem Sein. Beide gehören zusammen, sie verlassen einander nicht und sind etwas höchst Lebendiges. Das wird betont vorgetragen in V 4,2,43 f. und in V 6,6,18–23, aber auch in V 1,4,26–33, V 3,11,14 und V 3,13, 22–34 gelehrt.

## *3. Plotins Erkenntnisweg: Vom Sinnenhaften über Seele und Nus zum Einen*

Plotins Philosophie wird meistens als eine Philosophie "von oben" beschrieben, um mich eines inzwischen en vogue gekommenen Ausdrucks zu bedienen. Im vorhergehenden Abschnitt 2,b wurde auf Plotins quaestio vexata hingewiesen, wie nämlich das Viele aus dem Einen hervorgehen könne. Über die in den fünf Schriften genannten Stellen hinaus haben wir viele andere Belege bei Plotin (vgl. Kremer[1], 156 Anm. 426), die die Vorstellung suggerieren, als ob Plotin gewissermaßen auf der "Höhe" Gottes stehe und miterlebe, wie aus dem Einen über die Zwischenstufen Nus und Seele die sinnenhafte Welt hervorgehe. In Wirklichkeit ist auch Plotin den Weg "von unten nach oben" gegangen. Die sinnenhafte Welt, das herrlichste Abbild der intelligiblen Welt (vgl. IV 8,6,23–28; II 9,4,22–32; II 9, 8,8–29), läßt ihn nach derem einheitsbegründenden Ursprung, der Seele, fragen (vgl. IV 8,6,23 f.; V 1,4,2–7; III 8,10,32–35; III 8,11,33–35). Die Vielheit nicht nur der Seelen, sondern die Vielheit in *jeder* Seele treibt sein Denken zu der Frage nach derem einheitsstiftenden Grund (V 1,3,1–23; VI 9,1,1–43; VI 9,5,4–7), dem Nus. Da der Nus, wie wir noch sehen werden (vgl. Abschnitt 5,a), auch Vielheit *in sich* ist, bedarf er – und damit alles ihm Nachgeordnete – eines *absolut einfachen* Prinzips als Grund von allem

(III 8,11,19–23.33–39 u. Kremer[3], 999f.). Zudem hat Plotin eigens angemerkt, daß wir nur aus dem der Natur nach Späteren, zu dem in erster Linie die Sinnendinge gehören (VI 9,3,14–19), zur Erkenntnis des der Natur nach Ersten, des Einen, aufsteigen können (V 3,14,1–8; VI 8,11,7f.; VI 9,5,33f.).

Spätere Denker haben sehr gut erfaßt, daß für die Neuplatoniker der Aufstiegsweg gegenüber dem Abstiegsweg, einer vermeintlichen Deduktion des Vielen aus dem Einen, der *logisch frühere* ist. Denn mit diesen teilten sie die grundlegende Einsicht, daß die in der Erfahrungswelt offenkundig zu konstatierende Vielheit auf eine absolute Einheit zurückgeführt werden müsse, um Existenz und Fortbestand erlangen zu können. Darum kann beispielsweise Cusanus in seiner Schrift "Vom Frieden im Glauben" (De pace fidei) wiederholt das ihm vor allem durch seine Prokloslektüre bekannte *neuplatonische* Prinzip anführen: "Vor jeder Vielheit ist die Einheit" (ante enim omnem pluralitatem est unitas[5]). Exemplarisch hat Plotin diesen Aufstiegsweg in der frühen Schrift VI 9(9),1,1–3,54 dargestellt. Dort, aber auch anderswo, fallen die den Aufstieg bezeichnenden Worte: ἀναβαίνειν VI 9,3,21; V 1,3,3; V 1,4,6; V 3,17,6; ἐπάγειν bzw. ἐπαναγαγεῖν VI 9,1,42; VI 9,3,18; ἀναγωγή V 4,1,1–5; III 8,10,20; V 5,4,1–6; VI 8,21,22. Ganz in diesem Sinne werden die Späteren von einer ascensio, einer reductio oder resolutio aller Dinge auf ihren Ursprung reden. Das vor aller Augen liegende Viele bedarf der Rückführung auf das gänzlich Eine. "Denn nicht aus Vielem wird das Viele, sondern unser Vieles hier wird aus Nichtvielem. Denn wäre auch Jenes selber Vieles, so wäre Es nicht der Urgrund, sondern es müßte ein anderes Prinzip vor Ihm geben" (V 3,16,12–14; vgl. auch V 3,12,9–14; V 3,15,11–15; V 3,17, 6–15; bes. V 6,3,1–25; V 6,4,6–13).

Ist man auf diesem aufsteigenden Weg, der für Plotin immer ein Weg ins Innere des Menschen ist (VI 9,2,35f.; VI 9,3,20f.), einmal zum Einen gelangt, dann stellt sich natürlich die Frage, wie aus diesem gänzlich Einen und Einfachen überhaupt etwas und dazu noch ein in sich Vieles entstehen

[5] De pace 4 (h VII, N. 11; S. 11, Z. 21).

konnte. Denn dieses Eine ist das Selbstgenügsamste (αὐταρκέστατον V 4,1,12; V 3,13,17; V 3,17,14; VI 9,6,17f.24) und in jeder Hinsicht Unbedürftigste, nicht einmal seiner selbst bedürfend, ganz im Unterschied zum Nus, der nicht nur des Einen, sondern auch seiner selbst bedarf (V 3,13,16–19; VI 9, 6,20.24–26). Wichtig ist daher: Nur weil Plotin im Aufstieg vom Sinnlichen zum Geistigen die Hypostasen erkannt hatte, wobei er auf Vorgaben der Tradition zurückgriff, konnte er die Frage stellen, wie diese sich denn voneinander herleiten, ohne der Illusion zu verfallen, den Modus des Hervorgangs zu kennen. Mit Hybris, wie manche Autoren (z.B. E. von Ivánka) gemeint haben, hat Plotins Frage nach dem Wie des Hervorgangs des Vielen aus dem Einen nichts zu tun. Der Ansatz seines Erkenntnisweges “von unten” hat aber auch nichts mit Empirismus zu tun, weil die Seele ihre Inhalte vom Nus empfängt (vgl. V 3,2,9–11; V 3,3,6–12; VI 9,5,5–7) und Seele bei Plotin vom Nus, d.h. vom Geist und nicht von der der Seele nachgeordneten Natur her verstanden wird (vgl. die Auseinandersetzung mit den Stoikern in IV 7,8[3]; ferner V 9,4).

## *4. Zur Seele*

Wenn Plotins tatsächlicher Erkenntnisweg von unten nach oben verläuft, dann soll dem auch in der Behandlung der drei Hypostasen Rechnung getragen werden. Ich beginne daher mit der *Seele* und skizziere kurz die wichtigsten Elemente in unseren fünf Schriften, wobei, wie auch in den folgenden Abschnitten, Ausgriffe auf die anderen Schriften erfolgen.

Das fundamentale Problem in der Schrift IV 8 ist die Frage nach dem Warum des Abstiegs der Seele in die Leibeswelt. Daß diese Schrift eröffnet wird mit einem, wie Harder[2] mit gutem Grund betont (Ib, 439), “kostbare(n) Selbstbekenntnis”, einem “Bericht vom eigenen Erlebnis der Versenkung und von der Erfahrung, daß die Rückkehr aus ihr wie eine Wiederholung des Werdevorgangs ist”, sei wenigstens erwähnt. Harder[2] beurteilt diesen Bericht als “in der Präzision und Schlichtheit ohne Parallele im Altertum” (ebd.; vgl. auch

Bréhier, 211 f., Notice zu IV 8). In seiner Schrift "De instituto christiano" (40,1–9) greift Gregor von Nyssa diese Stelle auf, ebenso Ambrosius in seiner Schrift "De Isaac" 4,11 (650,16–651,5).

### a) Freiwilliger oder/und notwendiger Abstieg der Seelen?

Plotins Interesse in diesem Traktat gilt weniger der Erklärung der Verbindung von Seele und Leib als vielmehr der Aufrechterhaltung der Göttlichkeit der Seele trotz dieser Verbindung. Aber warum haben sich die Seelen, die nicht anders als das Eine, der Geist und die sinnenhafte Welt von Ewigkeit her existieren (vgl. III 2,1,20–26), mit einem Leib verbunden? Es geht Plotin hauptsächlich darum, folgenden bei Platon anscheinend bestehenden Widerspruch zu beseitigen: Phaidon (62b2–5; 65d1; 67d1), Staat (514a5; 515c4–5; 517b4–5; 619d7; 523e3) und Phaidros (246c2.d4; 247d5; 248c9; 249b2) beklagen und verwerfen die Gemeinschaft der Seele mit dem Leib (IV 8,1,26–41), wogegen der Timaios (29a3; 30b3.8; 34b8; 39e7–9 u. 92c8) unseren Kosmos einen seligen Gott preist und die Entsendung der Seelen, sei es in die Einzelleiber oder in den Weltleib, auf die Güte des Schöpfers zurückführt. Alle Arten von Wesen, die in der geistigen Welt waren, sollen auch im sinnenhaften Kosmos vorhanden sein (IV 8,1,41–50). Ist daher der Abstieg der Seelen, wenn sie aufgrund der Güte des Schöpfers zur Vervollkommnung des Alls herabgesandt wurden, ein notwendiger oder noch ein freiwilliger (IV 8,2,5 f.; IV 8,5,7 f.)? Einen Widerspruch bei Platon will Plotin nicht gelten lassen (IV 8,5,1–7), vor allem deshalb nicht, weil ein Etwas der Seele stets oben bleibt und die Seele niemals völlig im Leibe versunken ist (IV 8,4,30 f.; IV 8,8,1–23; vgl. oben Abschnitt 2,c). Insofern bleibt die Göttlichkeit der Seele trotz ihrer Verbindung mit dem Leib gewahrt. Die Weltseele herrscht ohnehin souverän über den Weltleib (IV 8,2,14–19.22–24.45–53; IV 8,7,26–31; II 9,9,31 f.) und sendet nur "den letzten Ausläufer ihrer Kraft in ihr (= der Welt) Inneres hinab" (IV 8,2,33). Und was den freiwilligen

(IV 8,4,10–21; IV 8,5,8f.26; V 1, 1,5; V 2,1,25–27) und/oder unfreiwilligen Abstieg der Seelen (IV 8,4,37f.; IV 8,5,8.10f.; IV 8,7,2–4; IV 3,13,17) anbelangt? Läßt IV 8,2,5f. die Freiwilligkeit oder Notwendigkeit des Abstiegs der Weltseele offen, so erscheint er in IV 8,7,30f. als notwendig. Bréhier hat in diesen beiden gegenläufigen Reihen des Plotin bereits eine Vorwegnahme von Leibnizens prästabilierter Harmonie erblickt, so anachronistisch dies auch scheinen könnte (214, Notice zu IV 8). Henry[2] (LXIII) zählt das dargestellte Problem zu den größeren Unvereinbarkeiten (major inconsistencies) im plotinischen Denken, das Plotin einfach auf die platonischen Dialoge zurückführe.

In der Tat, Plotin bietet hier keine glatte Lösung. Denn nicht Freiheit, sondern Notwendigkeit durchzieht das von ihm mehrmals hier angezogene Motiv, daß die Wirklichkeit weder auf der Stufe des Geistes (IV 8,3,27–30; IV 8,7,17–22) noch auf der des Einen (IV 8,6,1–6) und daher auch nicht auf der der Seele (IV 8,5,26f. 29–37; IV 8,6,6f.; IV 8,7,23–26) stehen bleiben durfte. Die in diesen Texten fallenden Worte wie ἀναγκαῖον, φύσεως ἀνάγκῃ καὶ νόμῳ (= notwendig, nach der Notwendigkeit und dem Gesetz der Natur) sind wohl kaum mit Freiheit und Freiwilligkeit zu vereinbaren. Vielleicht hätte Plotin, wenn ihm dieser Begriff damals schon zur Verfügung gestanden hätte, eher von einer Antinomie gesprochen.

### b) Der “Amphibien”-Charakter der Seele

Aus ihrer Verbindung mit dem Leib ergibt sich für die Seele eine mehrfache Funktion. Sie hat einerseits die Aufgabe des Denkens (νοεῖν) bzw. ist mit ihrem oberen ‘Teil’ zum Nus hin gerichtet, ist andererseits formender und ordnender Regent des ihr Nachgeordneten (IV 8,3,21–27; IV 8,8,11–23). Daraus resultiert ihr Charakter, *“gleichsam wie Amphibien”* in zwei Elementen zu leben, bald dort oben, bald hienieden (IV 8, 4,31–35). Der Seele kommt eine *Mittelstellung* (μέσην τάξιν) im Reich der Wirklichkeit zu, insofern sie, prinzipiell dem Göttlichen zugehörig, doch am untersten Rand des geistigen

Reiches lebt und der sinnlichen Welt als ihr *Grenznachbar* (ὅμορον) etwas von ihrem Sein dargibt (IV 8,7,1–8; VI 4,16,18f.). Sie ist die letzte Wesenheit der geistigen, die erste Wesenheit der sinnenhaften Welt (IV 6,3,5–7). In der Schrift IV 4,3,11 wird dieser Amphibien-, Vermittlungs- und Grenznachbarcharakter der Seele weiter verdeutlicht durch den Begriff der *Grenzscheide* (μεθόριον). Das alles sind Bestimmungen, die in spätantiker (z.B. bei Nemesius v. Emesa) und mittelalterlicher Philosophie wie Theologie (z.B. bei Thomas v. Aquin) von grundlegender Bedeutung für die Lehre von der Seele und dem Menschen werden. Der Mensch wird hier weniger in aristotelischem Sinne als "vernunftbegabtes Sinneswesen", sondern vielmehr als das auf der Grenzscheide und am Horizont von Ewigkeit und Zeit lebende Wesen verstanden. Aus dieser Naht- und Vermittlungsstelle der Seele und des Menschen, in IV 3,11,19 sogar als Dolmetscherfunktion (ἑρμηνευτική) zwischen geistiger und sinnlicher Welt verstanden, ließen sich weitreichende Konsequenzen für die moderne Ökologie-Problematik ziehen[6].

### c) Gott in uns

Bleibt der obere 'Teil' der Seele immer auf den ihr vor- und übergeordneten Nus gerichtet, von dem die Seele abstammt (V 1,3,1–25; V 1,6,45–49; V 1,7,36–49), und bedeutet ihr Aufstieg zum Einen nichts anderes als die Hinwendung in ihr Inneres, dann "berühren wir mit einer solchen Stelle in uns auch Ihn (= den Gott), sind mit Ihm verknüpft und vereinigt" (V 1,11,13f.). "So wie auch der Kreismittelpunkt für sich ist, und doch jeder Radius des Kreises einen Punkt in jenem liegen hat, zu dem (= Kreismittelpunkt) dann die Linien das

[6] Vgl. hierzu meine beiden Aufsätze: Wer ist das eigentlich – der Mensch? Zur Frage nach dem Menschen bei Thomas von Aquin. In: Trierer Theol. Zeitschr. 84/2–3(1975)73–84 u. 129–143; Mensch und Natur – philosophisch-theologische Überlegungen zum Problem und zur Diskussion. In: Ebd. 94/4(1985)257–279.

Individuelle hinzufügen" (V 1,11,10–13). Denn nicht nur der Nus, sondern auch Gott, der Urgrund des Nus, ist in uns (V 1,11,6f.; V 1,10,5f.; VI 7,34,9.12f.; vgl. oben Abschnitt 2,c), ein Gedanke wiederum, der für die ganze neuzeitliche und moderne Diskussion um die Transzendenz und Immanenz Gottes von erhöhter Bedeutung ist.

### d) Selbsterkenntnis der Seele?

In V 3 wird das schwierige Problem der Selbsterkenntnis bzw. des Selbstdenkens angegangen. Selbsterkenntnis, der Spruch des delphischen Orakels (vgl. Harder², Vb, 368f.), spielt im platonischen Charmides (164d3–169c2) eine Rolle, ebenso bei Sextus Empiricus (Adv. math. VII 310). In beiden Schriften wird sie abgelehnt; im Charmides mit der Begründung, daß, wie jedes Sehen ein Sehen von Farben ist, so jedes Erkennen ein von sich selbst verschiedenes Objekt haben müsse; bei Sextus Empiricus mit der Begründung, daß, wenn der Geist sich selbst erkennen solle, er entweder als *ganzer erkennender* ist und somit kein Erkenntnisobjekt mehr haben könne, oder er *mit einem Teil* von sich als erkennendem einen anderen Teil von sich als zu erkennenden erfasse. Aber wie erfaßt er dann den erkennenden Teil von sich (vgl. die ausgezeichnete Notice zu V 3 von Bréhier, 37f. u. 40)? Ob Plotin die Charmides-Diskussion, auf die er weder hier noch sonstwo Bezug nimmt, nicht kannte bzw. sie absichtlich ignorierte, muß offen bleiben (vgl. Les Sources, 364). Plotin geht mit Sextus Empiricus[7] darin einig, daß Selbsterkenntnis des Geistes nicht darin bestehen kann, daß dieser mit einem Teil von sich einen anderen Teil von sich erkennt (V 3,5,1–48). Daß Selbsterkenntnis jedoch nicht in der Weise stattfinden könne, daß der Geist als ganzer sich als ganzen erkennt, Erkenntnissubjekt und -objekt daher zusammenfallen, weist er zurück. Denn der Ablehnung einer derart verstandenen Selbsterkenntnis liegt die stillschweigend gemachte Voraussetzung

[7] Adv. math. VII 310–312 liegt V 3,5,1–48 zur Diskussion zugrunde.

zugrunde, auch bei der *Selbst*erkenntnis müßten, wie bei jeder sonstigen Erkenntnis, Erkennendes und Erkanntes verschieden sein. Im Geist bzw. Nus fallen vielmehr Erkennendes, Erkanntes und Erkennen (νόησις) in eins zusammen (V 3,5,43–48). "Der Nus denkt durch das Denken, das er selber ist, und er denkt das Gedachte, das er wiederum selbst ist" (ebd. 45f.; zur Selbsterkenntnis und insbesondere der des Nus vgl. Schwyzer, in: Les Sources, 363–368,373f.).

Wie steht es aber nun mit der Selbsterkenntnis der Seele? Plotin lehnt eine solche, wie schon oben vermerkt (Abschnitt 2,d), ab. Das Aisthetikon der Seele richtet sich auf äußere Wahrnehmungsdinge (V 3,2,2–4; V 3,8,32f.), das Logizomenon prüft sowohl das von der Wahrnehmung wie vom Nus Kommende (V 3,2,7–14), das Dianoetikon hat auch noch nicht die Fähigkeit der Rückwendung auf sich selber (V 3,2,23f.). Es nimmt die von oben und von unten zu ihm gelangenden Eindrücke (τύποι) verstehend auf (V 3,2,24f.), geht daher noch von den Einzeldingen aus, hat aber andererseits aus sich bereits einen Maßstab des Guten bei sich, so daß es das in der Erfahrung Gegebene z.B. als "gut" oder "nicht gut" beurteilen kann (V 3,3,6–9). Logizomenon (V 3,2,7) und Dianoetikon (διανοητικόν V 3,2,23; διάνοια V 3,3,2) scheinen zwar zunächst unterschieden zu werden, aber die den beiden gerade zugeteilten Funktionen werden in V 3,3,14f. (vgl. V 3,3,20f.) als Tätigkeiten des Überlegungsvermögens (λογιζομένης δυνάμεως) bezeichnet[8]. Gemeint ist die diskursive Erkenntnis, die sich in λογισμοί (V 3,3,14.35; V 3,17,5; V 1,3,13; V 1,11,1.2.4.5; συλλογίζεσθαι V 3,9,20–22; V 3,17,28) und in einem "Ablauf des Denkens" (διέξοδος V 3,17,23–25) bewegen muß, ein anderes νοεῖν als das des Nus (V 6,2,1.17). Die Seele hat den Nus bloß als etwas Zugebrachtes (ἐπακτόν), wogegen der Nus ihn als etwas ihm von Hause aus Eigenes (οἰκεῖον)

[8] Bréhier, 39f., Notice zu V 3, spricht einfach und m.E. richtig von der "raison discursive", während Harder², Va u. Vb, in der Übersetzung schwankt, λογιζόμενον bald mit "Verstandesvermögen" (2,7), bald mit "Überlegungsvermögen" wiedergebend (3,15), unter διανοητικόν aber auch die "diskursive Überlegung" verstehend (2,23; 3,20).

besitzt (V 6,4,17f.). Letzteres erklärt auch, woher die Seele den Maßstab des Guten in sich hat, nämlich vom Nus. "Es ist dies nämlich der reinste Bezirk der Seele, und er empfängt den Abglanz, der sich vom Geist herabsenkt" (V 3,3,11f.; V 3,4,1–4.17–23). Alle Operationen der ratio discursiva benötigen noch die Sinneswahrnehmung bzw. befassen sich noch mit den äußeren Dingen, wogegen der Nus nur das erforscht, was in ihm ist (V 3,3,15–18; V 3,4,15f.), so daß ihm allein die Selbsterkenntnis zukommen kann. "Wir sind nämlich nicht Nus" (οὐ γὰρ νοῦς ἡμεῖς V 3,3,31). Wir folgen zwar dem Nus, vermöge des ihn aufnehmenden Überlegungsvermögens (V 3,3,31f.; V 3,4,1), wie wir uns auch der Wahrnehmung bedienen, und dennoch sind wir es genausowenig, die wahrnehmen (V 3,3,32f.). Es ist weder der Nus noch die Wahrnehmung, sondern das Überlegungsvermögen (λογιζόμενον), das unser Ich ausmacht (τοῦτο γὰρ ἡμεῖς V 3,3,35f.). Oder wie Plotin mit folgenden einmaligen Worten erneut die Mittelstellung der menschlichen Seele (vgl. oben Abschnitt 4,b) und damit das Arteigene des Menschen zum Ausdruck bringt: "Die Betätigungen des Nus aber kommen von oben, und ebenso die aus der Wahrnehmung von unten; wir aber sind dies Hauptstück der Seele (τοῦτο ὄντες τὸ κύριον τῆς ψυχῆς), mitten inne (μέσον) zwischen zwiefachem Vermögen, niederem und höherem, wobei das Niedere die Wahrnehmung, das Höhere der Nus ist. Aber die Wahrnehmung ist nach allgemein zugestandener Meinung immer die unsere – denn wir nehmen immer wahr –, beim Nus aber ist das umstritten, einmal weil wir uns nicht immer seiner bedienen, sodann weil er abgetrennt ist. Abgetrennt (χωριστός) ist er aber nur, insofern er nicht seinerseits sich zu uns herneigt, sondern vielmehr wir uns zu ihm wenden, indem wir nach oben hinaufblicken. Die Wahrnehmung dient uns als Bote, der Nus aber herrscht als König über uns"[9] (V 3,3,36–45; vgl. auch V 3,6,19–22 zur Etymologie von Dianoetikon). Daß die Ablehnung der Selbsterkenntnis für die Seele nicht auch zugleich

[9] Zitat aus Platon, Phileb. 28c7; vgl. auch Vorsokratiker, Anaxagoras, Frg. B 12.

die Negation des Selbstbewußtseins beinhaltet, hat Schwyzer vortrefflich herausgearbeitet (Les Sources, 367 f., 376 f.).

Wir sind nicht Nus! Können wir aber nicht Nus werden durch Aufstieg oder Rückkehr zu ihm bzw. durch Hinwendung in unser eigenes Inneres, um so zur Selbsterkenntnis zu gelangen? Da Seinskonstituierung für Plotin Hervorgang *und* Rückkehr der Dinge zu ihrem Ursprung beinhaltet (kurz und exemplarisch in V 2,1,3–13 dargestellt), ist der Seele die Rückkehr zu ihrem Ursprung natürlich möglich. Sie kann daher Geist werden (V 3,4,7.9–15.20–31; V 3,8,45–56), welche Geistwerdung besonders eindringlich noch in V 8,11 beschrieben wird. Dabei wird zugleich in V 8 wie V 3 deutlich, daß die Geistwerdung der Seele nicht die Auslöschung ihrer Individualität bedeutet (vgl. auch V 1,5,3; IV 3,5,3–6), genausowenig wie die Einung der Seele mit dem Einen in der mystischen Schau nicht die Annihilierung der Seele impliziert. Denn wenn die Seele dort angekommen ist, erklärt Plotin, ist sie nicht zu einem anderen, sondern zu sich selbst gelangt (VI 9,11,38 f.)[10]. Die Stufe der Anähnlichung (ὁμοίωσις) wird weder bei der Geist- noch bei der Einswerdung überschritten, wie sehr sich die Seele dabei auch als "wie ein anderer geworden" empfinden mag (ἄλλον γενόμενον in bezug auf die Geistwerdung V 3,4,12; in bezug auf die Einswerdung VI 9,9,58; VI 9,10,15; VI 9,11,41–45). Das häufig in diesem unmittelbaren Kontext gebrauchte Wörtchen οἷον (gleichsam) verbietet das Ineinanderaufgehen von Seele und Nus bzw. von Seele und Einem (V 1,5,3; III 8,6,25; VI 7,35,4 f.; VI 9,10,15). In V 3,8,23–36 wird sehr schön ausgeführt, daß, wie der Widerschein des Lichtes in der Seele, ähnlich das Licht des Geistes ist, aber viel herrlicher (κάλλιον), größer (μεῖζον) und klarer (ἐναργέστερον). Das ist eine parallele Aussage zu dem etwas früheren Wort Plotins in VI 8,18,32 f., daß dasjenige in jenem Einen von ähnlicher Beschaffenheit ist wie dasjenige im Geist, jedoch um vieles größer.

[10] Vgl. zum Ganzen Kremer², 41–68, bes. 51–55.

## 5. Zum Nus (Geist)

Da die Seele noch Vielheit ist (ἓν καὶ πολλά V 1,8,26), muß sie gemäß dem oben (S. XIII f.) skizzierten Grundgedanken auf eine absolute Einheit zurückgeführt werden. Die der Seele am nächsten stehende Einheit ist der Nus, der aber ebenfalls noch Vielheit aufweist, der, wie Plotin jetzt sagt, ein "Eines-Vieles" (ἓν πολλά V 4,1,21; V 3,15,11) ist.

### a) Warum der Nus Vielheit ist

Worin besteht nun die Vielheit des Nus? Sie ergibt sich von mehreren Perspektiven her gesehen. Vielheit ist der Nus, weil in ihm, trotz Realidentität, Erkennendes und Erkanntes bzw. Erkenntnissubjekt und -objekt unterschieden werden müssen (V 4,2,10 f.; V 6,2,2–7.16–20), weil es in ihm Erkennendes und *Erkennen* gibt (V 6,6,9–11), obwohl sie sachlich in eins fallen (V 3,5,43–45; V 3,6,7; V 3,8,16–18; V 3,10,12). Wir haben im Nus Denkendes und Seiendes (ὄν, εἶναι) als das Gedachte (V 1,4,26–33; V 4,2,43 f.). Der Nus ist der Inbegriff der Ideen (V 4,2,44–48; V 1,7,28–35; VI 9,2,26 f.), er macht bei seiner Entstehung das Eine zum Vielfältigen (V 3,11,1–9), er selbst ist "eine der von Gott verliehenen Gaben, oder vielmehr ist er alle diese verliehenen Gaben selber" (V 3,7,6 f.). Das Seiende als Denkobjekt des Nus ist schon in sich ein Vielfältiges (V 6,6,18–23; V 3,11,20; V 3,13,24–34; V 3,17,2; VI 9,2,42–47). Denn das Gedachte muß bereits ein in sich Differenziertes (ποικίλον) sein, um gedacht werden zu können (V 3,10,15 f.27–31.40–42). Überhaupt muß sich das Denken in der Zweiheit bewegen; auch das eigentliche Denken, nämlich das Sich-selbst-Denken (V 3,13,14), muß die Momente der Selbigkeit und Andersheit sowie der Ruhe und Bewegung aufweisen (V 1,4,33–43; V 3,10,23–25). "Das Denken scheint ja überhaupt ein Vorgang zu sein, bei dem viele Momente ins Selbe zusammenkommen und dann ein Bewußtsein (συναίσθησιν = Mitgewahren) des Ganzen stattfindet, wenigstens wenn ein Ding sich selber denkt, und das bedeutet ja Denken im echten Sinne, wobei denn jedes einzelne Moment ein Selbst für sich ist und nichts weiter sucht. Bezieht sich dagegen das Denken auf die Außendinge, so ist es ein mangelhaftes und kein Denken im eigentlichen Sinn” (V 3,13,12–16). Das Mitgewahren (συναίσθησις) ist immer schon das Gewahren einer *Vielheit*, wie dies ja auch der Name selbst bezeuge (V 3,13,21 f.), eine wichtige Aussage für das Problem, ob dem Einen, wenn schon keine Selbsterkenntnis, so doch wenigstens Selbstbewußtsein zukommen könne (vgl. unten Abschnitt 6,b).

### b) Zur Entstehung des Nus

Die Frage, wie der Geist entstehe, scheint Plotin prima vista recht plausibel zu beantworten. Nach V 3,11,1–16 macht der Nus sich auf zu Jenem, dem ganz Einfachen, als Noch-nicht-Nus bzw. wie eine nichtsehende Sehkraft (ὄψις οὔπω ἰδοῦσα). In diesem Zustand ist er bloßer Drang (ἔφεσις) und ungeprägtes Sehen (ἀτύπωτος ὄψις), noch nicht Denken, weil er noch kein Gedachtes (τὸ νοητόν), und noch nicht Nus, weil er noch nicht gedacht hatte. Was ereignet sich nun, wenn der Nus jenes Einfache in den Blick nehmen will (ἐπιβάλλειν Z. 13)[11]? Was er mit sich nimmt beim Abschied, ist ein anderes (ἄλλο Z. 3 u. 7), das in ihm selber zur Vielheit geworden ist. Ein anderes (Z. 6) war es also, das er als ungeprägte Sehkraft begehrte – er hatte davon nur eine unbestimmte Vorstellung bei sich –, ein anderes, das er beim Abschied mitbekam, da er es nämlich in sich zur Vielheit gemacht hatte. Die zuvor ungeprägte Sehkraft besitzt nunmehr eine Prägung des Schaunisses (τύπον τοῦ ὁράματος), diese Prägung bedeutet ein Vielwerden statt des Einsseins, und so erkennend sah die Sehkraft das Schaunis. In diesem Augenblick wurde sie se-

[11] In Z. 2 ist nach Schw., 201 zu V 3,11,2, abweichend von H-S¹ u. H-S², jetzt ἐπιθάλλειν (‘auf etwas blühen’) zu schreiben. Er verweist auf seinen Artikel in: Mus. Helv. 41 (1984) 74–80. Die meisten Handschriften haben ἐπιθάλλειν.

hende Sehkraft (ἰδοῦσα ὄψις), d.h. Nus[12]. Indem der Nus daher im Zustand des bloßen Dranges und ungeprägten Sehens das Jenseitige in den Blick nimmt, auf eine ungeistige Weise (ἀνοήτως VI 7,16,14), wird er von Ihm geprägt, sieht Es und konstituiert sich zu Nus[13]. Ein zeitliches Nacheinander darf hierbei nicht angenommen werden. Entstehung und Wirken des Nus unterliegen nicht der Zeit.

Nicht gesagt hat uns allerdings Plotin, wie die noch nicht sehende Sehkraft überhaupt ins Dasein gelangt ist. Es sieht so aus, als habe Plotin den zweiten vor dem ersten Schritt getan. Das erleben wir nun auch bei zwei anderen Stellen in der frühen Schrift V 1, wo Plotin ausdrücklich die Frage nach dem Wie der Entstehung des Nus stellt. Über diese beiden Stellen, V 1,6,16–19 und V 1,7,5f., ist, sowohl was die richtige Lesart wie die Interpretation anbelangt, die Diskussion bis zur Stunde im Gange. H.-R. Schwyzer hat in Schw., 200 Anm. 3, die Interpretationsmöglichkeiten mit den darin implizierten variablen Lesarten kurz zusammengestellt (vgl. auch Schwyzer², 599f.).

Wenden wir uns zunächst der Stelle in V 1,7,5f. zu. Vorausgehend legt Plotin in den Zeilen 1–5 dar, daß der Nus Abbild des Einen sein müsse, und zwar deshalb, weil das Erzeugte irgendwie Jenes sein muß, vieles von Ihm bewahren und Ähnlichkeit mit Ihm haben muß, wie sie auch das Licht mit der Sonne hat. "Aber doch ist Jenes nicht Nus" (Z. 4f.). "Wie erzeugt Es nun den Nus? Nun, weil *er* durch die Rückwendung zu *Jenem* (πρὸς αὐτό) (Es) sieht. Dies Sehen aber ist der Geist." Für diese Les- und Interpretationsart, wonach also nicht das Eine durch Hinwendung auf sich selbst sich erblickt, sondern der Geist sich zu Jenem hinwendet und Es sieht, haben sich ausgesprochen H-S¹, unter Berufung auch

[12] Die Stelle V 3,11,13 scheint nach wie vor nicht geheilt: vgl. H-S² zu 11,13–14. 11,13f.: ἐνδεόμενος (bedürftig seiend) nach Igal, Emerita 41 (1973) 90, von Armstrong (vol V., S. 110 Anm. 1) aufgenommen und jetzt auch von Schwyzer akzeptiert (Brief an mich vom 1. 6. 1989).

[13] Ähnlich wird die Entstehung des Nus geschildert in: V 3,12,44–47; V 4,2,4–11; V 2,1,3–13; V 6,5,7–10.

auf Ficinus, sowie besonders Theiler (vgl. Harder², VI, Indices 110), Szlezák (70 Anm. 227), Igal¹ (129–157) und Atkinson (156–160). Sie und weitere sind erwähnt in H-S³ (397 zu V 1,7,6), in Schwyzer² (599 f.) und in Schw. (200 Anm. 3), sie selbst führen aber auch noch andere Autoren an. Die Schwierigkeit läßt sich wohl "nur philosophisch", nicht textkritisch lösen, wie Schwyzer² neuerdings schreibt (599) und worauf ich schon 1971 (Kremer¹, 521) hingewiesen habe. In Z. 4 f. wird Jenes ausdrücklich als "nicht Nus" bezeichnet. Erblickte (ἑώρα) das Eine sich selbst, dann müßte Es, da dies Erblicken (ὅρασις) als Nus bezeichnet wird (Z. 6) und natürlich mit der Wesenheit des Einen zusammenfallen muß, entgegen der Feststellung von Z. 4 f., selbst der Nus sein. Der Nus unterschiede sich dann nicht mehr vom Einen, was wiederum im Widerspruch zu den Zeilen 1–4 stände, wo nicht seine Identität, sondern bloß seine Ähnlichkeit mit dem Einen gelehrt wird. In V 3,10,12 wird die Wesenheit des Nus (οὐσία) als Erblicken (ὅρασις) bestimmt. Die *reflexive* Lesart in V 1,6,16–19 bereitete dagegen keine philosophische Schwierigkeit, da in diesem Falle bloß von einer Hinwendung (ἐπιστροφή) des Einen auf sich selbst die Rede wäre, welche Hinwendung die Entstehung eines anderen, nämlich des Nus, zur Folge hätte.

Nimmt man, wie z. B. Theiler (s. o. S. XXVI), in V 1,7,5 f. *und* V 1,6,16–19 die nicht-reflexive Bedeutung an, so daß jeweils der Nus das zum Einen Hingewandte und Es Erblickende ist, dann scheint die Schwierigkeit zu entstehen, daß Plotin uns nicht gesagt hat, wie der Nus überhaupt zur Entstehung gelangt ist. Seine Existenz wird an beiden Stellen wie auch in V 3,11,1–16 offensichtlich schon vorausgesetzt. Indessen dürfte es sich hier um ein Scheinproblem handeln, da Plotin an sehr vielen Stellen in seinem Werk den Grund für den Hervorgang des Nus aus dem Einen genannt und entfaltet hat. Dieser Grund ist die Güte bzw. Überfülle bzw. Kraft und Vollkommenheit des Einen (vgl. Kremer³, wo alle Stellen gesammelt sind). Eine der besten Stellen findet sich in der frühen Schrift V 2,1,2–13, wo Plotin, übrigens in völliger Übereinstimmung mit den späteren Schriften V 5,13,1–11,

VI 7,17,1–12 und V 3,15,1–11.29–44[14], meisterhaft die Paradoxie herausarbeitet, daß gerade deshalb, weil nichts in dem Einen war, alles aus Ihm stammen könne. Damit das Seiende sein könne, darf Jener nicht Seiendes sein (vgl. V 1, 7,18–20).

Ist der Nus einmal aufgrund der Güte und Vollkommenheit des Einen entstanden, dann konzentriert sich Plotin an den behandelten und anderen Stellen auf das nähere Wirklichwerden des Nus, auf das *Wie* seines Hervorgangs. In VI 7,16,19–21 wird dies noch mit dem Hinweis ergänzt, daß der Nus, indem er in der Folge zu allen Dingen wurde, dies dadurch erkannte, daß er seiner selber gewahr wurde (ἐν συναισθήσει αὑτοῦ), und so ward er Geist.

Bei Plotin ist daher die Frage, *warum* es noch etwas außer dem Einen geben könne bzw. müsse (vgl. z.B. IV 8,6,1–6; V 4,1,21–38; V 2,1,7–9; V 3, 16,1 f.), zu unterscheiden von der anderen Frage, *wie* das aus dem Einen Entstandene Vielheit sein könne bzw. müsse. Der Unterschied, wenn auch Zusammenhang beider Fragen wird in V 3,15,40–44 vermerkt. Die klassische Antwort auf die zweite Frage erfolgt in V 3,15,1–11.29–43: Was aus dem Einen hervorgeht, kann nicht mehr mit ihm identisch (ταὐτόν)[15] sein, aber auch nicht besser (βέλτιον), daher nur geringer (χεῖρον), und das heißt bedürftiger (ἐνδεέστερον). Bedürftiger ist das Nicht-mehr-Eine, das Viele also. Etwas plastischer stellt Plotin es in V 3,16,5–12 dar: "Jetzt aber haben wir das andere hinzuzufügen, daß der Ursprung, da die Erzeugung von Wesen nicht ein Hinauf-, sondern nur ein Hinabschreiten bedeuten kann, nur ein weiteres Sich-Ausbreiten in der Vielheit, daß also der Ursprung jeglicher Wesen einfacher ist als diese Wesen selber. Das also, was die sichtbare Welt hervorgebracht hat, ist nicht selber sichtbare Welt, sondern Geist und geistige Welt. So ist also auch das, was vor dem Geiste liegt und ihn erzeugt hat, selber nicht Geist noch geistige Welt, sondern einfacher als der Geist

[14] S. oben Abschnitt 2,b.

[15] Ablehnung der Identität z.B. auch in V 3,12,45; VI 9,6,54 f.; ferner V 1,6,38–41.43 f.; V 6,4,21 f.; V 3,15,37 f.

und einfacher als die geistige Welt." Leibniz wird diesen Sachverhalt später als "malum metaphysicum" bestimmen[16]. Erkannt ist er bereits von Plotin.

Eine Entwicklung Plotins im Hinblick auf die Stellen V 1,6,16–19 und V 1,7,5f. anzunehmen, wie sie Schwyzer[2] (600) andeutet, erscheint mir nicht als notwendig. Ob auch die erstgenannte Stelle in der nicht-reflexiven Bedeutung verstanden werden muß, möchte ich offenlassen.

### c) Der Nus sieht das Eine und erkennt gleichzeitig sich

Wichtig zum Verständnis der inneren Struktur des Nus ist schließlich, daß der Nus, indem er auf das Eine bzw. Gute schaut, zugleich sich erkennt (V 6,5,16–19; vgl. V 6,2,7–9; V 6,4,4f.; V 1,6,41–49; VI 9,2,39–43; V 3,7,1–12; V 3,10,8–12). Denn nur dadurch, daß er zugleich auf Jenes schaut, vermag er Nus zu sein.

## *6. Zum Einen*

### a) Benennungen des Einen

Die strukturelle Vielheit des Nus zwingt zum Rückgang bzw. zur Hinwendung zum ganz Einfachen, dem völlig Einen (VI 9,5,20–24; V 5,4,1–6), das wir in uns selber antreffen (V 1,10,5f.; V 1,11,6f.; VI 9,3,20f.). Dieses Eine wird von Plotin bald im Neutrum, bald im Masculinum dargestellt, wobei der Wechsel von einem zum anderen im selben Textgefüge erfolgen kann (vgl. z.B. V 1,7,18–20; VI 9,6,5–18). P. Henry hat darin ein klares Anzeichen für eine personale Gottesvorstellung bei Plotin erblickt[17]. Dieses Eine ist nun absolute Autar-

[16] Vgl. Essais de Theodicée sur La Bonté de Dieu, La Liberté de L'Homme et L'Origine du Mal. In: G.W. Leibniz, Die philos. Schriften, hg. v. C.I. Gerhardt, Bd. 6 (Berlin 1885, Nachdr. Hildesheim 1978)114f. (nnr. 20f.).

[17] Das Problem der Persönlichkeit Gottes in der Philosophie Plotins: Jahres- und Tagungsbericht der Görres-Gesellschaft 1955(Köln 1956)50.

kie, im Vergleich zu der immer noch relativen Autarkie des Nus (Belege oben S. XV). Es ist nicht mehr irgendein Eines, sondern das Eine selbst (αὐτοέν V 3,12,50–52; V 3,15,16), das von allem gänzlich Unterschiedene (V 3,10,50; V 3,11,18), das Vermögen zu allem (δύναμις πάντων V 4,2,38; V 1,7,9f.; III 8,10,1), ist Licht, das nicht mehr in einem fremden, sondern in seinem eigenen Licht gesehen wird, d.h. zugleich "Objekt" und Medium der Erfassung ist (V 3,17,33–37; V 6, 4,18–20). Es ist stärker als Leben, weil Es dieses zwar gewährt (V 1,7,17–20; III 9,9,17f.; III 8,10,30f.; VI 8,16,33–37; V 3,16,38–17,5; VI 9,9,1), aber gemäß dem in VI 7,17,3–9 ausgesprochenen Grundsatz (s. oben S. XI; vgl. auch V 3, 14,14–19) braucht, ja darf Es das gar nicht sein, was Es darreicht. In der frühen Schrift V 4,2,16f. wird allerdings noch Leben in Ihm angesetzt, wohl ein Beleg für eine gewisse Entwicklung im Denken Plotins. Ebenso finden wir hier noch die Vorstellung, daß alles in Ihm sei (καὶ πάντα ἐν αὐτῷ V 4, 2,17), während die mehrmals berührte späte Schriftstelle V 3, 15,1–5.29–37 gerade negiert, daß Es die Dinge in sich habe. Problemloser dagegen ist es für Plotin, das Eine zugleich als alles und nichts zu bezeichnen. Alles ist Es deshalb, weil alles aus Ihm stammt, nichts deshalb, weil alle Dinge später sind als Es (VI 7,32,12–14; vgl. V 2,1,1–3; III 8,9,39–54; V 1,7,18–20; VI 9,3,39f.; VI 9,6,55). Über die Vor- und Nachgeschichte dieses Philosophoumenons bis hin zu Cusanus habe ich viel Material zusammengetragen in meinem Aufsatz: Gott – in allem alles, in nichts nichts. Bedeutung und Herkunft dieser Lehre des Nikolaus von Kues: Mitteilungen und Forschungsbeiträge der Cusanus-Gesellschaft 17(1986) 188–219, bes. 199ff.

### b) Selbstbewußtsein des Einen?

Eine Entwicklung im Denken Plotins scheint es nun auch in der Frage zu geben, ob dem Einen, wenn schon keine Selbsterkenntnis, so doch wenigstens Selbstbewußtsein zukomme. Die frühe Schrift V 4,2,15–19 formuliert sehr behutsam: "Es ist nicht gleichsam unbewußt (οἷον ἀναίσθητον), ... Es vermag sich selber durchaus zu sondern und zu scheiden, ... Es ist selbst sein Sichselbstgewahren (κατανόησις αὑτοῦ), gewissermaßen vermöge eines Selbstbewußtseins (οἱονεὶ συναισθήσει), Es bedeutet ein Denken in immerwährendem Stillestehen, anders als beim Denken des Geistes."[18] Schon in III 9(13),9,14 f. wird dem Einen die mit der συναίσθησις synonyme παρακολούθησις (Selbstbewußtsein) abgesprochen. Negiert wird das Selbstbewußtsein für das Eine auch in V 6,5,1–5 und V 3,13,6–24, und zwar an beiden Stellen mit der Begründung, daß die συναίσθησις Vielheit zur Voraussetzung habe (vgl. oben Abschnitt 5,a). Auch nach VI 7,41,25–27 steht das Eine hoch über Selbsterkenntnis, Selbstdenken *und* Selbstbewußtsein (συναίσθησιν αὑτοῦ). Neben V 4,2,18 scheint noch in V 1,7,12 die Rede davon zu sein, daß das Eine "gleichsam ein Bewußtsein Seiner Kraft habe" (so H-S[1] im Apparat zur Stelle, Schwyzer in Les Sources, 375, Harder[2], Ia, Übersetzung, und IIb, 426)[19]. Nach H-S[2] ist hier aber nur das Selbstbewußtsein des Nus angesprochen, ebenso nach Atkinson (167 f.). Da Schw., 200 zu V 1,7,12–13, die Erklärung in H-S[2] zu Z. 12–13 dahingehend verändert hat, daß zu δύναται in Z. 13 nicht mehr das Eine, sondern auch der Nus Subjekt ist und mit δύναμις in Z. 12 die des Nus, nicht mehr die des Einen gemeint ist (so auch Atkinson 168 f.), ist der Satz nunmehr folgendermaßen zu übersetzen: "Hat doch der Nus schon von sich aus eine Art Selbstgewahren (οἷον συναίσθησιν) von seinem Vermögen, so daß er die Substanz hervorzubringen vermag" (in VI 9,5,35 heißt es: καὶ ἄγει εἰς οὐσίαν νοῦς). Auf das Selbstbewußtsein des Geistes sind wir schon gestoßen in V 3,13,12–22 und VI 7,16,19–21 (s. oben Abschnitt 5,a u. b), wozu noch II 9,1,36 und V 5,1,32 zu nehmen sind, da an letzterer Stelle auch den gedachten Gegenständen (νοητά) Selbstbewußtsein

[18] Man beachte, daß in V 6,2,1.17 das νοεῖν der Seele ebenfalls als "anders" denn das νοεῖν des Nus bestimmt wird (s. oben S. XX, Abschnitt 4,d).

[19] Vgl. die Zusammenstellung der verschiedenen Auffassungen bei Atkinson (167) u. Bussanich (49 f.). MacKenna (212) wie H-S[1] u. Cilento, III 1,12.

zugesprochen wird. Und die Seele, der, wie dem Einen, die Selbsterkenntnis abgesprochen wird, kann sich in der Einswerdung mit dem Geist noch eine Art Selbstbewußtsein bewahren: "gleichsam ein Innesein und seiner selbst Gewahr-Werden" (συναίσθησις αὑτοῦ V 8,11,23), was wohl auch für die Einswerdung mit dem Einen gilt (vgl. VI 9,11,39). Einzig im Nus haben wir daher die Hypostase, die Selbstbewußtsein und Selbsterkenntnis in sich vereint.

### c) Keine Selbsterkenntnis, aber deswegen nicht Unwissenheit

Da Denken, gerade auch das Sich-selber-Denken, Vielheit impliziert, wie wir es beim Nus gesehen haben (vgl. oben Abschnitt 5,a), ist das Eine über das Denken (νόησις) erhaben. Das zieht sich wie ein roter Faden durch alle Schriften Plotins und wird in der Schrift V 6 besonders thematisiert. Bezeichnet Plotin das Eine als νοητόν, wie in V 4,2,4.7.12.13. 23.25, so darf man darin keine frühe Stufe des plotinischen Denkens erblicken (Schwyzer[1], 561,63–562,4 zu Recht gegen Becker, 31)[20]. Denn die Schrift V 6,2,7–9 stellt klar, daß das Eine nur in Hinsicht auf den Nus als νοητόν bezeichnet werden kann, für sich aber weder νοοῦν noch νοητόν im eigentlichen Sinne ist. In der ebenfalls noch frühen Schrift VI 9(9),6,53 wird festgehalten, daß man das Eine nicht als νοοῦν, sondern "eher gemäß dem Denkinhalt" (μᾶλλον κατὰ τὴν νόησιν) zu verstehen hat (von Harder[2], Ib, 478 trefflich angemerkt). "Der Denkinhalt aber denkt nicht, sondern ist einem anderen Ursache, daß es denkt" (Z. 53f.). Aus der Negation der Selbsterkenntnis folgt nun mitnichten "Unwissenheit (ἄγνοια) in Ihm. Denn Unwissenheit findet nur dort statt, wo ein anderes noch da ist, wenn eines das andere nicht weiß. Jenes aber, da Es allein ist, erkennt nichts, andererseits hat Es aber nichts in sich, das Es nicht wüßte (ὃ ἀγνοεῖ), sondern da Es

[20] Vgl. auch Les Sources, 374f.; Bréhier, 76, Notice zu V 4 u. 81 Anm. 1; Harder[2], Ib, 454 u. 457.

eines ist und bei sich selber, bedarf es nicht des Denkens Seiner selbst. Eigentlich darf man Ihm auch das Bei-sich-selber-Sein nicht zuschreiben, um die Einheit rein zu wahren, sondern man muß Denken wie Bei-sich-Sein ausschließen, auch das Denken Seiner selbst wie das der anderen Dinge" (VI 9,6,47–52; vgl. auch V 6,6,31 f.; V 3,12,47 f.; V 3,13,35 f.; VI 7, 38,10 f.; VI 7,39,20 f.; VI 7,41,26 f.). Das ἅπαξ εἰρημένον von der ὑπερνόησις ("Über-Denken") in VI 8,16,32 möchte gerade die in jedem Denken involvierte Zweiheit und Vielheit überwinden.

Wenn Er die anderen Dinge nicht zu erkennen braucht, dann gilt umgekehrt: "Aber auch die anderen Dinge brauchen Ihn (αὐτόν) nicht zu wissen. Denn Er gibt ihnen etwas dar, was besser und größer ist, als daß sie Ihn wissen – Er ist nämlich das Gute für die übrigen Dinge[21] –, indes gibt Er ihnen vielmehr in derselben 'Hinwendung', daß sie Ihn, so weit möglich, zu berühren vermögen" (so nach H-S³, 404 zu V 6,6,33, und H-S² zu Z. 33 f.; anders Harder², IIa, Übersetzung, u. IIb, 428 f.; ebenso Bréhier in seiner Übersetzung). Daß es keine rationale Erkenntnis Seiner (νόησις αὐτοῦ) gibt, wird wiederholt in V 3,13,36 (vgl. auch VI 9,3,4–6; V 5,6, 36 f.).

### d) "Berührung" des Einen – Plotins Mystik

Mit dem Ausdruck des "Berührens" (ἐφάπτεσθαι V 6,6,35) ist hier, aber ebenso in V 3,17,25 f. 34 und vielen anderen Schriften[22], Plotins Weg zur Einswerdung der Seele mit dem Einen angesprochen, Plotins Mystik also. Es gibt sehr viele Mißverständnisse hinsichtlich der plotinischen Mystik. Sie beginnen schon damit, daß man Plotin immer wieder als Mystiker abstempelt. W. Theiler hat aufgrund seiner profunden Plotin-

[21] Parallelen zu dem in Parenthese gesetzten Satz: VI 9,6,41 u. VI 7,41,28 f. – Cilento, III 1,84, wie H-S² bzgl. αὐτόν (= Obj) u. αὐτά (= Subj.) in V 6,6,33 f.

[22] Vgl. etwa V 3,10,42 f.; VI 7,36,4; VI 9,4,27; VI 9,7,25; VI 9,8,9.19.23.27.28; VI 9,9,19.55; VI 9,10,17; VI 9,11,24; θιγεῖν: V 3, 10,42–44; VI 9,4,27; VI 9,7,4.

kenntnis einzig richtig geurteilt: "Denn selbst was man die Mystik Plotins nennt, ist nur gerade das Umkippen einer höchst rationalen Denkbewegung" (Harder², IIIb, 417). Diese rationale Denkbewegung ist der metaphysische Weg des Menschen zu Gott, wie er an folgenden Stellen zum Ausdruck kommt: III 8,10,34f.; III 8,11,19–23.33–38; V 3,14,1–8.11–14; V 3,17,1–7; VI 7,36,4–8; VI 8,11,7f.; VI 9,4,31–35; VI 9,5,31–35. Die Mystik ist daher einerseits auf das metaphysische Denken als ihre Voraussetzung angewiesen, andererseits übersteigt sie die metaphysische Erkenntnis dadurch, daß sie nicht mehr wie die Metaphysik im Bereich der bloß mittelbaren Gotteserfahrung bleibt, sondern Gott *unmittelbar* schaut, "berührt" bzw. mit ihm eins wird[23]. Nus wie Seele verfügen über eine das reine Denken (νόησις) noch übersteigende Kraft, in VI 7,35,24 der "liebende Geist" (νοῦς ἐρῶν) und in III 8,9,22f. in bezug auf uns „das in uns dem Einen Ähnliche" genannt (vgl. V 1,11,13f.). Daher kann Plotin die zu Anfang von VI 9,4 ins Spiel gebrachte Aporie lösen: Die Schwierigkeit besteht aber vor allem darin, daß man des Einen gar nicht auf dem Weg des wissenschaftlichen Erkennens (ἐπιστήμη), auch nicht des Denkens (νόησις) inne werden kann, wie dies bei den übrigen Denkgegenständen der Fall ist[24], sondern nur vermöge einer Gegenwärtigkeit (παρουσία), welche von höherer Art ist als Wissenschaft (Z. 1–3). Wie gelangt man dazu? Die lakonisch knappe Antwort am Ende von V 3 lautet: "Tu alles fort" – ἄφελε πάντα (17,38), am Ende von VI 9: "Flucht des Einsamen zum Einsamen" – φυγὴ μόνου πρὸς μόνον (11,51)[25]. Die Worte ἕνωσις (Einung) in VI 9,11,6 und ἔκστασις (Aussichtreten) in 11,23 bilden den terminologischen Hintergrund dafür, bei Plotin von einer *unio exstatica* zu sprechen, von einer *unio mystica* aufgrund des Terminus μύειν in I 6,8,25 in Verbindung mit VI 9,11,6.

[23] Vgl. Harder, 272–274; Kremer², bes. 53–56; Beierwaltes, bes. 123–154.

[24] Zu letzterem vgl. III 8,9,19–22.

[25] Vgl. auch VI 7,34,7f.37; VI 9,4,33f.

## e) Emanation, aber kein Emanationspantheismus

Da in unseren und anderen Texten gelegentlich der Ausdruck "Emanation" (ῥεῖν V 3,12,40; V 5,5,23; III 8,10,5–10[26]; ἐκρεῖν V 1,3,11 u. V 1,6,7; ἐπιλάμπειν V 3,12,43 f.; ὑπερρεῖν V 2,1,8) zur Bezeichnung des Hervorgangs des Entstehenden aus dem Einen bzw. Nus verwendet wird, ist darauf hinzuweisen, daß es sich hier niemals um ein Herausfließen im wörtlichen Sinne handelt. Plotin setzt zuweilen das entschärfende "gleichsam" (οἷον) davor (V 3,12,40), und er hat sich eigens gegen eine buchstäbliche Auffassung verwahrt (VI 5,3,5.21; vgl. auch VI 9,9,3 f.). Zudem werden Worte wie ποιεῖν und ὑφιστάναι oder αἴτιον εἶναι[27] weitaus häufiger herangezogen[28]. Da Plotin die Identität des Einen mit dem aus Ihm Hervorgehenden beharrlich ablehnt (einige Belege in Anm. 15), kann auch von Emanationspantheismus keine Rede sein. In III 8,9,39–54 findet eine der scharfsinnigsten Auseinandersetzungen mit dem Pantheismusgedanken statt. Es ist, wie Dodds sehr schön formuliert hat[29], "the principle of 'undiminished giving' ... what saves Neoplatonism from turning into pantheism". Plotin hat dieses Prinzip an zahlreichen Stellen ausgesprochen.

## f) Nähe zum christlichen Schöpfungsbegriff?

Auf eine Besonderheit, ja Neuheit im Denken Plotins, zum mindesten im Vergleich mit Platon und Aristoteles, muß noch aufmerksam gemacht werden. Die erste der hier behandelten Schriften, die frühe Schrift IV 8, ventiliert in bezug auf die Materie und deren Existenz zwei Möglichkeiten: Entweder ist sie von Ewigkeit her gewesen, was der allgemeinen grie-

[26] Vgl. Lex. Plot. s. v., Sp. 930 f.

[27] Ebd. Sp. 45 f., 852–861 u. 1070.

[28] Vgl. zum Ganzen meinen Art. "Emanation". In: Historisches Wörterbuch der Philosophie, Bd. II, hg. v. J. Ritter (Basel 1972) 445–448; vgl. auch A. H. Armstrong, "Emanation" in Plotinus: Mind 46 (1937) 61–66.

[29] Les Sources, 23.

chischen Auffassung entspricht, oder ihre "Entstehung" (γένεσις) verdankt sie den ihr übergeordneten Ursachen (IV 8,6, 18–23). Letzteres hat Henry[1] (219) zu der kühnen Äußerung veranlaßt, daß "Plotinos ... in seiner monistischen Tendenz auf die, selbst im Vergleich zum mittleren Platonismus revolutionäre Idee (kommt), die Materie entspringe dem Absoluten ..., aber ewig, notwendig u. durch stufenweisen Abstieg". Läßt Plotin in der Tat in dieser frühen Schrift die Frage noch unentschieden, so liegt es im Duktus eines alles aus dem Einen herleitenden Denkens, auch die Materie letztlich aus dem Einen hervorgehen zu lassen[30]. Abgesehen von dem stufenweisen und ewigen Hervorgang der Dinge aus Gott stehen wir damit in der Tat vor dem, was die Christen als "Schöpfung aus Nichts" (creatio ex nihilo) bezeichnen[31]. Zu der Frage, ob Plotin auch eine freigewollte oder nur eine notwendige "Schöpfung" kenne, verweise ich auf meine beiden Aufsätze von 1987 und 1988[32].

### g) Wie läßt sich über das Eine sprechen?

Können wir etwas über das Eine, Plotins Gott (z. B. VI 9,11,28 im Vergleich zu V 5,3,1–4), aussagen? Es ist ungemein aufschlußreich, sich die verschiedenen Ansätze Plotins zur Beantwortung dieser Frage anzusehen. In Wahrheit kommt dem Einen überhaupt kein Name zu (κατὰ ἀλήθειαν VI 9,5,31; vgl. V 3,13,1–5). Was die von Plotin bevorzugten Namen des Einen und Guten betrifft, so erklärt er in V 5,6,26, daß die Bezeichnung "Eines" nur die Aufhebung des Vielen bedeute, und daß die Bezeichnung "Gutes", so wahr sie sein möge, uns nichts

[30] Eine dafür bisher nicht beachtete Stelle scheint mir in II 9,3,12–21 vorzuliegen. – Es gibt für Plotin nur "einen einzigen Ursprung, das ἕν" (Schwyzer[1], 327,26); auch I 8,6,33 bedeutet keine gleiche Rangstellung der Materie mit dem Einen (vgl. Theiler[2], 102).

[31] Vgl. zur Problematik Kremer[1], 303–308, 530–532, u. Ricken, 483 f., der meiner Auffassung zustimmt. Für Ammonios s. Theiler[1], bes. 41 Anm. 75 u. 42.

[32] Kremer[3] u. Kremer[4].

Klares und Deutliches vermittle (III 8,9,16–18). Das Eine ist weniger das Gute als vielmehr das Übergute (VI 9,6,40; vgl. Z. 57). Für das Eine gilt: Es ist Es bzw. Er selbst (VI 9,6,20.29f.; III 8,11,11; VI 7,40,40f.; VI 8,21,26f.). Jede Zufügung (προσθήκη) vermindert Es, lautet ein Grundsatz Plotins (II 6,1,57; III 8,11,12f.; III 9,9,22f.; V 5,4,8f.; V 5,13,9–11; V 6,6,7f.; VI 2,9, 5f.; VI 8,21,25–28). Jedoch notgedrungen, Es uns einander bezeichnen zu müssen, nennen wir Es das Eine, womit wir aber nur auf den Begriff des Ungeteilten hinleiten wollen und die Bezeichnungen Eines und Ungeteiltes nicht im Sinne von Punkt und Zahl 1 verstanden sein wollen (VI 9,5,38–42; vgl. VI 9,3,49–54; V 3,15,5f.; V 5,6,23–25.27–34). Die klassische Antwort auf unsere Frage findet sich in der späten Schrift V 3, zu Anfang von Kap. 14. Plotin fragt: "Wie können wir über Es sprechen?" Vielleicht so, daß wir zwar *über Es* (περὶ αὐτοῦ) etwas aussagen, *Es selbst* (αὐτό) jedoch nicht aussagen, da wir weder Erkenntnis (γνῶσις) noch Denken (νόησις) Seiner haben. Damit stellt sich jedoch eine neue Aporie ein: "Wie können wir denn *über Es* aussagen, wenn wir *Es* nicht haben?" Indes, Es nicht in der Erkenntnis zu haben, bedeutet dies, daß wir Es überhaupt nicht haben[33]? "Sondern insoweit haben wir Es, daß wir wohl *über Es*, nicht aber *Es* aussagen können. Wir sagen ja aus, was Es nicht ist (ὃ μὴ ἔστιν). Was Es aber ist (ὃ δέ ἐστιν), das sagen wir nicht aus, so daß wir aus dem (der Natur nach) Späteren (ἐκ τῶν ὕστερον) über Es aussagen. Es zu haben, aber sind wir nicht gehindert, auch wenn wir *(Es)* nicht aussagen können" (V 3,14,1–8)[34]. Es folgt dann der Vergleich mit den Gottbegeisterten und Besessenen (κάτοχοι).

Mögen wir das Eine selbst auch nicht in der Erkenntnis haben und *Es selbst* daher auch nicht aussagen können, weil Ihm ja in Wahrheit kein Name zukommt, so impliziert dies niemals ein völliges Nichthaben oder gar die Verneinung, wenigstens etwas "über Es" aussagen zu können. Mehr aller-

[33] Nicht als Frage steht dieser Satz bei Harder², Va (Z. 4f.); dazu ebd., Vb, 385 zu 14,1ff. MacKenna (224) wie Harder².

[34] Hervorhebungen v. mir. Vgl. auch V 5,6,17–21 u. V 3,16,41f.

dings nicht. Aber es ist hinreichend, um den Agnostizismus und Indifferentismus abwehren zu können. Der Satz, daß wir von Gott nicht sagen können, was Er ist, sondern bloß, was Er nicht ist, wird nach Plotin von fast allen großen Denkern, gerade auch von den christlichen, wiederholt werden. Er bildet die Grundlage der berühmten "negativen Theologie", läßt sich aber auch schon bei Clemens von Alexandrien († ca. 214) und ebenfalls bei Philon (ca. 25 v. Chr.–ca. 50 n. Chr.) belegen (Belege bei Kremer[1], 524)[35]. Der Weg, der Plotin berechtigt, uns ein gewisses "Haben" des Einen einzuräumen, ist der oben (vgl. Abschnitt 3) skizzierte Weg von unten nach oben, von dem der Natur nach Späteren zu dem der Natur nach Früheren, um die in V 3,14,7 und z.B. VI 9,3,16–19 von Plotin aufgegriffene aristotelische Terminologie zu benutzen.

[35] Näheres zur Herkunft der via negationis und eminentiae von Platon und dem Vorneuplatonismus in Les Sources, 213, 226, 228 u. Harder[2], IIIb, 511.

# QUELLEN- UND LITERATURVERZEICHNIS

## *1. Zitationsweise der in Einleitung und Lesartentabelle benutzten Quellen und Literatur*

### a) Quellen, Übersetzungen, Korrekturen und Lexikon zu Plotin

Plotins Enneaden und die Vita Plotini werden zitiert nach der editio minor (= H-S$^{2}$) von P. Henry u. H.-R. Schwyzer, Bd. I (Oxford 1964) Enneaden I–III, Bd. II (Oxford 1977) Enneaden IV–V, Bd. III (Oxford 1982) Enneade VI, gemäß Enneade, betreffender Schrift (Traktat), Kapitel und Zeile dieser Schrift, z. B. VI 9,4,30.

Im einzelnen bedeuten:

| | |
|---|---|
| Armstrong | Plotinus. Greek Text with an English Transl., by A. H. Armstrong, Vol. I–V: Vita Plotini u. Enn. I–V (London 1966–1984). |
| Bréhier | Plotin, Ennéades, ed. É. Bréhier. Texte, Traduction française, Notices, Tom. I–VI 2 (Paris $^{1}$1924–1938, $^{3}$1963–1967). |
| Cilento | Plotino, Enneadi. Prima versione integra e commentario critico di V. Cilento. Vol. I–III (Bari 1947–1949). |
| Creuzer | Plotinus. Opera omnia, Vol. I–III (Oxford 1835). |
| Dodds | Vgl. H-S$^{2}$, Bd. II, S. XXVI. |
| Epistola | Epistola de scientia divina; vgl. Übersicht in H-S$^{1}$, Tom. II 497–498 u. ebd. in der Bibliographie unter Badawi und Kraus. |
| Ficinus | Plotini Opera (Florenz 1492). |
| H-S$^{1}$ | Henry-Schwyzer, Plotini opera I–III, editio maior (1951–1973). |
| H-S$^{2}$ | Henry-Schwyzer, Plotini opera I–III, editio minor (1964–1982). |
| H-S$^{3}$ | Addenda in tom. III editionis maioris (1973). |
| H-S$^{4}$ | Addenda in tom. III editionis minoris (1982). |

| | |
|---|---|
| Harder² | Plotins Schriften. Text, Übersetzung, Anmerkungen. Bde. Ia–Ib u. Vc v. R. Harder (Hamburg 1956 u. 1958), Bde. IIa–IIb, IIIa–IIIb, IVa–IVb, Va–Vb v. R. Beutler u. W. Theiler (Hamburg 1960–1967), Bd. VI (Indices) v. W. Theiler u. G. O'Daly (Hamburg 1971). |
| Kirchhoff | Plotini Opera. Vol. I–II (Leipzig 1856). |
| Lex. Plot. | Lexicon Plotinianum, ed. J. H. Sleeman (†) et G. Pollet (Leiden 1980). |
| CorrLex | Corrigenda ad Lexicon Plotinianum: Museum Helveticum 44(1987)205–210 (zit.: Mus. Helv.). |
| MacKenna | St. MacKenna, Plotinus. English Translation. Third edition revised by B. S. Page (London 1962). |
| MSS | Manuskripte des Plotintextes |
| Sapiens graecus | Dicta sapientis graeci, ed. F. Rosenthal (1952–1955); Übersicht in H-S¹, Tom. II 499–501. |
| Schw. | Schwyzer, H.-R., Corrigenda ad Plotini textum: Mus. Helv. 44(1987)191–210. |
| de Strycker | Vgl. H-S², Bd. II, S. XXII. |
| Vitringa | Annotationes criticae in Plotini partem priorem (Deventer 1876). |

## b) Quellen zu anderen Autoren

Ambrosius, De Isaac 4,11 = Opera I–II, ed. C. Schenkl, CSEL 32,1–2 (Wien 1897) 650,16–651,5.

Gregor v. Nyssa, De instituto christiano = Opera, ed. W. Jaeger, vol. VIII,1 (Leiden 1952) 40,1–9.

Nemesius v. Emesa, De natura hominis = ed. C. F. Matthaei (Halle 1802, Nachdr. Hildesheim 1967).

Sextus Empiricus, Adv. math. = Opera, vol. I–II, ed. H. Mutschmann, vol. III, ed. J. Mau (Leipzig 1912–1914 u. 1954).

Vorsokratiker = Die Fragmente der Vorsokratiker. Griech. u. Deutsch v. H. Diels; 6. Aufl. v. W. Kranz (Berlin 1951–1952).

## c) Literatur


Atkinson — Plotinus: Ennead V.1. On the three principal Hypostases. A Commentary with translation by M. Atkinson (Oxford 1983, $^{2}$1985).

Becker — O. Becker, Plotin und das Problem der geistigen Aneignung (Berlin 1940).

Beierwaltes — W. Beierwaltes, Denken des Einen. Studien zur neuplatonischen Philosophie und ihrer Wirkungsgeschichte (Ffm. 1985).

Bréhier — É. Bréhier, La philosophie de Plotin (Paris 1928, [$^{3}$1961).

Brunner — F. Brunner, Le premier traité de la cinquième 'Ennéade': Des trois hypostases principielles: Revue de théologie et de philosophie 105(1973)135–172.

Bussanich — J. Bussanich, The One and Its Relation to Intellect in Plotinus. A commentary on selected texts (Leiden 1988).

Harder — R. Harder, Kleine Schriften, hg. v. W. Marg (München 1960).

Henry[1] — P. Henry, Art. "Hellenismus und Christentum". In: Lexikon für Theologie und Kirche, Bd. V ($^{2}$1960) 215–222.

Henry[2] — Ders., Introduction. In: Plotinus. The Enneads. English Translation by St. MacKenna. Rev. by B. S. Page (London $^{3}$1962) XXXV–LXX.

Igal[1] — J. Igal, La génesis de la intelligencia en un passaje de las Enéadas de Plotino (V 1,7,4–35): Emerita 39(1971)129–157.

Igal[2] — Ders., La cronología de la Vida de Plotino de Porfirio (Universidad de Deusto 1972).

Kremer[1] — K. Kremer, Die neuplatonische Seinsphilosophie und ihre Wirkung auf Thomas von Aquin. In: Studien zur Problemgeschichte der antiken und mittelalterlichen Philosophie, Bd. I, hg. v. J. Hirschberger (Leiden 1966, $^{2}$1971).

Kremer[2] — Ders., Selbsterkenntnis als Gotteserkenntnis nach Plotin (204–270): International Studies in Philosophy XIII/2 (New York 1981)41–68.

Kremer[3] — Ders., Bonum est diffusivum sui. Ein Beitrag zum Verhältnis von Neuplatonismus und Christentum.

In: Aufstieg und Niedergang der römischen Welt, Bd. 36/2, hg. v. W. Haase (Berlin-New York 1987) 994–1032.

Kremer[4] Ders., Dionysius Pseudo-Areopagita oder Gregor von Nazianz? Zur Herkunft der Formel: 'Bonum est diffusivum sui': Theologie und Philosophie 63/4 (1988)579–585.

Les Sources Les Sources de Plotin. In: Entretiens sur l'antiquité classique, Bd. V (Genf 1960). Mit Beiträgen v. E.R. Dodds, W. Theiler, P. Hadot, H.-Ch. Puech, H. Dörrie, V. Cilento, R. Harder, H.-R. Schwyzer, A.H. Armstrong, P. Henry.

Ricken F. Ricken, Emanation und Schöpfung: Theologie und Philosophie 49/2–3(1974)483–486.

Schwyzer[1] H.-R. Schwyzer, Art. "Plotinos". In: Pauly-Wissowas Realencyclopädie der classischen Altertumswissenschaft XXI/1(1951)471–592 u. Supplementband XV(1978)310–328.

Schwyzer[2] Ders., Gnomon 58(1986)597–603: Besprechung der Kommentare von M. Atkinson u. P. Boot.

Szlezák Th.A. Szlezák, Platon und Aristoteles in der Nuslehre Plotins (Basel 1979).

Theiler[1] W. Theiler, Forschungen zum Neuplatonismus. In: Quellen und Studien zur Geschichte der Philosophie, Bd. 10, hg. v. P. Wilpert (Berlin 1966).

Theiler[2] Ders., Ammonios und Porphyrios. In: Entretiens sur l'antiquité classique, Bd. 12 (Genf 1966)87–123.

## *2. Ausgewählte, hier nicht benutzte Literatur*

Armstrong, A.H., The Architecture of the Intelligible Universe in the Philosophy of Plotinus (Cambridge 1940, Amsterdam ²1967).

Arnou, R., Le désir de Dieu dans la philosophie de Plotin (Paris 1921, Rom ²1967).

Beierwaltes, W., Art. "Hen". In: Reallexikon für Antike und Christentum (Stuttgart 1987)445–472, bes. 454–458.

Dodds, E.R., The Parmenides of Plato and the Origin of the Neoplatonic One: Classical Quarterly 22(1928)129–142.

Hager, F.P., Der Geist und das Eine. Untersuchungen zum Problem der Wesensbestimmung des höchsten Prinzips als Geist oder als Eines in der griechischen Philosophie (Bern 1970).

Inge, W.R., The Philosophy of Plotinus, I–II (New York 1968, Nachdruck der dritten Auflage von 1929).

Krämer, H.J., Der Ursprung der Geistmetaphysik. Untersuchungen zur Geschichte des Platonismus zwischen Platon und Plotin (Amsterdam 1964, [2]1967).

Kristeller, P.O., Der Begriff der Seele in der Ethik Plotins. In: Heidelberger Abhandlungen zur Philosophie und ihrer Geschichte 19 (Tübingen 1929).

Merlan, Ph., From Platonism to Neoplatonism (The Hague 1953, [3]1968).

Rist, J.M., The Road to Reality (Cambridge 1967).

Zintzen, C. (Hg.), Die Philosophie des Neuplatonismus. Wege der Forschung, Bd. 436 (Darmstadt 1977).

Eine Bibliographie Plotins bieten H.J. Blumenthal für 1951–1971 u. K. Corrigan/P. O'Cleirigh für 1971–1986. In: Aufstieg und Niedergang der römischen Welt, Bd. 36,1, hg. v. W. Haase (Berlin-New York 1987)562–570 u. 595–623. – Die ältere Bibliographie, fast vollständig bis 1949, bietet: B. Mariën, Bibliografia critica degli studi plotiniani, riveduta e curata da V. Cilento, in: Cilento, Vol. III 2,389–655.

# TEXT UND ÜBERSETZUNG

# *IV 8* Περὶ τῆς εἰς τὰ σώματα καθόδου τῆς ψυχῆς

Πολλάκις ἐγειρόμενος εἰς ἐμαυτὸν ἐκ τοῦ σώματος καὶ
γινόμενος τῶν μὲν ἄλλων ἔξω ἐμαυτοῦ δὲ εἴσω, θαυ-
μαστὸν ἡλίκον ὁρῶν κάλλος καὶ τῆς κρείττονος μοίρας
πιστεύσας τότε μάλιστα εἶναι, ζωήν τε ἀρίστην ἐνεργήσας |
καὶ τῷ θείῳ εἰς ταὐτὸν γεγενημένος καὶ ἐν αὐτῷ ἱδρυθεὶς
εἰς ἐνέργειαν ἐλθὼν ἐκείνην ὑπὲρ πᾶν τε ἄλλο νοητὸν
ἐμαυτὸν ἱδρύσας, μετὰ ταύτην τὴν ἐν τῷ θείῳ στάσιν εἰς
λογισμὸν ἐκ νοῦ καταβὰς ἀπορῶ πῶς ποτε καὶ νῦν
καταβαίνω καὶ ὅπως ποτέ μοι ἔνδον ἡ ψυχὴ γεγένηται
τοῦ | σώματος τοῦτο οὖσα οἷον ἐφάνη καθ' ἑαυτήν,
2 καίπερ οὖσα ἐν σώματι. ὁ μὲν γὰρ Ἡράκλειτος, ὃς ἡμῖν
παρακελεύεται ζητεῖν τοῦτο, ἀμοιβάς τε ἀναγκαίας τιθέ-
μενος ἐκ τῶν ἐναντίων ὁδόν τε ἄνω κάτω εἰπὼν καὶ
'μεταβάλλον ἀναπαύεται' καὶ 'κάματός ἐστι τοῖς | αὐτοῖς
μοχθεῖν καὶ ἄρχεσθαι' εἰκάζειν ἔδωκεν, ἀμελήσας σαφῆ
ἡμῖν ποιῆσαι τὸν λόγον, ὡς δέον ἴσως παρ' αὐτῶν ζη-
3 τεῖν, ὥσπερ καὶ αὐτὸς ζητήσας εὗρεν. Ἐμπεδοκλῆς τε
εἰπὼν ἁμαρτανούσαις νόμον εἶναι ταῖς ψυχαῖς πεσεῖν
ἐνταῦθα, καὶ αὐτὸς 'φυγὰς θεόθεν' γενόμενος ἥκειν |
'πίσυνος μαινομένῳ νείκει' τοσοῦτον παρεγύμνου ὅσον καὶ
Πυθαγόρας, οἶμαι, καὶ οἱ ἀπ' ἐκείνου ᾐνίττοντο περί τε
τούτου περί τε πολλῶν ἄλλων· τῷ δὲ παρῆν καὶ διὰ ποίη-
4 σιν οὐ σαφεῖ εἶναι. λείπεται δὴ ἡμῖν ὁ θεῖος Πλάτων,
ὃς πολλά τε καὶ καλὰ περὶ ψυχῆς εἶπε περί τε ἀφίξεως |

*6* τε Ficinus: τὸ

# 6 Der Abstieg der Seele in die Leibeswelt

Immer wieder wenn ich aus dem Leib aufwache in mich selbst, lasse das andre hinter mir und trete ein in mein Selbst; sehe eine wunderbar gewaltige Schönheit und vertraue in solchem Augenblick ganz eigentlich zum höheren Bereich zu gehören; verwirkliche höchstes Leben, bin in eins mit dem Göttlichen und auf seinem Fundament gegründet; denn ich bin gelangt zur höheren Wirksamkeit und habe meinen Stand errichtet hoch über allem was sonst geistig ist: nach diesem Stillestehen im Göttlichen, wenn ich da aus dem Geist herniedersteige in das Überlegen – immer wieder muß ich mich dann fragen: wie ist dies mein jetziges Herabsteigen denn möglich? und wie ist einst meine Seele in den Leib geraten, die Seele die trotz dieses Aufenthaltes im Leibe mir ihr hohes Wesen eben noch, da sie für sich war, gezeigt hat?

Heraklit, der uns ja gebietet hiernach zu forschen, lehrt 2
notwendiges Umschlagen aus Gegensatz in Gegensatz, er spricht von der 'Bahn hinauf und hinab', von 'Ausruhen im Wechsel', von der 'Plackerei, stets dem Nämlichen zu fronden und untertan zu sein' – und überläßt uns damit bloßen Vermutungen; solche Rede uns deutlich zu machen hat er nicht nötig gefunden, wir sollen wohl von uns aus suchen, wie
er selbst ja nur fand weil er gesucht hatte. Nicht anders Em- 3
pedokles: Gesetz sei es, hat er gesagt, daß die fehlende Seele hinabstürze in diese Welt; er selbst sei herabgekommen ein 'aus der Götterwelt Verbannter', da er 'traute dem rasenden Streit'; und hat uns damit nicht mehr Klarheit gegeben als wohl Pythagoras und seine Nachfolger, die in dieser Frage wie in vielen andern doch nur dunkle Andeutungen gaben; Empedokles übrigens hinderte auch noch die poetische Form
an der Deutlichkeit. So bleibt uns denn nur der göttliche Pla- 4
ton. Er hat über die Seele und ihre Einkehr auf Erden viel-

αὐτῆς πολλαχῇ εἴρηκεν ἐν τοῖς αὐτοῦ λόγοις, ὥστε
ἐλπίδα ἡμῖν εἶναι λαβεῖν παρ' αὐτοῦ σαφές τι. τί οὖν
5 λέγει ὁ φιλόσοφος οὗτος; οὐ ταὐτὸν λέγων πανταχῇ φα-
νεῖται, ἵνα ἄν τις ἐκ ῥᾳδίας τὸ τοῦ ἀνδρὸς βούλημα εἶδεν·
ἀλλὰ τὸ αἰσθητὸν πᾶν πανταχοῦ ἀτιμάσας καὶ τὴν πρὸς
τὸ | σῶμα κοινωνίαν τῆς ψυχῆς μεμψάμενος ἐν δεσμῷ τε
εἶναι καὶ τεθάφθαι ἐν αὐτῷ τὴν ψυχὴν λέγει καὶ τὸν ἐν
ἀπορρήτοις λεγόμενον λόγον μέγαν εἶναι, ὃς ἐν φρουρᾷ
6 τὴν ψυχήν φησιν εἶναι· καὶ τὸ σπήλαιον αὐτῷ, ὥσπερ
Ἐμπεδοκλεῖ τὸ ἄντρον, τόδε τὸ πᾶν δοκεῖ μοι λέγειν,
ὅπου γε | λύσιν τῶν δεσμῶν καὶ ἄνοδον ἐκ τοῦ σπηλαίου
τῇ ψυχῇ φησιν εἶναι τὴν πρὸς τὸ νοητὸν πορείαν· ἐν δὲ
Φαίδρῳ πτερορρύησιν αἰτίαν τῆς ἐνταῦθα ἀφίξεως, καὶ
περίοδοι αὐτῷ ἀνελθοῦσαν πάλιν φέρουσι τῇδε, καὶ κρίσεις
δὲ καταπέμπουσιν ἄλλας ἐνταῦθα καὶ κλῆροι καὶ τύχαι
7 καὶ | ἀνάγκαι. καὶ ἐν τούτοις ἅπασι μεμψάμενος τὴν τῆς
ψυχῆς ἄφιξιν πρὸς σῶμα ἐν Τιμαίῳ περὶ τοῦδε τοῦ
παντὸς λέγων τόν τε κόσμον ἐπαινεῖ καὶ θεὸν λέγει εἶναι
εὐδαίμονα τήν τε ψυχὴν παρὰ ἀγαθοῦ τοῦ δημιουργοῦ πρὸς
τὸ ἔννουν τόδε τὸ πᾶν εἶναι δεδόσθαι, ἐπειδὴ ἔννουν μὲν |
αὐτὸ ἔδει εἶναι, ἄνευ δὲ ψυχῆς οὐχ οἷόν τε ἦν τοῦτο γε-
νέσθαι· ἥ τε οὖν ψυχὴ ἡ τοῦ παντὸς τούτου χάριν εἰς
αὐτὸ παρὰ τοῦ θεοῦ ἐπέμφθη ἥ τε ἑκάστου ἡμῶν, πρὸς
τὸ τέλειον αὐτὸ εἶναι· ἐπειδὴ ἔδει, ὅσα ἐν νοητῷ κόσμῳ,
τὰ αὐτὰ ταῦτα γένη ζῴων καὶ ἐν τῷ αἰσθητῷ | ὑπάρχειν.
8 Ὥστε ἡμῖν συμβαίνει περὶ τῆς ἡμετέρας ψυχῆς παρ'
αὐτοῦ μαθεῖν ζητήσασιν ἐξ ἀνάγκης ἐφάπτεσθαι καὶ
περὶ ψυχῆς ὅλως ζητῆσαι, πῶς ποτε κοινωνεῖν σώματι
πέφυκε, καὶ περὶ κόσμου φύσεως οἷόν τινα δεῖ αὐτὸν |
τίθεσθαι, ἐν ᾧ ψυχὴ ἐνδιαιτᾶται, ἑκοῦσα εἴτε ἀναγκα-
σθεῖσα εἴτε τις ἄλλος τρόπος, καὶ περὶ ποιητοῦ δὲ εἴτε
9 ὀρθῶς . . . εἴτε ὡς ἡμέτεραι ψυχαὶ ἴσως, ἃς ἔδει σώματα
διοικούσας χείρω δι' αὐτῶν εἴσω πολὺ δῦναι, | εἴπερ

*34* δοκεῖ Kirchhoff: δοκῶ

fach in seinen Schriften ausführlich und meisterhaft gesprochen, von ihm dürfen wir hoffen Klarheit zu erlangen. Was lehrt nun dieser Philosoph?

Er lehrt, so stellt sich heraus, nicht überall das gleiche; 5
seine wahre Absicht ist keineswegs ohne weiteres zu ersehen. Auf der einen Seite verwirft er durchgehend jegliches Sinnliche, er beklagt die Gemeinschaft der Seele mit dem Leib, er nennt den Leib ihre Fessel und ihr Grab und rühmt den Spruch der Geheimlehren nach dem die Seele 'in Haft' ist;
ein andermal meint er offenbar mit 'Höhle' (wie Empedokles 6
mit 'Grotte') die sichtbare Welt: denn er sagt ja, die Wanderung 'zur geistigen Welt', sagt er da, sei der Seele 'Lösung aus den Fesseln' und Aufstieg aus der Höhle; im Phaidros endlich ist ihm 'Entfiederung' die Ursache des Herabstiegs in diese Welt, bestimmte 'Umläufe' bringen die Seele nach dem Aufstieg auf die Erde zurück, 'andre' wieder sendet in diese
Welt hinab 'Richtspruch', 'Los', Schicksal und Zwang. Im 7
Gegensatz zu all diesen Stellen, wo er das Eintreten der Seele in den Körper verwirft, preist er aber im Timaios den Kosmos (und meint damit diese irdische Welt) und nennt ihn einen 'seligen Gott', und vom Schöpfer in seiner Güte sei ihm die Seele gegeben auf daß diese Welt geistbegabt sei, denn geistbegabt sollte sie sein, das aber war nicht möglich ohne die Seele; zu diesem Ende also entsandte Gott die Seele in das All, zu diesem Ende aber auch zu einem jeden von uns, um der Vollkommenheit des Alls willen; denn es sollten alle Arten von Wesen, die in der geistigen Welt waren, auch in der sinnlichen vorhanden sein.

Daher wir notwendig, wenn wir bei ihm Belehrung suchen 8 *2*
über unsere Seele, auch die Frage angreifen müssen, inwiefern das Seelische überhaupt mit dem Leibe Gemeinschaft haben kann, und wie man das Wesen des Kosmos sich zu denken hat, da doch in ihm die *(Welt-)* Seele weilt sei es freiwillig, gezwungen oder wie immer, und ob der Schöpfer mit
Recht *(die Weltseele in den Kosmos entsandte)* oder ob *(sie* 9
*dort in der Lage ist)* etwa wie unsere Seelen, die niedrigere Leiber zu regieren haben und daher sich tief hineinsenken müssen, wollen sie ihrer Herr werden, sonst würden die Be-

ἔμελλον κρατήσειν, σκεδασθέντος μὲν ἂν ἑκάστου καὶ πρὸς τὸν οἰκεῖον τόπον φερομένου – ἐν δὲ τῷ παντὶ πάντα ἐν οἰκείῳ κατὰ φύσιν κεῖται· – πολλῆς δὲ καὶ ὀχλώδους προνοίας δεομένων, ἅτε πολλῶν τῶν ἀλλοτρίων αὐτοῖς προσπιπτόντων ἀεί τε ἐνδείᾳ συνεχομένων καὶ | πάσης
10 βοηθείας ὡς ἐν πολλῇ δυσχερείᾳ δεομένων. τὸ δέ, τέλειόν τε ὂν καὶ ἱκανὸν καὶ αὔταρκες καὶ οὐδὲν ἔχον αὐτῷ παρὰ φύσιν, βραχέος οἷον κελεύσματος δεῖται· καὶ ὡς πέφυκε ψυχὴ ἐθέλειν, ταύτῃ καὶ ἀεὶ ἔχει οὔτε ἐπιθυμίας ἔχουσα
11 οὔτε πάσχουσα· οὐδὲν γὰρ ἄπεισιν οὐδὲ | πρόσεισι. διὸ καί φησι καὶ τὴν ἡμετέραν, εἰ μετ' ἐκείνης γένοιτο τελείας, τελειωθεῖσαν καὶ αὐτὴν μετεωροπορεῖν καὶ πάντα τὸν κόσμον διοικεῖν· ὅτε ἀφίσταται εἰς τὸ μὴ ἐντὸς εἶναι τῶν σωμάτων μηδέ τινος εἶναι, τότε καὶ αὐτὴν ὥσπερ τὴν
12 τοῦ παντὸς συνδιοικήσειν ῥᾳδίως τὸ | πᾶν· ὡς οὐ κακὸν ὂν ψυχῇ ὁπωσοῦν σώματι παρέχειν τὴν τοῦ εὖ δύναμιν καὶ τοῦ εἶναι, ὅτι μὴ πᾶσα πρόνοια τοῦ χείρονος ἀφαιρεῖ τὸ ἐν τῷ ἀρίστῳ τὸ προνοοῦν μένειν. διττὴ γὰρ ἐπιμέλεια παντός, τοῦ μὲν καθόλου κελεύσει κοσμοῦντος ἀπράγμονι ἐπιστασίᾳ βασιλικῇ, τὸ δὲ καθέκαστα ἤδη | αὐτουργῷ τινι ποιήσει συναφῇ τῇ πρὸς τὸ πραττόμενον τὸ πρᾶττον
13 τοῦ πραττομένου τῆς φύσεως ἀναπιμπλᾶσα. τῆς δὲ θείας ψυχῆς τοῦτον τὸν τρόπον τὸν οὐρανὸν ἅπαντα διοικεῖν ἀεὶ λεγομένης, ὑπερεχούσης μὲν τῷ κρείττονι, δύναμιν δὲ τὴν ἐσχάτην εἰς τὸ εἴσω πεμπούσης, αἰτίαν | μὲν ὁ θεὸς οὐκ ἂν ἔτι λέγοιτο ἔχειν τὴν τοῦ τὴν ψυχὴν τοῦ παντὸς ἐν χείρονι πεποιηκέναι ἥ τε ψυχὴ οὐκ ἀπεστέρηται τοῦ κατὰ φύσιν ἐξ ἀιδίου τοῦτ' ἔχουσα καὶ ἕξουσα ἀεί, ὃ μὴ οἷόν τε παρὰ φύσιν αὐτῇ εἶναι, εἴπερ διηνεκῶς αὐτῇ

*38* εἴπερ scripsi: ὅπερ

standteile des Leibes sich voneinander lösen und zurückfallen je an den ihnen wesenseignen Weltort – während im Leibe des Alls alle Teile an ihrem wesensbestimmten Ort liegen –; sodann bedürfen die Leiber mannigfacher und beschwerlicher Fürsorge, weil von außen viel Fremdes auf sie 'eindringt', weil sie unter dem ständigen Druck der Notdurft stehen und weil ihre jämmerliche Gebrechlichkeit mancherlei Vorkeh-
rung fordert. Der Welt-Leib dagegen fügt sich sozusagen je- 10
dem leisen Wink; denn er ist vollkommen, in sich geschlossen und sich selbst genug, es gibt nichts was wider sein Wesen wäre. Deshalb kann die Weltseele ohne Unterlaß so sein, wie zu sein der Wille ihres Wesens ihr gebietet, frei von Begierde und aller äußeren Einwirkung; denn die Welt scheidet nichts
aus und nimmt nichts in sich auf. Daher es denn sogar von 11
unserer Seele heißt, wenn sie zu jener der vollkommenen gelangt, werde sie mit ihr vollkommen, 'wandle mit ihr in der Höhe und durchwalte den ganzen Kosmos'; wenn sie also Abstand nimmt, nicht drinnen in den Leibern ist, niemand zu eigen ist, dann werde sie wie die Allseele mit ihr das
All durchwalten mit leichter Mühe. Nicht schlechthin also, 12
das liegt in diesen Worten, ist es für die Seele ein Übel wenn sie dem Leibe Teil gibt am Heil und am Sein; Fürsorge für das Niedere verhindert ja nicht unter allen Umständen daß das Fürsorgende im höchsten und besten Sein verharre. Denn zwiefacher Art ist alle Fürsorge: das Allgemeine waltet durch ein ruhiges Gebieten, ein königliches Regieren; im Einzelnen vollzieht sich dann die Fürsorge durch ein eigenhändiges Tun, bei welchem das handelnde Subjekt vermöge der Berührung mit dem Objekt der Handlung an dem Objekt der Handlung
'sich befleckt'. Nun läßt er die göttliche Seele stets auf die 13
erste Art über die ganze Welt walten, sie bleibt in ihrem höheren Teile über sie erhaben und sendet nur den letzten Ausläufer ihrer Kraft in ihr Inneres hinab. Damit wird jeder Vorwurf gegen Gott, weil er die Allseele einem niederen Wesen eingepflanzt hat, hinfällig; die Seele ist nicht ausgestoßen aus dem ihr wesenseignen Sein; sie ist ja von Ewigkeit in diesem Zustand und wird es in Ewigkeit sein, und das kann unmöglich wider ihr Wesen sein, wenn anders es ihr ewig ohne Un-

14 ἀεὶ ὑπάρχει οὔποτε ἀρξάμενον. τάς τε τῶν ἀστέρων | ψυ-
χὰς τὸν αὐτὸν τρόπον πρὸς τὸ σῶμα ἔχειν λέγων ὥσπερ
τὸ πᾶν· ἐντίθησι γὰρ καὶ τούτων τὰ σώματα εἰς τὰς τῆς
ψυχῆς περιφοράς· ἀποσώζοι ἂν καὶ τὴν περὶ τούτους πρέ-
15 πουσαν εὐδαιμονίαν. δύο γὰρ ὄντων δι' ἃ δυσχεραίνεται
ἡ ψυχῆς πρὸς σώματα κοινωνία, ὅτι τε | ἐμπόδιον πρὸς
τὰς νοήσεις γίνεται καὶ ὅτι ἡδονῶν καὶ ἐπιθυμιῶν καὶ
λυπῶν πίμπλησιν αὐτήν, οὐδέτερον τούτων ἂν γένοιτο
ψυχῇ ἥτις μὴ εἰς τὸ εἴσω ἔδυ τοῦ σώματος μηδέ τινός
ἐστι μηδὲ ἐκείνου ἐγένετο ἀλλ' ἐκεῖνο αὐτῆς, ἔστι τε
τοιοῦτον οἷον μήτε τινὸς δεῖσθαι μήτε τινὶ | ἐλλείπειν·
16 ὥστε μηδὲ τὴν ψυχὴν ἐπιθυμιῶν πίμπλασθαι ἢ φόβων,
οὐδὲν γὰρ δεινὸν μήποτε περὶ σώματος προσδοκήσῃ
τοιούτου οὐδέ τις ἀσχολία νεῦσιν ποιοῦσα κάτω ἀπάγει
τῆς κρείττονος καὶ μακαρίας θέας, ἀλλ' ἔστιν ἀεὶ πρὸς
ἐκείνοις ἀπράγμονι δυνάμει τόδε τὸ πᾶν κοσμοῦσα.
17 Περὶ δὲ τῆς ἀνθρωπείας ψυχῆς, ἣ ἐν σώματι πάντα
λέγεται κακοπαθεῖν καὶ ταλαιπωρεῖν ἐν ἀνίαις καὶ ἐπι-
θυμίαις καὶ φόβοις καὶ τοῖς ἄλλοις κακοῖς γιγνομένη ᾗ
καὶ δεσμὸς τὸ σῶμα καὶ τάφος καὶ ὁ κόσμος αὐτῇ σπή-
λαιον | καὶ ἄντρον – ἥντινα γνώμην οὐ διάφωνον ἔχει ἐκ
τῶν αἰτιῶν οὐ τῶν αὐτῶν τῆς καθόδου νῦν λέγωμεν.
18 ὄντος τοίνυν παντὸς νοῦ ἐν τῷ τῆς νοήσεως τόπῳ ὅλου τε
καὶ παντός, ὃν δὴ κόσμον νοητὸν τιθέμεθα, ὄντων δὲ
καὶ τῶν ἐν τούτῳ περιεχομένων νοερῶν δυνάμεων καὶ νόων
τῶν καθέκαστα | (οὐ γὰρ εἷς νοῦς μόνος, ἀλλ' εἷς καὶ
πολλοί), πολλὰς ἔδει καὶ ψυχὰς καὶ μίαν εἶναι καὶ ἐκ
τῆς μιᾶς τὰς πολλὰς διαφόρους, ὥσπερ ἐκ γένους ἑνὸς
εἴδη τὰ μὲν ἀμείνω τὰ δὲ χείρω, νοερώτερα τὰ δ' ἧττον
ἐνεργείᾳ τοιαῦτα. καὶ γὰρ ἐκεῖ ἐν τῷ νῷ τὸ μὲν νοῦς
περιέχων δυνάμει | τἆλλα οἷον ζῷον μέγα, τὰ δ' ἐνερ-

*52* οὔτε (ante τις): correxi

terlaß und ohne Beginn eigen ist. Den Sternseelen sodann 14
gibt er ausdrücklich die gleiche Beziehung zum Leib wie sie
im All herrscht – er setzt auch die Sternleiber in die Um-
schwungsbahnen der Seele –; er wahrt also auch ihnen die
ihnen gebührende Seligkeit.

Aus zwei Gründen wird die Gemeinschaft der Seele mit den 15
Leibern als Ärgernis angesehen: sie sind ihr 'ein Hindernis'
im reinen Denken, und sie 'erfüllen' sie mit Lüsten 'Begier-
den' und Schmerzen. Keins von beiden aber kann einer Seele
widerfahren, die nicht ins Innere des Leibes versinkt, die kei-
nem angehört, nicht sie ist dem Leib, sondern der Leib ihr
untertan; und dieser Leib ist so geartet daß es ihm an nichts
gebricht, daß er in keiner Richtung unvollkommen ist. So 16
wird die Seele auch nicht mit Begierden oder Ängsten erfüllt;
für solchen Leib braucht sie keines Unheils gewärtig zu sein,
keine Mühe lenkt sie hinab, zieht sie fort von der hohen seli-
gen Schau; sondern sie bleibt ohne Unterlaß dem oberen
Reiche hingegeben und lenkt dabei unsere Welt in geruhiger
Kraft.

Die Menschenseele aber, die, wie es heißt, alle Übel und 17 *3*
Mühsal im Leibe erduldet, da sie dort in Schmerzen Begier-
den Ängste und alle andern Übel gerät, weshalb denn auch
der Leib ihre Fessel und ihr Grab heißt und diese Erdenwelt
ihr Höhle und Grotte – seine Lehre von der Menschenseele
wollen wir nunmehr darlegen; einen Widerspruch bringt sie
nicht, da die Gründe des Abstiegs nicht dieselben sind. Im 18
Geistes-Ort befindet sich all das Geistige als Ganzes und Ge-
samtes – wir nennen das intellegiblen Kosmos –, befinden sich
aber auch die von ihm umschlossenen geistigen Kräfte, die
Einzel-Geistwesen – denn der Geist ist nicht Einheit allein,
sondern Einheit und Vielheit –; notwendig muß daher auch
die Seele Einheit u n d Vielheit sein, und aus der einen müssen
die vielen als verschiedene hervorgehen, aber nur in dem
Sinne wie die verschiedenen Arten aus der einen Gattung,
höhere und geringere, geisthaftere und solche die das Gei-
stige weniger verwirklichen. Denn auch droben im Geist gibt
es einerseits den Gesamt-Geist, der die andern potential ent-
hält wie einen großen Organismus, anderseits die einzelnen

19 γείᾳ ἕκαστον ἃ δυνάμει περιεῖχε θάτερον. οἷον εἰ πόλις ἔμψυχος ἦν περιεκτικὴ ἐμψύχων ἄλλων, τελειοτέρα μὲν <ἡ> πόλεως καὶ δυνατωτέρα, οὐδὲν μὴν ἐκώλυε τῆς αὐτῆς φύσεως εἶναι καὶ τὰς ἄλλας· ἢ ὡς ἐκ τοῦ παντὸς πυρὸς τὸ μὲν μέγα τὰ | δὲ μικρὰ πυρὰ εἴη, ἔστι δὲ ἡ πᾶσα οὐσία ἡ τοῦ παντὸς πυρός, μᾶλλον δὲ ἀφ' ἧς καὶ ἡ τοῦ παν-
20 τός. ψυχῆς δὲ ἔργον τῆς λογικωτέρας νοεῖν μέν· οὐ τὸ νοεῖν δὲ μόνον, τί γὰρ ἂν καὶ νοῦ διαφέροι; προσλαβοῦσα γὰρ τῷ νοερὰ εἶναι καὶ ἄλλο, καθ' ὃ νοῦς οὐκ | ἔμεινεν, ἔχει τε ἔργον καὶ αὐτὴ εἴπερ πᾶν ὃ ἐὰν ᾖ τῶν νοητῶν· βλέπουσα δὲ πρὸς μὲν τὸ πρὸ ἑαυτῆς νοεῖ, εἰς δὲ ἑαυτὴν τὸ μετ' αὐτὴν [ο] κοσμεῖ τε καὶ διοικεῖ καὶ ἄρχει αὐτοῦ· ὅτι μηδὲ οἷόν τε ἦν στῆναι τὰ πάντα ἐν τῷ νοητῷ δυναμένου ἐφεξῆς καὶ | ἄλλου γενέσθαι ἐλάττονος μέν, ἀναγκαίου δὲ εἶναι εἴπερ καὶ τὸ πρὸ αὐτοῦ.

21 Τὰς δὴ καθέκαστα ψυχὰς ὀρέξει μὲν νοερᾷ χρωμένας *4* ἐν τῇ ἐξ οὗ ἐγένοντο πρὸς αὐτὸ ἐπιστροφῇ, δύναμιν δὲ καὶ εἰς τὸ ἐπὶ τάδε ἐχούσας (οἷάπερ φῶς ἐξηρτημένον μὲν κατὰ τὰ ἄνω ἡλίου, τῷ δὲ μετ' αὐτὸ οὐ φθονοῦν τῆς | χορηγίας) ἀπήμονας μὲν εἶναι μετὰ τῆς ὅλης μενούσας ἐν τῷ νοητῷ, ἐν οὐρανῷ δὲ μετὰ τῆς ὅλης συνδιοικεῖν ἐκείνῃ, οἷα οἱ βασιλεῖ τῶν πάντων κρατοῦντι συνόντες συνδιοικοῦσιν ἐκείνῳ, οὐ καταβαίνοντες οὐδ' αὐτοὶ ἀπὸ τῶν βασιλείων τόπων· καὶ γάρ εἰσιν ὁμοῦ ἐν τῷ | αὐτῷ τότε.
22 μεταβάλλουσαι δὲ ἐκ τοῦ ὅλου εἰς τὸ μέρος τε εἶναι καὶ ἑαυτῶν καὶ οἷον κάμνουσαι τῷ σὺν ἄλλῳ εἶναι ἀναχωροῦσιν εἰς τὸ αὐτῶν ἑκάστη. ὅταν δὴ τοῦτο διὰ χρόνων ποιῇ φεύγουσα τὸ πᾶν καὶ τῇ διακρίσει ἀποστᾶσα καὶ μὴ πρὸς

*17* suppl. Kirchhoff *28* del. Ficinus

Geiste, deren jeder eine Verwirklichung dessen ist was je-
ner der Möglichkeit nach enthielt. So wenn wir uns eine Ge- 19
meinde, die ja beseelte Wesen umschließt, selbst beseelt
denken: vollkommener und kräftiger ist dann freilich die
Gesamtseele der Gemeinde, Seele sein können aber auch die
Einzelseelen. Oder ein anderes Bild: von dem Gesamt-(*Welt*-)
Feuer findet sich hier ein großes, da und dort kleine Stücke,
die gesamte Substanz ist aber nur die des Gesamt-Feuers
(oder richtiger: diejenige, aus welcher auch die des Gesamt-
feuers erst herstammt).

Die Aufgabe der vernünftigen Seele aber ist gewiß das Den- 20
ken; nicht aber das Denken allein, dann unterschiede sie ja
nichts vom Geist. Denn da ihr außer ihrer Eigenschaft als
geistige noch etwas anderes zufiel, das sie nicht Geist bleiben
ließ, hat sie eine eigentümliche Wirksamkeit so gut wie jedes
geistige Wesen: sie kann blicken auf das was über ihr ist,
dann denkt sie, sie kann auf sich selbst blicken, dann ist sie
formender, ordnender Regent des ihr Nachgeordneten. Auf
der Stufe nämlich des Geistes durfte die Welt nicht stehen
bleiben, wo die Möglichkeit gegeben war daß die Reihe sich
fortsetzte in einem weiteren Gliede, welches zwar geringer ist,
dessen Existenz aber mit Notwendigkeit folgt aus der Exi-
stenz dessen was vor und über ihm ist.

Die Einzelseelen also haben in sich einen geistigen Trieb, 21 *4*
der sie zurückwendet zu ihrem Ursprung, sie haben auch eine
Kraft, die auf die niedere Welt gerichtet ist; so wie das Licht
abhängig ist von der Sonne über ihm und doch dem was unter
ihm ist nicht kargt mit seiner Spende. Bleiben sie in der gei-
stigen Welt mit der Allseele vereint, so haben sie Leidensfrei-
heit; bleiben sie im Kosmos bei ihr, so können sie mit ihr zu-
sammen das All lenken, so wie die Helfer, die bei dem ober-
sten König sind, mit ihm gemeinsam regieren ohne doch
von der Königsburg hinabzusteigen. Denn sie sind ja dann in
einer Ganzheit beisammen. Aber sie wenden sich ab von der 22
Ganzheit in das Teil- und Eigensein, gleichsam müde der Ge-
meinschaft, und jede zieht sich in ihr Sondersein zurück. Tut
sie das nun fortgesetzt, flieht die Gesamtheit, fällt ab in Ge-
schiedenheit und richtet den Blick nicht mehr auf die geistige

τὸ νοητὸν βλέπῃ, μέρος γενομένη μονοῦταί | τε καὶ ἀσθενεῖ καὶ πολυπραγμονεῖ καὶ πρὸς μέρος βλέπει καὶ τῷ ἀπὸ τοῦ ὅλου χωρισμῷ ἑνός τινος ἐπιβᾶσα καὶ τὸ ἄλλο πᾶν φυγοῦσα, ἐλθοῦσα καὶ στραφεῖσα εἰς τὸ ἓν ἐκεῖνο πληττόμενον ὑπὸ τῶν [ὅλων καὶ] πάντων, τοῦ τε ὅλου ἀπέστη καὶ τὸ καθέκαστον μετὰ περιστάσεως διοικεῖ | ἐφαπτομένη ἤδη καὶ θεραπεύουσα τὰ ἔξωθεν καὶ παροῦσα
23 καὶ δῦσα αὐτοῦ πολὺ εἰς τὸ εἴσω. ἔνθα καὶ συμβαίνει αὐτῇ τὸ λεγόμενον πτερορρυῆσαι καὶ ἐν δεσμοῖς τοῖς τοῦ σώματος γενέσθαι ἁμαρτούσῃ τοῦ ἀβλαβοῦς τοῦ ἐν τῇ διοικήσει τοῦ κρείττονος, ὃ ἦν παρὰ τῇ ψυχῇ τῇ ὅλῃ (τὸ | δὲ πρὸ τοῦ ἦν παντελῶς ἄμεινον ἀναδραμούσῃ). εἴληπται οὖν πεσοῦσα καὶ πρὸς τῷ δεσμῷ οὖσα καὶ τῇ αἰσθήσει ἐνεργοῦσα, διὰ τὸ κωλύεσθαι τῷ νῷ ἐνεργεῖν καταρχάς, τεθάφθαι τε λέγεται καὶ ἐν σπηλαίῳ εἶναι, ἐπιστραφεῖσα δὲ πρὸς νόησιν λύεσθαί τε ἐκ τῶν δεσμῶν καὶ ἀναβαίνειν, | ὅταν ἀρχὴν λάβῃ ἐξ ἀναμνήσεως θεᾶσθαι
24 τὰ ὄντα, ἔχει γάρ τι ἀεὶ οὐδὲν ἧττον ὑπερέχον [τι]. γίγνονται οὖν οἷον ἀμφίβιοι, ἐξ ἀνάγκης τόν τε ἐκεῖ βίον τόν τε ἐνταῦθα παρὰ μέρος βιοῦσαι, πλεῖον μὲν τὸν ἐκεῖ, αἳ δύνανται πλέον τῷ νῷ συνεῖναι, τὸν δὲ ἐνθάδε πλεῖον, αἷς τὸ ἐναντίον ἢ φύσει ἢ | τύχαις ὑπῆρξεν. ἃ δὴ ὑποδεικνὺς ὁ Πλάτων ἠρέμα, ὅτε διαιρεῖ αὐτὰς ἐκ τοῦ ὑστέρου κρατῆρος καὶ μέρη ποιεῖ, τότε καί φησιν ἀναγκαῖον εἶναι εἰς γένεσιν ἐλθεῖν, ἐπείπερ ἐγένοντο μέρη
25 τοιαῦτα. (εἰ δὲ λέγει σπεῖραι τὸν θεὸν αὐτάς, οὕτως ἀκουστέον ὥσπερ ὅταν καὶ λέγοντα | καὶ οἷον δημηγοροῦντα ποιῇ· ἃ γὰρ ἐν φύσει ἐστὶ τῶν ὅλων, ταῦτα καὶ ἡ ὑπόθεσις γεννᾷ τε καὶ ποιεῖ εἰς δεῖξιν προάγουσα ἐφεξῆς τὰ ἀεὶ οὕτω γιγνόμενά τε καὶ ὄντα.)

*16* ὅλου Ficinus: ὄχλου *18* ὑπὸ τῶν πάντων scripsi: ὑπὸ τῶν ὅλων καὶ πᾶν (scil. καὶ παν v. l. ad ὅλων)
*31* delevi *36* αὐτὰς em. Kirchhoff: αὐτὰ

Welt, so wird sie zum Teil, vereinzelt sich und wird krank, sie
gerät in Geschäftigkeit, richtet sich auf ein Teilwesen, und in
der Absonderung von der Ganzheit läßt sie sich dann auf
irgend ein Einzelding nieder, wendet sich ab von allem an-
dern, kommt herab und neigt sich nieder in dies Einzelding,
das dem Druck und Stoß aller andern Dinge ausgesetzt ist;
so läßt sie das Ganze und regiert in Drangsal das Einzelne,
nun kommt sie in Berührung mit dem Äußeren und muß sich
ihm widmen, ist bei dem Einzelnen und senkt sich tief in es
hinab. Hier widerfährt ihr dann wovon gesagt ist: sie 'ent- 23
fiedert' sich und gerät in die Bande des Leibes; denn ver-
scherzt hat sie die Unverletzlichkeit, die sie bei der Allseele
hatte, als sie das Höhere lenkte (damals ergings ihr durchaus
besser, als sie nach oben eilte); so fällt sie und ist gefangen,
und beschäftigt sich mit ihrer Fessel und lebt nur mit den
Sinnen (denn mit dem Geist zu leben hemmt sie zunächst der
neue Aufenthalt); so ist sie, wie es heißt, 'im Grabe' und 'in
der Höhle', wendet sie sich aber zurück zu geistigem Leben,
dann wird sie 'aus den Banden gelöst' und 'steigt hinauf' (Er-
innerung gibt ihr den Anstoß sich wieder hinzukehren zur
Schau des wahren Seins, denn, trotz aller Erniedrigung,
irgend ein Stück ihres Seins bleibt doch stets droben). So 24
hausen denn die Seelen gleichsam in zwei Elementen wie
Amphibien, im Wechsel sind sie genötigt bald dort oben, bald
hienieden zu leben; die das Vermögen haben zu dauernderer
Gemeinschaft mit dem Geiste, leben vorwiegend dort oben,
hier unten die andern, denen Anlage oder Geschick jenes ver-
wehrte. Das deutet denn auch Plato leise an: als er die Seelen
aus dem zweiten Mischkrug sondert und zu Teilen werden
läßt, da sagt er daß sie 'notwendig' ins Werden eintreten müs-
sen, nachdem sie einmal Teilwesen dieser Art geworden sind.
(Wenn er übrigens dort sagt, Gott habe die Seelen 'gesät', so 25
ist das im gleichen Sinn zu verstehen wie er Gott sprechen,
geradezu als Redner auftreten läßt: nur die Darstellung nö-
tigt ihn, das, was wesenhaft existiert im All, aus Zeugung und
Schöpfung hervorgehen zu lassen, weil sie nacheinander vor-
führen muß, was in Wahrheit ein stetes Nebeneinander von
Sein und Werden ist.)

26 Οὐ τοίνυν διαφωνεῖ ἀλλήλοις ἥ τε εἰς γένεσιν σπορὰ
ἥ τε εἰς τελείωσιν κάθοδος τοῦ παντὸς ἥ τε δίκη τό τε
σπήλαιον [ἥ τε ἀνάγκη τό τε ἑκούσιον, ἐπείπερ ἔχει τὸ
ἑκούσιον ἡ ἀνάγκη] καὶ τὸ ἐν κακῷ τῷ σώματι εἶναι· | οὐδ᾽
ἡ Ἐμπεδοκλέους φυγὴ ἀπὸ τοῦ θεοῦ καὶ πλάνη οὐδ᾽ ἡ
ἁμαρτία ἐφ᾽ ᾗ ἡ δίκη, οὐδ᾽ ἡ Ἡρακλείτου ἀνάπαυλα ἐν
τῇ φυγῇ, οὐδ᾽ ὅλως τὸ ἑκούσιον τῆς καθόδου καὶ τὸ
27 ἀκούσιον αὖ. πᾶν μὲν γὰρ ἰὸν ἐπὶ τὸ χεῖρον ἀκούσιον,
φορᾷ γε μὴν οἰκείᾳ ἰὸν πάσχον τὰ χείρω ἔχειν λέγεται
τὴν | ἐφ᾽ οἷς ἔπραξε δίκην. ὅταν δὲ ταῦτα πάσχειν καὶ
ποιεῖν ᾖ ἀναγκαῖον ἀιδίως φύσεως νόμῳ, τὸ δὲ συμβαῖνον
εἰς ἄλλου του χρείαν ἐν τῇ προσόδῳ ἀπαντᾷ, καταβαῖνον
ἀπὸ τοῦ ὑπὲρ αὐτὸ θεὸν εἴ τις λέγοι καταπέμψαι, οὐκ
ἂν ἀσύμφωνος οὔτε τῇ ἀληθείᾳ οὔτε ἑαυτῷ ἂν εἴη. καὶ
γὰρ ἀφ᾽ ἧς | ἀρχῆς ἕκαστα, εἰ καὶ τὰ μεταξὺ πολλά, καὶ
28 τὰ ἔσχατα εἰς αὐτὴν ἀναφέρεται. δίκης δὲ τῆς ἁμαρτίας
οὔσης τῆς μὲν ἐπὶ τῇ τοῦ κατελθεῖν αἰτίᾳ, τῆς δὲ ἐπὶ
τῷ ἐνθάδε γενομένην κακὰ δρᾶσαι, ἡ μέν ἐστιν αὐτὸ
τοῦτο ὃ πέπονθε κατελθοῦσα, τῆς δὲ τὸ ἔλαττον εἰς σώ-
ματα ἄλλα | δῦναι, καὶ θᾶττον, ἐκ κρίσεως τῆς κατ᾽
ἀξίαν (ὃ δὴ θεσμῷ θείῳ γιγνόμενον διὰ τοῦ τῆς κρίσεως
ὀνόματος δηλοῦται)· τὸ δὲ τῆς κακίας ἄμετρον εἶδος
μείζονος καὶ τῆς δίκης ἠξίωται ἐπιστασίᾳ τινυμένων
δαιμόνων.

29 Οὕτω τοι καίπερ οὖσα θεῖον καὶ ἐκ τῶν τόπων | τῶν
ἄνω ἐντὸς γίνεται τοῦ σώματος καὶ θεὸς οὖσα ὁ ὕστερος
ῥοπῇ αὐτεξουσίῳ καὶ αἰτίᾳ δυνάμεως καὶ τοῦ μετ᾽
αὐτὴν κοσμήσει ὧδὶ ἔρχεται. κἂν μὲν θᾶττον φύγῃ, οὐδὲν
βέβλαπται, γνῶσιν κακοῦ προσλαβοῦσα καὶ φύσιν κακίας
γνοῦσα τάς τε δυνάμεις ἀγαγοῦσα αὐτῆς εἰς τὸ | φανερὸν
καὶ δείξασα ἔργα τε καὶ ποιήσεις, ἃ ἐν τῷ ἀσωμάτῳ

*3–4* delevi *13* αὐτὸ Kirchhoff: αὐτὸν *16* δίκης scripsi: διττῆς
*29* ἄγουσα: corr. Kirchhoff

So steht also nicht miteinander in Widerspruch das Säen 26 *5*
der Seele ins Reich des Werdens und ihr Abstieg zur Vollendung des Alls, die Strafe, die Höhle, der Aufenthalt im Leib als einem Übel, die empedokleische Verbannung von Gott, Irrfahrt, Sünde auf welche die Strafe folgt, und das heraklitische Ausruhen in der Flucht: überhaupt die Freiwilligkeit und wiederum die Unfreiwilligkeit des Abstiegs.
Denn alles was ins Niedere hinabgeht, tut das wider Willen; 27
insofern es jedoch mit eigener Bewegung hinabgeht, wird in dem Schlechten, das ihm dabei widerfährt, eine Strafe für sein eigenes Tun gesehen. Da aber solches Handeln und solches Leiden für die Seele ewig notwendig ist nach dem Gesetz der Natur, und, was sie auf diesem Wege auf sich nimmt, einem andern *(dem Leibe)* zum Gewinn ausschlägt, so kann man ihr Herabsteigen von dem Oberen als ein Herabschicken durch Gott bezeichnen, ohne in Widerspruch mit der Wahrheit und mit sich selbst zu kommen. Denn auf den ersten Ursprung lassen sich auch die letzten Ausläufer zu-
rückführen, mögen der Mittelglieder auch viele sein. Die 28
Strafe nun für die Verfehlung gilt einmal für die Schuld des Hinabsteigens, dann für die bösen Taten hier unten. Die eine Strafe besteht in eben dem was der Seele beim Abstieg widerfährt; das mildere Maß der zweiten ist Eingehen in andere Leiber, und zwar vor der Zeit, was durch Richtspruch nach Verdienst verhängt wird (wobei 'Richtspruch' nur ein Ausdruck ist zur Verdeutlichung eines Geschehens, das nach göttlicher Satzung sich vollzieht); für schrankenlose Schlechtigkeit aber ist schwerere Buße verwirkt unter der Aufsicht ahndender Dämonen.

So also kommt die Seele, ob sie gleich ein Göttliches ist und 29
von den oberen Räumen stammt, in den Leib, sie, ein zweiter Gott im Range, schreitet hinab in diese Welt mit freigewollter Wendung, um ihrer Kraftfülle wegen, zu formen, was unter ihr ist. Gelingt es ihr rasch wieder zu entfliehen, so bleibt sie unversehrt, hat obendrein Erkenntnis des Schlechten gewonnen, die Schlechtigkeit in ihrem Wesen erkannt, sie hat ihre eigenen Kräfte ans Licht gebracht und ihr Wirken und Schaffen offenbart; im Bereich des Körperlosen ruhend wä-

ἠρεμοῦντα μάτην τε ἂν ἦν εἰς τὸ ἐνεργεῖν ἀεὶ οὐκ ἰόντα,
τήν τε ψυχὴν αὐτὴν ἔλαθεν ἂν ἃ εἶχεν οὐκ ἐκφανέντα οὐδὲ
30 πρόοδον λαβόντα· εἴπερ πανταχοῦ ἡ ἐνέργεια τὴν δύναμιν
ἔδειξε κρυφθεῖσαν ἂν ἁπάντη καὶ | οἷον ἀφανισθεῖσαν καὶ
οὐκ οὖσαν μηδέποτε ὄντως οὖσαν. νῦν μὲν γὰρ θαῦμα
ἔχει τῶν ἔνδον ἕκαστος διὰ τῆς ποικιλίας τῶν ἔξω οἷόν
31 ἐστιν ἐκ τοῦ τὰ γλαφυρὰ ταῦτα δρᾶσαι. | ἦπερ οὖν δεῖ 6
μὴ ἓν μόνον εἶναι – ἐκέκρυπτο γὰρ ἂν πάντα μορφὴν ἐν
ἐκείνῳ οὐκ ἔχοντα, οὐδ ἂν ὑπῆρχέ τι τῶν ὄντων στάντος
ἐν αὐτῷ ἐκείνου, οὐδ' ἂν τὸ πλῆθος ἦν ἂν τῶν ὄντων τού-
των τῶν ἀπὸ τοῦ ἑνὸς γεννηθέντων | μὴ τῶν μετ' αὐτὸ
32 τὴν πρόοδον λαβόντων ἃ ψυχῶν εἴληχε τάξιν – τὸν αὐτὸν
τρόπον οὐδὲ ψυχὰς ἔδει μόνον εἶναι, μὴ τῶν δι' αὐτὰς γενο-
μένων φανέντων, εἴπερ ἑκάστῃ φύσει τοῦτο ἔνεστι τὸ
μετ' αὐτὴν ποιεῖν καὶ ἐξελίττεσθαι οἷον σπέρματος ἔκ
τινος ἀμεροῦς ἀρχῆς εἰς τέλος τὸ αἰσθητὸν | ἰούσῃ,
33 μένοντος μὲν ἀεὶ τοῦ προτέρου ἐν τῇ οἰκείᾳ ἕδρᾳ, τοῦ
δὲ μετ' αὐτὸ οἷον γεννωμένου ἐκ δυνάμεως ἀφάτου
ὅση ἐν ἐκείνῳ, ἣν οὐκ ἔδει στῆσαι οἷον περιγράψαντα
φθόνῳ, χωρεῖν δὲ ἀεὶ ἕως εἰς ἔσχατον μέχρι τοῦ δυνατοῦ
τὰ πάντα ἥκῃ, αἰτίᾳ δυνάμεως ἀπλέτου ἐπὶ πάντα παρ' |
αὐτῆς πεμπούσης καὶ οὐδὲν περιιδεῖν ἄμοιρον αὐτῆς
δυναμένης· οὐ γὰρ δὴ ἦν ὃ ἐκώλυεν ὁτιοῦν ἄμοιρον εἶναι
φύσεως ἀγαθοῦ καθ' ὅσον ἕκαστον οἷόν τε ἦν μεταλαμβά-
34 νειν. εἴτ' οὖν ἦν ἀεὶ ἡ τῆς ὕλης φύσις, οὐχ οἷόν τε ἦν
αὐτὴν μὴ μετασχεῖν οὖσαν τοῦ πᾶσι τὸ ἀγαθὸν καθ'
ὅσον | δύναται ἕκαστον χορηγοῦντος· εἴτ' ἐπηκολούθησεν
ἐξ ἀνάγκης ἡ γένεσις αὐτῆς τοῖς πρὸ αὐτῆς αἰτίοις, οὐδ'

*6, 1* ἦπερ Heintz: εἴπερ *5* αὐτὸ Vitringa: αὐτὰ
*10* ἰούσης: corr. Kirchhoff

ren diese Kräfte unnütz, da sie ewig unverwirklicht blieben,
und der Seele selbst bliebe unbewußt was sie in sich trägt,
wenn es nicht in Erscheinung träte, nicht aus ihr hervor-
ginge. Denn überall bringt erst die Verwirklichung das Ver- 30
mögen zu Tage, welches sonst durchaus verborgen bliebe und
geradezu ausgelöscht wäre und nicht existent, da es niemals
zu realem Sein käme. Wenn jetzt jedermann sich bewun-
dernd vor der Größe des Innen beugt, so hat ihn erst die
schöne Mannigfaltigkeit der Außenwelt dazu geführt; er er-
mißt die Herrlichkeit des Geistigen daran, daß es das rei-
zende Wunderwerk dieser Erdenwelt vollbracht hat. So wie 31 *6*
nun das Eine nicht allein existieren durfte – sonst bliebe ja
alles verborgen da es in dem Einen der Gestalt ermangelt, ja
es würde überhaupt kein Ding existieren wenn das Eine bei
sich selbst stehen bliebe und es gäbe nicht die Vielheit unserer
Erdendinge die von dem Einen her erzeugt sind wenn nicht
die ihm nachgeordneten Wesen, die den Rang von Seelen ein-
nehmen, aus ihm herausgetreten wären –: ebenso durften 32
auch nicht allein die Seelen existieren ohne daß in Erschei-
nung tritt was durch sie seine Existenz erhält; wohnt doch
jedem Wesen inne ein Streben das ihm Nachgeordnete her-
vorzubringen und sich zu entfalten, wie aus einem Samen von
einem teillosen Ursprung aus fortzuschreiten zum Ziel der
sinnlichen Erscheinung, wobei jedoch die obere Stufe stets an 33
dem ihr eigenen Ort verharrt und das Niedere nur gleichsam
aus sich gebiert vor übergewaltiger Kraft, deren Fülle es in
sich trägt und die es nicht in Schranken der Kargheit zurück-
halten durfte, sondern sie mußte immer weiter schreiten bis
die gesamte Wirklichkeit die letzte mögliche Stufe erreicht
hatte, getrieben von der unermeßlichen Kraft welche ihre
Wirkung über alles hin sendet und sich keinem vorenthalten
mochte; denn nichts konnte hindern daß jegliches Ding, je im
Grad seines Vermögens, am Wesen des Guten Anteil er-
hielt. So mußte auch die Materie, existierte sie von Ewigkeit, 34
als existierend notwendig Teil erhalten an der Kraft die allen
Dingen je nach deren Vermögen das Gute spendet; aber auch
wenn ihre Entstehung erst eine notwendige Folge der ihr
übergeordneten Ursachen war, durfte sie nicht abgesondert

ὡς ἔδει χωρὶς εἶναι, ἀδυναμίᾳ πρὶν εἰς αὐτὴν ἐλθεῖν
35 στάντος τοῦ καὶ τὸ εἶναι οἷον ἐν χάριτι δόντος. δεῖξις
οὖν τῶν ἀρίστων ἐν νοητοῖς τὸ ἐν αἰσθητῷ κάλλιστον, τῆς
τε | δυνάμεως τῆς τε ἀγαθότητος αὐτῶν, καὶ συνέχεται
πάντα εἰς ἀεὶ τά τε νοητῶς τά τε αἰσθητῶς ὄντα, τὰ μὲν
παρ' αὐτῶν ὄντα, τὰ δὲ μετοχῇ τούτων τὸ εἶναι εἰς ἀεὶ
λαβόντα μιμούμενα τὴν νοητὴν καθ' ὅσον δύναται φύσιν.

36 Διττῆς δὲ φύσεως ταύτης οὔσης, νοητῆς τῆς δὲ 7
αἰσθητῆς, ἄμεινον μὲν ψυχῇ ἐν τῷ νοητῷ εἶναι, ἀνάγ-
κη γε μὴν ἔχει καὶ τοῦ αἰσθητοῦ μεταλαμβάνειν τοιαύτην
φύσιν ἐχούσῃ· καὶ οὐκ ἀγανακτητέον αὐτὴν ἑαυτῇ εἰ | μὴ
πάντα ἐστὶ τὸ κρεῖττον, μέσην τάξιν ἐν τοῖς οὖσιν ἐπι-
σχοῦσαν, θείας μὲν μοίρας οὖσαν, ἐν ἐσχάτῳ δὲ τοῦ νοητοῦ
οὖσαν, ὡς ὅμορον οὖσαν τῇ αἰσθητῇ φύσει διδόναι μέν
τι τούτῳ τῶν παρ' αὐτῆς, ἀντιλαμβάνειν δὲ καὶ παρ'
αὐτοῦ εἰ μὴ μετὰ τοῦ αὐτῆς ἀσφαλοῦς διακοσμοῖ, | προ-
θυμίᾳ δὲ πλείονι εἰς τὸ εἴσω δύοιτο μὴ μείνασα ὅλη μεθ'
37 ὅλης· ἄλλως τε καὶ δυνατὸν <ὂν> αὐτῇ πάλιν ἐξαναδῦναι,
ἱστορίαν ὧν ἐνταῦθα εἶδέ τε καὶ ἔπαθε προσλαβούσῃ καὶ
μαθούσῃ οἷον ἄρα ἐστὶν ἐκεῖ εἶναι, καὶ τῇ παραθέσει τῶν
οἷον ἐναντίων οἷον σαφέστερον τὰ ἀμείνω μαθούσῃ. |
γνῶσις γὰρ ἐναργεστέρα τἀγαθοῦ ἡ τοῦ κακοῦ πεῖρα οἷς
ἡ δύναμις ἀσθενεστέρα ἢ ὥστε ἐπιστήμῃ τὸ κακὸν πρὸ
πείρας γνῶναι.

38 Ὥσπερ δὲ ἡ νοερὰ διέξοδος κατάβασίς ἐστιν εἰς ἔσ-
χατον τὸ χεῖρον· οὐ γὰρ ἔνι εἰς τὸ ἐπέκεινα ἀναβῆναι, ἀλλ'
ἀνάγκη ἐνεργήσασαν ἐξ ἑαυτῆς καὶ μὴ | δυνηθεῖσαν
μεῖναι ἐφ' ἑαυτῆς, φύσεως δὴ ἀνάγκῃ καὶ νόμῳ μέχρι

*12* add. Kirchhoff *20* δὴ Creuzer: δὲ

bleiben, als ob das Obere, das ihr doch schon die Existenz gleichsam in Gnade geschenkt hatte, nun aus Unvermögen einhalten müßte ehe es zu ihr gelangt ist. So ist das vollkom- 35
menste Schöne das es im Bereich des Sinnlichen gibt *(der Kosmos)* eine Offenbarung des vollendeten Guten im geistigen Reich, seiner Kraft und seiner Güte; verbunden ist auf ewig die gesamte Wirklichkeit, das geistig und das sinnlich Seiende, das Geistige das aus eigener Kraft ist, und das Sinnliche das unvergängliches Sein gewonnen hat durch Teilhabe an Jenem, indem es nach Vermögen das geistige Sein nachahmt.

Wenn das Sein denn in diese beiden Seiten zerfällt, die 36 7
geistige und die sinnliche, so ist es gewiß besser für die Seele im Geistigen zu weilen; allein sie muß notwendig auch am Sinnlichen teilhaben da ihr Wesen solcherart ist; und sie darf nicht mit sich selber hadern, daß sie, wo nun einmal nicht alles auf der Stufe des Höheren ist, eine Mittelstelle in der Wirklichkeit einnimmt, daß sie obgleich dem Göttlichen zugehörig doch am untersten Rande des geistigen Reiches steht, und der sinnlichen Welt als ihr Grenznachbar etwas von ihrem Sein dargibt, und dagegen Einwirkungen von jener zurückempfängt sofern sie bei der Lenkung nicht ihre eigne Sicherheit wahrt, sondern in übermäßiger Hingabe sich in die Tiefe hinabsenkt und die ungeteilte Gemeinschaft mit der Allseele aufgibt; sie hat ja auch die Möglichkeit des Wieder- 37
aufstiegs und hat dann hinzugewonnen die Kunde von den Dingen die sie hienieden sah und erlebte, hat erfahren was es eigentlich heißen will in der oberen Welt zu leben, hat gleichsam deutlicher das Höhere erkannt durch den Vergleich mit dem Gegenteil. Denn erst die Erfahrung des Schlechten gibt denjenigen eine deutliche Erkenntnis des Guten, deren Kraft zu schwach ist das Schlechte durch reine Wissenschaft vor aller Erfahrung zu erkennen.

Wie die Selbstentfaltung des Geistes ein Abstieg ist bis 38
zum unteren Rand der nächst niederen Stufe – denn er darf nicht gleich zum Jenseitigen aufsteigen, er muß Wirkungen aus sich hervorbringen, er kann nicht in sich beharren sondern muß nach der Notwendigkeit und dem Gesetz des Seins

ψυχῆς ἐλθεῖν· τέλος γὰρ αὐτῇ τοῦτο, ταύτῃ δὲ τὸ ἐφεξῆς
παραδοῦναι αὐτὴν πάλιν ἀναδραμοῦσαν· οὕτως καὶ ψυχῆς
ἐνέργεια, τὸ μὲν μετ' αὐτὴν τὰ τῇδε, τὸ δὲ πρὸ αὐτῆς ἡ
39 θέα τῶν ὄντων· ταῖς μὲν παρὰ μέρος | καὶ χρόνῳ γι-
γνομένου τοῦ τοιούτου καὶ ἐν τῷ χείρονι γιγνομένης ἐπι-
στροφῆς πρὸς τὰ ἀμείνω, τῇ δὲ λεγομένῃ τοῦ παντὸς εἶναι
τὸ μηδ' ἐν τῷ χείρονι ἔργῳ γεγονέναι, ἀπαθεῖ δὲ κακῶν
οὔσῃ θεωρίᾳ τε περινοεῖν τὰ ὑπ' αὐτὴν ἐξηρτῆσθαί τε
τῶν πρὸ αὐτῆς ἀεί, ᾗ ἅμα δυνατὸν καὶ | ἄμφω, λαμβανούσῃ
μὲν ἐκεῖθεν χορηγούσῃ δὲ ἅμα ἐνταῦθα, ἐπείπερ ἀμή-
χανον ἦν μὴ καὶ τούτων ἐφάπτεσθαι ψυχῇ οὔσῃ.
40 Καὶ εἰ χρὴ παρὰ δόξαν τῶν ἄλλων τολμῆσαι τὸ φαι- 8
νόμενον λέγειν σαφέστερον, οὐ πᾶσα οὐδ' ἡ ἡμετέρα
ψυχὴ ἔδυ, ἀλλ' ἐστί τι αὐτῆς ἐν τῷ νοητῷ ἀεί, τὸ δὲ ἐν
τῷ αἰσθητῷ εἰ κρατοῖ (μᾶλλον δὲ εἰ κρατοῖτο καὶ θορυ|-
βοῖτο), οὐκ ἐᾷ αἴσθησιν ἡμῖν εἶναι ὧν θεᾶται τὸ τῆς
41 ψυχῆς ἄνω. (τότε γὰρ ἔρχεται εἰς ἡμᾶς τὸ νοηθέν, ὅταν
εἰς αἴσθησιν ἥκῃ καταβαῖνον· οὐ γὰρ πᾶν ὃ γίνεται περὶ
ὁτιοῦν μέρος ψυχῆς, γινώσκομεν πρὶν ἂν εἰς ὅλην τὴν
ψυχὴν ἥκῃ· οἷον καὶ ἐπιθυμία ἐν τῷ ἐπιθυμητικῷ μένουσα |
<οὐ> γινώσκεται ἡμῖν, ἀλλ' ὅταν τῇ αἰσθητικῇ τῇ ἔνδον
42 δυνάμει ἢ καὶ διανοητικῇ ἀντιλαβώμεθα ἢ ἄμφω.) πᾶσα
γὰρ ψυχὴ ἔχει τι καὶ τοῦ κάτω πρὸς τὸ σῶμα καὶ τοῦ
ἄνω πρὸς νοῦν· καὶ ἡ μὲν ὅλη καὶ ὅλου τῷ αὐτῆς μέρει τῷ
πρὸς τὸ σῶμα τὸ ὅλον κοσμεῖ ὑπερέχουσα ἀπόνως, ὅτι |
μηδὲ ἐκ λογισμοῦ, ὡς ἡμεῖς, ἀλλὰ νῷ. (ὡς ἡ τέχνη οὐ
βουλεύεται)· † τὸ κάτω αὐτῆς κοσμοῦντος ὅτι ὅλου †
43 αἱ δ' ἐν μέρει γινόμεναι καὶ μέρους ἔχουσι μὲν καὶ αὐταὶ
τὸ ὑπερέχον, ἄσχολοι δὲ τῇ αἰσθήσει καὶ ἀντιλήψει

*29* ᾗ: corr. Kirchhoff *8, 10* add. Kirchhoff (et iam J. Schegk, cf. Henry, Manuscr. 213) *16* βούλεται: corr. Creuzer secutus Ficinum *17* αὐταὶ scripsi: αὗται

bis zur Seele hinab; dort ist Ziel und Ende dieses Abstiegs,
ihr überträgt er die tiefere Stufe und dann erst kehrt er zu-
rück nach oben –: so auch die Tätigkeit der Seele, das Unten
ist für sie diese Erdenwelt, das Oben die Schau des wahrhaft
Seienden. Den Einzelseelen wird solche Schau nur zeitweise 39
und langsam zuteil, sie befinden sich im Niederen und be-
dürfen erst der Rückwendung zum Oberen; die aber Seele des
Alls heißt, ist gar nicht wirklich in das Niedere eingetreten,
so kann sie, gefeit gegen Übel, das unter ihr Liegende durch
bloße Betrachtung geistig erfassen und dabei in steter Ver-
knüpfung mit dem Oberen bleiben, sie vermag beides zu-
gleich, von oben zu empfangen, in diese Welt zu spenden
(denn ganz ohne Berührung mit der unteren Welt konnte sie
als Seele ja nicht bleiben).

Und wenn man denn so kühn sein soll wider die geltende 40 *8*
Meinung die eigne Ansicht bestimmter auszusprechen: auch
unsere Seele ist nicht gänzlich hinabgesunken, sondern im-
mer bleibt ein Teil ihres Wesens in der geistigen Welt; nur
hat meist, was in der Sinnenwelt weilt, die Oberhand – rich-
tiger: es wird selbst vergewaltigt von dem Wirrsal – und hin-
dert so daß uns zu Bewußtsein kommt, was der oberste See-
lenteil schaut. (Denn das geistige Erleben der Seele tritt erst 41
dann in uns ein, wenn es herabsteigt und in das Bewußtsein
kommt. Wir wissen ja alles was in einem beliebigen Teil der
Seele geschieht, erst dann wenn es in die ganze Seele eingeht;
der Begierde zum Beispiel werden wir nicht inne, solange sie
im begehrenden Seelenteil bleibt, sondern erst wenn wir sie
erfassen mit dem inneren Wahrnehmungssinn oder dem
Nachdenken oder beidem). Denn alles was Seele ist trägt in 42
sich ein Stück, das unten zum Leibe hin, und eines, das oben
zum Geiste hin liegt; die gesamte, die Welt-Seele lenkt mit
ihrem dem Leibe zugewandten Teile das Weltall und bleibt
selbst in der Höhe, frei von Mühe, denn nicht durch Berech-
nen und Überlegen wie wir tut sie dies, sondern durch reinen
Geist (so wie 'die Kunst auch nicht rechnet und grübelt'); ... die 43
Seelen die in ein Teilding eingetreten sind und ihm zugehö-
ren, haben aber ebenfalls das über die niedere Welt Erhabene;
nur sind sie abgelenkt durch die Sinne und beschäftigt durch

πολλῶν ἀντιλαμβανόμεναι τῶν παρὰ φύσιν καὶ λυπούντων καὶ ¹ ταραττόντων, ἅτε οὗ ἐπιμελοῦνται μέρους καὶ ἐλλιποῦς καὶ πολλὰ ἔχοντος τὰ ἀλλότρια κύκλῳ, πολλὰ δὲ ὧν ἐφίεται· καὶ ἥδεται δὲ καὶ ἡδονῇ ἠπάτησε. τὸ δέ ἐστι καὶ ἀνήδονον [ὄν] τὰς προσκαίρους ἡδονάς· ἡ δὲ διαγωγὴ ὁμοία.

*22* ἡδονή: corr. Heintz *23* del. Creuzer

die Aufnahme vieler Dinge, die wider ihr Wesen sind und Schmerz und Verwirrung bringen; denn das wofür sie zu sorgen haben ist ein Teilding, ist unvollkommen und hat rings umher viel Fremdes und viel wonach es trachtet; auch ist es gelüstig, und mit der Lust umgarnt es die Seele. Jener obere Teil der Seele aber ist unempfänglich für alle zeitweilige Lust, und lebt wie es solchem Sein gemäß ist.

## *V 4* Πῶς ἀπὸ τοῦ πρώτου τὸ μετὰ τὸ πρῶτον καὶ περὶ τοῦ ἑνός

Εἴ τι ἔστι μετὰ τὸ πρῶτον, ἀνάγκη ἐξ ἐκείνου εἶναι
ἢ εὐθὺς ἢ τὴν ἀναγωγὴν ἐπ᾽ ἐκεῖνο διὰ τῶν μεταξὺ ἔχειν
καὶ τάξιν εἶναι δευτέρων καὶ τρίτων, τοῦ μὲν ἐπὶ τὸ πρῶ-
τον τοῦ δευτέρου ἀναγομένου, τοῦ δὲ τρίτου ἐπὶ τὸ δεύ-
2 τερον. δεῖ μὲν γάρ | τι πρὸ πάντων εἶναι ἁπλοῦν τοῦτο καὶ
πάντων ἕτερον τῶν μετ᾽ αὐτό, ἐφ᾽ ἑαυτοῦ ὄν, οὐ μεμιγ-
μένον τοῖς ἀπ᾽ αὐτοῦ, καὶ πάλιν ἕτερον τρόπον τοῖς
ἄλλοις παρεῖναι δυνάμενον, ὂν ὄντως ἕν, οὐχ ἕτερον ὂν
εἶτα ἕν, καθ᾽ οὗ ψεῦδος καὶ τὸ ἓν εἶναι, οὗ μὴ λόγος μηδὲ
3 ἐπιστήμη, ὃ δὴ καὶ ἐπέκεινα | λέγεται εἶναι οὐσίας. εἰ
γὰρ μὴ ἁπλοῦν ἔσται συμβάσεως ἔξω πάσης καὶ συνθέ-
σεως καὶ ὄντως ἕν, οὐκ ἂν ἀρχὴ εἴη· αὐταρκέστατόν τε
τῷ ἁπλοῦν εἶναι καὶ πρῶτον ἁπάντων· τὸ γὰρ μὴ πρῶτον
ἐνδεὲς τοῦ πρὸ αὐτοῦ τό τε μὴ ἁπλοῦν τῶν ἐν αὐτῷ
4 ἁπλῶν δεόμενον, ἵν᾽ ᾖ ἐξ ἐκείνων. τὸ δὴ | τοιοῦτον ἓν μόνον
δεῖ εἶναι· ἄλλο γὰρ εἰ εἴη τοιοῦτον, ἓν ἂν εἴη τὰ ἄμφω. οὐ
γὰρ δὴ σώματα λέγομεν δύο ἢ τὸ ἓν πρῶτον σῶμα. οὐδὲν
γὰρ ἁπλοῦν σῶμα, γινόμενόν τε τὸ σῶμα, ἀλλ᾽ οὐκ ἀρχή,
ἡ δὲ ἀρχὴ ἀγένητος· μὴ σωματικὴ δὲ οὖσα, ἀλλ᾽ ὄντως
μία, ἐκεῖνο ἂν εἴη τὸ πρῶτον. | εἰ ἄρα ἕτερόν τι μετὰ
τὸ πρῶτον εἴη, οὐκ ἂν ἔτι ἁπλοῦν εἴη. ἓν ἄρα πολλὰ ἔσται.

## 7 Das Erste und das nach ihm

Wenn es nach dem Ersten etwas gibt, so muß es notwendig aus jenem stammen, und zwar entweder unmittelbar oder es muß sich durch Zwischenglieder auf jenes zurückführen, also eine Ordnung von Zweitem und Drittem vorhanden sein, wobei das Zweite auf das Erste, das Dritte auf das Zweite zurückzuführen ist.

Das Erste nämlich muß ein Einfaches, vor allen Dingen 2
Liegendes sein, verschieden von allem was nach ihm ist, für sich selbst seiend, nicht vermischt mit etwas was von ihm stammt, und dabei doch in anderer Weise wieder fähig den andern Dingen beizuwohnen, wahrhaft Eines seiend und nicht zunächst etwas anderes und dann erst Eines, von welchem schon die Aussage daß es Eines sei falsch ist, von welchem es 'keinen Begriff' und 'keine Wissenschaft' gibt, von welchem es dann auch heißt daß es jenseits des Seins ist.
Denn wenn es nicht einfach wäre, entrückt aller Zufälligkeit 3
und aller Zusammengesetztheit, und wahrhaft und eigentlich Eines, dann wäre es nicht der Urgrund; erst dadurch daß es einfach ist, ist es von allen Dingen das Unabhängigste, und so das Erste; denn das nicht Erste bedarf dessen was vor ihm ist, und das nicht Einfache der in ihm enthaltenen einfachen Bestandteile um aus ihnen bestehen zu können.

Was nun von solcher Beschaffenheit ist, das kann nur Eines 4
sein. Gäbe es nämlich noch ein anderes von der gleichen Beschaffenheit, so würden die beiden eins sein. Denn wir reden ja nicht von zwei Körpern oder verstehen unter dem Einen den ersten Körper; kein Einfaches kann Körper sein, und der Körper ist etwas Werdendes, aber kein Urgrund, der Urgrund dagegen ist ungeworden. Wenn also jenes Zweite nicht körperlich wäre sondern wahrhaft Eines, so wäre es eben gleich dem Ersten. Wenn also nach dem Ersten noch etwas anderes existieren mag, so kann das nicht mehr ein Einfaches sein. Mithin muß es EINES VIELES sein.

5 πόθεν οὖν τοῦτο; ἀπὸ τοῦ πρώτου· εἰ γὰρ δὴ κατὰ συντυ-
χίαν, οὐδ' ἂν ἔτι ἐκεῖνο πάντων ἀρχή. πῶς οὖν ἀπὸ τοῦ
πρώτου; εἰ τέλειόν ἐστι τὸ πρῶτον καὶ πάντων τελειότατον
καὶ δύναμις ἡ | πρώτη, δεῖ πάντων τῶν ὄντων δυνατώτα-
τον εἶναι καὶ τὰς ἄλλας δυνάμεις καθ' ὅσον δύνανται
6 μιμεῖσθαι ἐκεῖνο. ὅ τι δ' ἂν τῶν ἄλλων εἰς τελείωσιν ἴῃ,
ὁρῶμεν γεννῶν καὶ οὐκ ἀνεχόμενον ἐφ' ἑαυτοῦ μένειν, ἀλλ'
ἕτερον ποιοῦν, οὐ μόνον ὅ τι ἂν προαίρεσιν ἔχῃ, ἀλλὰ καὶ
ὅσα φύει ἄνευ | προαιρέσεως, καὶ τὰ ἄψυχα δὲ μεταδιδόντα
ἑαυτῶν καθ' ὅσον δύνανται· οἷον τὸ πῦρ θερμαίνει καὶ
ψύχει ἡ χιών, καὶ τὰ φάρμακα δὲ εἰς ἄλλο ἐργάζεται οἷον
αὐτά, πάντα τὴν ἀρχὴν κατὰ δύναμιν ἀπομιμούμενα εἰς
7 ἀιδιότητά τε καὶ ἀγαθότητα· πῶς <ἂν> οὖν τὸ τελειότατον
καὶ τὸ | πρῶτον ἀγαθὸν ἐν αὑτῷ σταίη ὥσπερ φθονῆσαν
ἑαυτοῦ ἢ ἀδυνατῆσαν, ἡ πάντων δύναμις; πῶς δ' ἂν
ἔτι ἀρχὴ εἴη; δεῖ δή τι καὶ ἀπ' αὐτοῦ γενέσθαι, εἴπερ
ἔσται τι καὶ τῶν ἄλλων παρ' αὐτοῦ γε ὑποστάντων· ὅτι
μὲν γὰρ ἀπ' αὐτοῦ, ἀνάγκη.
8 [δεῖ δὴ καὶ τιμιώτατον εἶναι τὸ γεννῶν – τὰ ἐφεξῆς· |]
Δεῖ δὴ καὶ τιμιώτατον εἶναι τὸ γεννώμενον, καὶ δεύτερον
ἐκείνου τῶν ἄλλων ἄμεινον εἶναι. | εἰ μὲν οὖν αὐτὸ νοῦς
ἦν τὸ γεννῶν, νοῦ ἐνδεέστερον, προσεχέστερον δὲ νῷ καὶ
ὅμοιον δεῖ εἶναι· ἐπεὶ δὲ ἐπέκεινα νοῦ τὸ γεννῶν, νοῦν
9 εἶναι ἀνάγκη. διὰ τί δὲ οὐ νοῦς; νοῦ ἐνέργειά ἐστι νόησις·
νόησις δὲ τὸ | νοητὸν ὁρῶσα καὶ πρὸς τοῦτο ἐπιστραφεῖσα
καὶ ἀπ' ἐκείνου οἷον ἀποτελειουμένη [καὶ τελειου-
μένη], ἀόριστος μὲν αὐτὴ ὥσπερ ὄψις, ὁριζομένη δὲ
ὑπὸ τοῦ νοητοῦ. διὸ καὶ εἴρηται ἐκ τῆς ἀορίστου δυάδος

*22* εἰ Vitringa: οὐ *34* suppl. Kirchhoff *39* delevi
*2, 4* νοῦ Vitringa: οὗ *6* ἀποτελουμένη καὶ τελειουμένη:
corr. Volkmann *6* αὔτη: corr. Kirchhoff

Woher nun stammt dies Zweite? Von dem Ersten. Denn 5
wenn es durch zufällige Umstände entstünde, so wäre ja jenes
nicht mehr der Ursprung aller Dinge. Aber wie kann es denn
aus dem Ersten entspringen? Nun, wenn das Erste vollkommen
ist, das vollkommenste von allem, und auch die erste Kraft,
dann muß es von allen Dingen das Kraftvollste sein und die
andern Kräfte, insofern sie kräftig sind, nur ein Abbild von
ihm. Nun sehen wir aber wie von den übrigen Dingen alles 6
was zu seiner Reife kommt, zeugt und sich nicht zufrieden
gibt in sich zu verharren, sondern ein anderes hervorbringt,
und zwar nicht nur was bewußten Willen hat sondern auch
was ohne bewußten Willen aus sich wachsen läßt, ja selbst
das Unbeseelte gibt soviel es kann von seinem Wesen ab; so
wärmt z. B. das Feuer, der Schnee kältet, die Arzneien üben
eine ihrem Wesen entsprechende Wirksamkeit auf andere
Dinge, alle ahmen sie damit nach Kräften dem Urgrund nach
in Bezug auf Ewigkeit der Existenz und Güte: wie sollte da 7
das vollkommenste, das Erste Gute bei sich selbst stehen
bleiben gleichsam mit sich kargend oder aus Schwäche – welches doch aller Dinge Kraft ist? Wie könnte es dann noch
Urgrund sein? Es muß mithin auch etwas aus ihm hervorgehen, wenn anders es auch noch die andern Dinge geben soll
welche doch von ihm her ihre Existenz haben, denn daß sie
sie von ihm haben, ist notwendig.

Es muß nun aber auch das Gezeugte im höchsten Range 8
stehen, und zwar nach Jenem das Zweite, aber besser sein als
die übrigen Dinge. Wäre das Zeugende selber der Geist, so *2*
müßte es *(das Gezeugte)* mangelhafter als der Geist sein, immerhin aber ihm zunächst und ganz ähnlich; da aber das Zeugende jenseits des Geistes liegt, so muß das Gezeugte der
Geist sein. Aber warum ist nicht der Geist das Zeugende? 9
Weil die Verwirklichung des Geistes das Denken ist; das
Denken aber sieht das Gedachte *(Geistige)*, wendet sich zu
diesem hin und wird erst von ihm gleichsam zur Erfüllung
gebracht, insofern es an sich unbestimmt ist wie das Sehen
und erst durch das Gedachte seine Bestimmtheit erhält;
weshalb denn auch gesagt ist, daß aus der unbestimmten
Zweiheit und dem Einen die Ideen und die Zahlen hervor-

καὶ τοῦ ἑνὸς τὰ εἴδη καὶ οἱ ἀριθμοί, τοῦτο γὰρ ὁ νοῦς.
10 διὸ οὐχ ἁπλοῦς ἀλλὰ πολλά, σύνθεσίν ¦ τε ἐμφαίνων,
νοητὴν μέντοι, καὶ πολλὰ ὁρῶν ἤδη. ἔστι μὲν οὖν καὶ αὐτὸς
νοητόν, ἀλλὰ καὶ νοῶν, διὸ δύο ἤδη. ἔστι δὲ καὶ ἄλλο, τὸ
11 μετ' αὐτὸ <τὸ> νοητόν. ἀλλὰ πῶς ἀπὸ τοῦ νοητοῦ ὁ νοῦς
οὗτος; τὸ νοητὸν ἐφ' ἑαυτοῦ μένον καὶ οὐκ ὂν ἐνδεὲς
ὥσπερ τὸ ¦ ὁρῶν καὶ τὸ νοοῦν (ἐνδεὲς δὲ λέγω τὸ νοοῦν ὡς
πρὸς ἐκεῖνο), οὐκ ἔστιν οἷον ἀναίσθητον, ἀλλ' ἐστὶν αὐτοῦ
πάντα ἐν αὐτῷ καὶ σὺν αὐτῷ, πάντῃ διακριτικὸν ἑαυτοῦ,
ζωὴ ἐν αὐτῷ καὶ πάντα ἐν αὐτῷ, καὶ ἡ κατανόησις αὐτοῦ
αὐτὸ, οἱονεὶ συναισθήσει οὖσα ἐν στάσει ἀιδίῳ καὶ νοήσει
12 ἑτέρως ¦ ἢ κατὰ τὴν νοῦ νόησιν. εἴ τι οὖν μένοντος αὐτοῦ
ἐν αὐτῷ γίνεται, ἀπ' αὐτοῦ τοῦτο γίνεται, ὅταν ἐκεῖνο
μάλιστα ᾖ ὅ ἐστι· μένοντος οὖν αὐτοῦ ἐν τῷ οἰκείῳ ἤθει
ἐξ αὐτοῦ μὲν τὸ γινόμενον γίνεται, μένοντος δὲ γίνεται. ἐπεὶ
οὖν ἐκεῖνο μένει νοητόν, τὸ γινόμενον γίνεται νόησις· νόη-
σις ¦ δὲ οὖσα καὶ νοοῦσα ἀφ' οὗ ἐγένετο (ἄλλο γὰρ οὐκ ἔχει)
νοῦς γίγνεται, ἄλλο οἷον νοητὸν καὶ οἷον ἐκεῖνο καὶ μί-
13 μημα καὶ εἴδωλον ἐκείνου. ἀλλὰ πῶς μένοντος ἐκείνου
γίνεται; ἐνεργείᾳ· ἡ μέν ἐστι τῆς οὐσίας, ἡ δ' ἐκ τῆς
οὐσίας ἑκάστου· καὶ ἡ μὲν τῆς οὐσίας αὐτό ἐστιν ἐνεργείᾳ
ἕκαστον, ¦ ἡ δὲ ἀπ' ἐκείνης, ἣν δεῖ παντὶ ἕπεσθαι ἐξ ἀνάγκης
ἑτέραν οὖσαν αὐτοῦ· οἷον καὶ ἐπὶ τοῦ πυρὸς ἡ μέν τίς ἐστι
συμπληροῦσα τὴν οὐσίαν θερμότης, ἡ δὲ ἀπ' ἐκείνης
ἤδη γινομένη ἐνεργοῦντος ἐκείνου τὴν σύμφυτον τῇ
14 οὐσίᾳ ἐν τῷ μένειν πῦρ. οὕτω δὴ κἀκεῖ, καὶ πολὺ ¦ πρότερον

*12* addidi *28* ἐνέργεια: correxi *29* ἐνέργεια: corr. Kirchhoff

gehen, das nämlich ist der Geist. Deshalb ist der Geist nicht 10
einfach, sondern Vielheit, und weist bereits eine Zusammen-
setzung auf (natürlich nur eine geistige) und erfaßt bereits
schauend die Vielheit. Er ist gewiß auch selbst das Gedachte,
jedoch auch das Denkende, und somit bereits Zweiheit; an-
derseits ist er aber vom Gedachten selbst verschieden und
nach ihm.

Aber wie kann denn dieser Geist von dem Gedachten 11
stammen? Das Gedachte, indem es bei sich verharrt und
nicht bedürftig ist wie das Sehende und Denkende – bedürf-
tig nenne ich das Denkende nur im Vergleich mit Jenem – ist
dennoch nicht gleichsam bewußtlos, sondern alle seine In-
halte sind in ihm und bei ihm, es vermag sich selber durch-
aus zu sondern und scheiden, es ist Leben in ihm und alle
Dinge in ihm, es ist selbst sein Sichselbstgewahren, gewisser-
maßen vermöge eines Selbstbewußtseins, es bedeutet ein
Denken in immerwährendem Stillestehen, anders als beim
Denken des Geistes. Was nun etwa, indem Jenes in sich be- 12
harrt, entsteht, das entsteht aus Jenem, und zwar dann wenn
Jenes am meisten das ist was es eigentlich ist; bleibt Jenes
also in seiner eigenen Wesensart, so entsteht das Werdende
zwar aus ihm, jedoch indem Jenes in sich beharrt. Während
also Jenes als das Gedachte verharrt, wird das Entstehende
zum Denken; und da es Denken ist und nun das denkt aus
dem es geworden (denn etwas anderes hat es nicht), so wird es
Geist, gleichsam ein zweites Gedachtes, ein zweites Es, Nach-
ahmung und Abbild von Ihm. Aber wie kann es aus Jenem 13
während es in sich beharrt, entstehen? Durch die Wirkungs-
kraft; denn die Wirkungskraft jeden Dinges ist teils in sei-
nem Sein beschlossen, teils tritt sie aus seinem Sein nach
außen; die in seinem Sein beschlossene ist eben seine eigne
aktuale Existenz, die heraustretende muß aus jedem Ding
mit Notwendigkeit folgen als eine von ihm verschiedene; so
wie es auch beim Feuer einerseits diejenige Wärme gibt wel-
che sein Wesen ausmacht, anderseits die welche dann ent-
steht wenn das Feuer seine mit seinem Wesen ursprünglich
gegebene Wirkungskraft übt indem es dabei als Feuer be-
harrt. So ist es nun auch in der oberen Welt und dort erst 14

ἐκεῖ· μένοντος αὐτοῦ ἐν τῷ οἰκείῳ ἤθει ἐκ τῆς ἐν αὐτῷ
τελειότητος καὶ συνούσης ἐνεργείας ἡ γεννηθεῖσα ἐνέρ-
γεια ὑπόστασιν λαβοῦσα, ἅτε ἐκ μεγάλης δυνάμεως,
μεγίστης μὲν οὖν ἁπασῶν, εἰς τὸ εἶναι καὶ οὐσίαν ἦλθεν.
15 ἐκεῖνο γὰρ ἐπέκεινα οὐσίας ἦν· καὶ ׀ ἐκεῖνο μὲν δύναμις
πάντων, τὸ δὲ ἤδη τὰ πάντα. εἰ δὲ τοῦτο τὰ πάντα,
ἐκεῖνο ἐπέκεινα τῶν πάντων· ἐπέκεινα ἄρα οὐσίας. καὶ
εἰ τὰ πάντα, πρὸ δὲ πάντων τὸ ἓν οὐ τὸ ἴσον τοῖς πᾶσι, καὶ
16 ταύτῃ δεῖ ἐπέκεινα εἶναι τῆς οὐσίας. τοῦτο δὲ καὶ νοῦ·
ἐπέκεινα ἄρα τι νοῦ. τὸ γὰρ ὂν ׀ οὐ νεκρὸν οὐδὲ οὐ ζωὴ
οὐδὲ οὐ νοοῦν· νοῦς δὴ καὶ ὂν ταὐτόν. οὐ γὰρ τῶν πραγ-
μάτων ὁ νοῦς, ὥσπερ ἡ αἴσθησις τῶν αἰσθητῶν, προ-
όντων, ἀλλ' αὐτὸς <ὁ> νοῦς τὰ πράγματα, εἴπερ μὴ εἴδη
αὐτῶν κομίζεται (πόθεν γάρ;) ἀλλ' † ἐνταῦθα μετὰ τῶν
πραγμάτων καὶ ταὐτὸν αὐτοῖς καὶ ׀ ἕν· καὶ ἡ ἐπιστ[ολ]ή-
μη δὲ τῶν ἄνευ ὕλης τὰ πράγματα.

*48* suppl. Kirchhoff *50* delevi

recht: während das Oberste in seiner eigenen Wesensart be-
harrt, gewinnt, erzeugt aus der in ihm liegenden Vollendung,
der mit seinem Sein zusammenfallenden Wirkungskraft, eine
zweite Wirkungskraft selbständige Existenz, und gelangt, da
sie aus einer großen Kraft, ja der größten von allen stammt,
zum Sein, zur Seinsheit. Das Oberste nämlich war jenseits 15
des Seins; es ist nur die Kraft *(Potenz)* von allem, erst das
Zweite *(der Geist)* ist dann alles; und ist dies alles, so ist Je-
nes jenseits von allem; folglich auch jenseits des Seins. Und
wenn das Zweite alles ist, das vor allem Liegende aber das
Eine, welches also nicht dieselbe Beschaffenheit haben kann
wie alles andre, so ergibt sich auch auf diesem Wege daß das
Oberste jenseits des Seins liegen muß. Das bedeutet aber auch 16
jenseits des Geistes. Mithin gibt es etwas jenseits des Gei-
stes. Denn das Seiende ist nichts Totes, kein Nicht-Leben und
kein Nicht-Denkendes; also ist Geist und Seiendes dasselbe.
Denn der Geist richtet sich nicht auf seine Gegenstände, wie
die Sinneswahrnehmung auf das Sinnliche, als auf etwas
vorher Vorhandenes, sondern der Geist ist selbst seine Gegen-
stände, da er unmöglich Abbilder von ihnen empfangen kann
(denn woher sollten die kommen?), sondern er ist an dersel-
ben Stelle (?) mit seinen Gegenständen, mit ihnen identisch
und eins; so fällt ja auch die Wissenschaft von den immateriel-
len Dingen mit ihren Gegenständen zusammen.

## *V 1* Περὶ τῶν τριῶν ἀρχικῶν ὑποστάσεων

Τί ποτε ἄρα ἐστὶ τὸ πεποιηκὸς τὰς ψυχὰς πατρὸς θεοῦ ἐπιλαθέσθαι καὶ μοίρας ἐκεῖθεν οὔσας καὶ ὅλως ἐκείνου ἀγνοῆσαι καὶ ἑαυτὰς καὶ ἐκεῖνον; ἀρχὴ μὲν οὖν αὐταῖς τοῦ κακοῦ ἡ τόλμα καὶ ἡ γένεσις καὶ ἡ πρώτη ἑτερότης καὶ | τὸ βουληθῆναι δὲ ἑαυτῶν εἶναι. τῷ δὴ αὐτεξουσίῳ ἐπειδήπερ ἐφάνησαν ἡσθεῖσαι πολλῷ τῷ κινεῖσθαι παρ' αὐτῶν κεχρημέναι τὴν ἐναντίαν δραμοῦσαι καὶ πλείστην ἀπόστασιν πεποιημέναι ἠγνόησαν καὶ ἑαυτὰς ἐκεῖθεν εἶναι· ὥσπερ παῖδες εὐθὺς ἀποσπασθέντες ἀπὸ πατέρων καὶ πολὺν χρό|νον πόρρω τραφέντες ἀγνοοῦσι
2 καὶ ἑαυτοὺς καὶ πατέρας. οὔτ' οὖν ἔτι ἐκεῖνον οὔτε ἑαυτὰς ὁρῶσαι ἀτιμάσασαι ἑαυτὰς ἀγνοίᾳ τοῦ γένους, τιμήσασαι τἆλλα καὶ πάντα μᾶλλον ἢ ἑαυτὰς θαυμάσασαι καὶ πρὸς αὐτὰ ἐκπλαγεῖσαι καὶ ἀγασθεῖσαι καὶ ἐξηρτημέναι τούτων ἀπέρρηξαν ὡς | οἷόν τε ἑαυτὰς ὧν ἀπεστράφησαν ἀτιμάσασαι. ὥστε συμβαίνει τῆς παντελοῦς ἀγνοίας ἐκείνου ἡ τῶνδε τιμὴ καὶ ἡ ἑαυτῶν ἀτιμία εἶναι αἰτία. ἅμα γὰρ διώκεται ἄλλο καὶ θαυμάζεται καὶ τὸ θαυμάζον καὶ διῶκον ὁμολογεῖ χεῖρον εἶναι· χεῖρον δὲ αὐτὸ τιθέμενον γιγνομένων καὶ ἀπολλυ|μένων, ἀτιμότατόν τε καὶ θνητότατον πάντων ὧν τιμᾷ ὑπολαμβάνον, οὔτε θεοῦ φύσιν οὔτε δύναμιν ἄν ποτε ἐν θυμῷ βάλοιτο.
3 διὸ δεῖ διττὸν γίνεσθαι τὸν λόγον πρὸς τοὺς οὕτω διακειμένους, εἴπερ τις ἐπιστρέψει αὐτοὺς εἰς τὰ ἐναντία καὶ τὰ πρῶτα καὶ ἀνάγοι μέχρι τοῦ ἀκροτάτου καὶ ἑνὸς καὶ |

*19* τιθέμενον **Dodds**: τι θέμενον

## 10 Die drei ursprünglichen Wesenheiten

Was hat denn eigentlich die Seelen ihres Vaters Gott ver-
gessen lassen und bewirkt, daß sie, obgleich Teile aus jener
Welt und gänzlich Jenem angehörig, ihr eigenes Wesen
sowenig wie Jenen mehr kennen? Nun, der Ursprung des
Übels war ihr Fürwitz, das Eingehen ins Werden, die erste
Andersheit, auch der Wille sich selbst zu gehören. An dieser
ihrer Selbstbestimmung hatten sie, als sie denn in die Er-
scheinung getreten waren, Freude, sie gaben sich reich-
lich der Eigenbewegung hin, so liefen sie den Gegenweg
und gerieten in einen weiten Abstand: und daher verlernten
sie auch daß sie selbst von dort oben stammen; wie Kinder
die gleich vom Vater getrennt und lange Zeit in der Ferne
aufgezogen werden, sich selbst wie ihren Vater nicht mehr
kennen. Da die Seelen nun sich selbst nicht und Jenen nicht 2
mehr sahen, achteten sie sich selbst gering aus Unkenntnis
ihrer Herkunft, achteten aber das Andere hoch, hatten vor
allem mehr Respekt als vor sich selbst, waren von dem An-
dern hingerissen, staunten es an, hängten sich daran, und so
rissen sie sich soweit als möglich los von dem, dem sie ge-
ringschätzig den Rücken gekehrt hatten. Somit ergibt sich,
daß der Grund für das gänzliche Vergessen jenes Oberen die
Hochachtung vor dem Irdischen und die Mißachtung ihrer
selbst ist. Denn ein Wesen, das etwas bewundert und ihm
nachjagt, gesteht eben durch diese Bewunderung und dies
Nachjagen ein, ihm unterlegen zu sein; indem es sich aber
selbst für geringer schätzt als die Dinge die da werden und
vergehen, indem es sich für unwerter und sterblicher als alle
die Dinge hält die es hochschätzt, kann es niemals den Ge-
danken von Gottes Wesen und Kraft fassen.

Es muß also gegenüber Menschen in dieser Verfassung eine 3
zwiefache Beweisführung statthaben, wenn man sie auf den
umgekehrten Weg, zum Ersten hin kehren und hinaufführen
will bis zum Höchsten, dem Einen und Ersten. Und welches

πρώτου. τίς οὖν ἑκάτερος; ὁ μὲν δεικνὺς τὴν ἀτιμίαν τῶν νῦν ψυχῇ τιμωμένων, ὃν ἐν ἄλλοις δίιμεν ἐπὶ πλέον, ὁ δὲ διδάσκων καὶ ἀναμιμνήσκων τὴν ψυχὴν οἷον τοῦ γένους καὶ τῆς ἀξίας, ὃς πρότερός ἐστιν ἐκείνου καὶ σαφηνισθεὶς κἀκεῖνον δηλώσει· περὶ οὗ νῦν λεκτέον, ἐγγὺς γὰρ οὗτος τοῦ |
4 ζητουμένου καὶ πρὸ ἔργου πρὸς ἐκεῖνον. τὸ γὰρ ζητοῦν ἐστι ψυχὴ καὶ τί ὂν ζητεῖ γνωστέον αὐτῇ, ἵνα αὑτὴν πρότερον μάθῃ εἰ δύναμιν ἔχει τοῦ τὰ τοιαῦτα ζητεῖν καὶ εἰ ὄμμα τοιοῦτον ἔχει οἷον ἰδεῖν, καὶ εἰ προσήκει ζητεῖν. εἰ μὲν γὰρ ἀλλότρια, τί δεῖ; εἰ δὲ συγγενῆ, καὶ προσήκει καὶ | δύναται εὑρεῖν.

5 Ἐνθυμείσθω τοίνυν πρῶτον ἐκεῖνο πᾶσα ψυχή, ὡς 2
αὐτὴ μὲν ζῷα ἐποίησε πάντα ἐμπνεύσασα αὐτοῖς ζωήν, ἅ τε γῆ τρέφει ἅ τε θάλασσα ἅ τε ἐν ἀέρι ἅ τε ἐν οὐρανῷ ἄστρα θεῖα, αὐτὴ δὲ ἥλιον, αὐτὴ δὲ τὸν μέγαν τοῦτον | οὐρανόν, καὶ αὐτὴ ἐκόσμησεν, αὐτὴ δὲ ἐν τάξει περιάγει, φύσις οὖσα ἑτέρα ὧν κοσμεῖ καὶ ὧν κινεῖ καὶ ζῆν ποιεῖ· καὶ τούτων ἀνάγκη εἶναι τιμιωτέραν, γιγνομένων μὲν τούτων καὶ φθειρομένων ὅταν αὐτὰ ψυχὴ ἀπολείπῃ ἢ χορηγῇ τὸ ζῆν, αὐτὴ δὲ οὖσα ἀεὶ τῷ μὴ ἀπολείπειν
6 ἑαυτήν. | τίς δὴ τρόπος τῆς χορηγίας τοῦ ζῆν ἔν τε τῷ σύμπαντι ἔν τε τοῖς ἑκάστοις, ὧδε λογιζέσθω. σκοπείσθω δὴ τὴν μεγάλην ψυχὴν ἄλλη ψυχὴ οὐ σμικρὰ ἀξία τοῦ σκοπεῖν γενομένη ἀπαλλαγεῖσα ἀπάτης καὶ τῶν γεγοητευκότων τὰς ἄλλας ἡσύχῳ τῇ καταστάσει, ἥσυχον δὲ αὐτῇ ἔστω μὴ | μόνον τὸ περικείμενον σῶμα καὶ ὁ τοῦ σώματος κλύδων, ἀλλὰ καὶ πᾶν τὸ περιέχον, ἥσυχος μὲν γῆ, ἥσυχος δὲ θάλασσα καὶ ἀὴρ καὶ αὐτὸς οὐρανὸς
7 † ἀμείνων· νοείτω δὲ πάντοθεν εἰς αὐτὸν ἑστῶτα

*11* δὴ Kirchhoff secutus Ficinum: δὲ

sind diese beiden? Die eine zeigt den Unwert dessen was der Seele jetzt wert ist; sie werden wir an anderer Stelle ausführlicher geben. Die andere belehrt die Seele und ruft ihr ins Gedächtnis, wie hoch sie ihrer Herkunft und ihrem Werte nach steht; und sie geht jener anderen vorauf, ihre deutliche Entwicklung wird auch jene klären; von der wollen wir jetzt handeln, denn sie berührt sich unmittelbar mit dem zu er-
forschenden Gegenstand und fördert jene andere. Denn das 4
was forscht ist ja die Seele und sie muß zur Erkenntnis kommen welchen Wesens sie ist, die da forscht, damit sie zuvor von sich selber feststellen kann ob sie die Fähigkeit hat solche Dinge zu erforschen, ob sie ein Auge hat von der Art sie zu erblicken, und ob überhaupt dies Forschen sie angeht. Denn wenn die Gegenstände ihr fremd sind, wozu dann das Forschen? Sind sie ihr aber verwandt, so geht es sie an und sie vermag sie auch zu finden.

So bedenke denn also erstlich jede Seele dies, daß sie selbst 5 *2*
es ist die alle Lebewesen geschaffen hat und ihnen Leben einhauchte, welche die Erde nährt und welche das Meer, die in der Luft sind und die göttlichen Gestirne am Himmel; daß sie die Sonne und sie unsern gewaltigen Kosmos geschaffen hat, sie ihn formte, sie ihn in bestimmter Ordnung kreisen läßt; und daß sie das alles tut als eine Wesenheit die verschieden ist von den Dingen die sie formt, die sie bewegt und lebendig macht: daß sie notwendig wertvoller ist als diese, denn sie werden oder vergehen, je wie die Seele sie verläßt oder ihnen das Leben dargibt, sie selbst aber ist immerdar weil sie ‘sich selbst nicht verläßt’.

Auf welche Weise sie aber das Leben spendet im gesamten 6
All wie bei den Einzelwesen, das mache sie sich folgendermaßen klar. Sie möge betrachten die große Seele, sie die selber auch Seele ist, und keine kleine, und dieses Betrachtens wert geworden ist wenn sie sich vom Trug und dem was die übrigen betört frei gemacht hat in einem Zustand der Stille; stille sei ihr nicht nur der Leib der sie umgibt, die brandende Flut des Körpers, sondern überhaupt die ganze Umwelt, es ruhe die Erde, es ruhe Meer Luft und der Himmel selbst sei ohne
Bewegung (?). Dann stelle sie sich vor, wie von allen Seiten 7

ψυχὴν ἔξωθεν οἷον εἰσρέουσαν καὶ εἰσχυθεῖσαν καὶ πάν-
τοθεν εἰσιοῦσαν καὶ εἰσλάμπου|σαν· οἷον σκοτεινὸν νέφος
ἡλίου βολαὶ φωτίσασαι λάμπειν ποιοῦσι χρυσοειδῆ ὄψιν
διδοῦσαι· οὕτω τοι καὶ ψυχὴ ἐλθοῦσα εἰς σῶμα οὐρα-
νοῦ ἔδωκε μὲν ζωήν, ἔδωκε δὲ ἀθανασίαν, ἤγειρε δὲ
8 κείμενον· ὁ δὲ κινηθεὶς κίνησιν ἀίδιον ὑπὸ ψυχῆς ἐμφρό-
νως ἀγούσης ζῷον εὔδαιμον ἐγένετο· ἔσχε | τε ἀξίαν
οὐρανὸς ψυχῆς εἰσοικισθείσης ὢν πρὸ ψυχῆς σῶμα νε-
κρόν, γῆ καὶ ὕδωρ, μᾶλλον δὲ σκότος ὕλης καὶ μὴ ὂν καὶ
'ὃ στυγέουσιν οἱ θεοί', φησί τις.
9 Γένοιτο δ' ἂν φανερωτέρα αὐτῆς καὶ ἐναργεστέρα ἡ
δύναμις καὶ ἡ φύσις, εἴ τις ἐνταῦθα διανοηθείη ὅπως
περιέχει καὶ ἄγει ταῖς | αὐτῆς βουλήσεσι τὸν οὐρανόν.
παντὶ μὲν γὰρ τῷ μεγέθει τούτῳ ὅσος ἐστὶν δέδωκεν
ἑαυτὴν καὶ <κατὰ> πᾶν διάστημα καὶ μέγα καὶ μικρὸν
ἐψύχωται ἄλλου μὲν ἄλλῃ κειμένου τοῦ σώματος καὶ
τοῦ μὲν ὡδὶ τοῦ δὲ ὡδὶ ὄντος, καὶ τῶν μὲν ἐξ ἐναντίας
10 τῶν δὲ ἄλλην ἀπάρτησιν ἀπ' ἀλλήλων ἐχόντων· | ἀλλ'
οὐχ ἡ ψυχὴ οὕτως, οὐδὲ μέρει αὐτῆς ἕκαστον κατακερμα-
τισθεῖσα μορίῳ ψυχῆς ζῆν ποιεῖ, ἀλλὰ τὰ πάντα ζῇ τῇ
ὅλῃ καὶ πάρεστι πᾶσα πανταχοῦ, τῷ γεννήσαντι πατρὶ
11 ὁμοιουμένη καὶ κατὰ τὸ ἓν καὶ κατὰ τὸ πάντῃ. καὶ πολὺς
ὢν ὁ οὐρανὸς καὶ ἄλλος ἄλλῃ ἕν ἐστι τῇ ταύτης δυνάμει
καὶ | θεός ἐστι διὰ ταύτην ὁ κόσμος ὅδε· ἔστι δὲ καὶ ἥλιος
θεὸς ὅτι ἔμψυχος, καὶ τὰ ἄλλα ἄστρα, καὶ ἡμεῖς, εἴπερ τι,
12 διὰ τοῦτο· 'νέκυες γὰρ κοπρίων ἐκβλητότεροι'. τὴν δὴ
θεοῖς αἰτίαν τοῦ θεοῖς εἶναι ἀνάγκη πρεσβυτέραν θεὸν
αὐτῶν εἶναι· ὁμοειδὴς δὲ καὶ ἡ ἡμετέρα, καὶ ὅταν ἄνευ
τῶν προσ|ελθόντων σκοπῆς λαβὼν κεκαθαρμένην, εὑρήσεις

*32* add. Heintz *35* ἕκαστον scripsi: ἑκάστῳ

in den stillstehenden Himmel die Seele gleichsam von außen einströmt und sich ergießt und von überall her eindringt und hineinleuchtet; so wie eine dunkle Wolke Sonnenstrahlen, die sie mit ihrem Licht treffen, leuchten machen und ihr einen goldstrahlenden Anblick geben: so hat auch die Seele als sie in den Leib des Himmels eintrat, ihm Leben gewährt, ihm Unsterblichkeit gewährt, ihn der unbewegt lag auferweckt.
Und er, durch die vernunftvolle Leitung der Seele in ewige 8
Bewegung versetzt, wurde ein 'glückseliges Lebewesen'. So erhielt der Himmel seine Würde erst als die Seele sich in ihn einsiedelte, welcher ehe die Seele kam toter Körper war, Erde und Wasser, oder vielmehr Finsternis des Stoffes, das Nichtseiende und 'was den Göttern verhaßt ist' wie es irgendwo heißt.

Noch klarer und deutlicher wird der Seele Kraft und We- 9
sen, wenn man nur hierbei seine Gedanken darauf richtet, in welcher Weise sie den Himmel umfaßt und durch ihren eigenen Willen führt. Seiner ganzen Ausdehnung nach soweit er reicht, hat sie sich ihm dargegeben und in jedem Abstande, sei er groß oder klein, ist er beseelt, wobei die körperliche Masse anders und anders gelegen ist, das eine Stück hier das andere dort befindlich, die einen am entgegengesetzten Weltort, die andern sonst durch Abstand voneinander getrennt;
die Seele aber ist mitnichten so beschaffen, sie zerstückt sich 10
nicht in Teile und bringt dann das Einzelding mit einem Seelenstück zum Leben, sondern alles lebt vermöge der ganzen Seele, sie ist ganz allerwärts zugegen, dem Vater der sie erzeugte darin es gleichtuend, daß sie Eines und daß sie überall ist.
Durch ihre Kraft also ist der Himmel, welcher ein Vie- 11
les, hier und dort Verschiedenes ist, ein Eines, vermöge der Seele ist unser Kosmos ein Gott; so ist auch die Sonne ein Gott weil sie beseelt ist, und die andern Gestirne, und wir, wenn wir denn etwas sind, sind es aus diesem Grunde, denn 'Leichen gehören vor die Türe geworfen mehr noch als Mist'.
Sie also, welche Göttern Ursache daß sie Götter sind, muß 12
notwendig eine Gottheit sein ehrwürdiger als jene. Aber auch unsere Seele ist von gleicher Art, und betrachtest du sie nur ohne die Zusätze und nimmst sie in ihrer Reinheit, so wirst du

τὸ αὐτὸ τίμιον ὃ ἦν ψυχή, καὶ τιμιώτερον παντὸς τοῦ ὃ
13 ἂν σωματικὸν ᾖ. γῆ γὰρ πάντα· κἂν πῦρ δὲ ᾖ, τί ἂν εἴη
τὸ καῖον αὐτοῦ; καὶ ὅσα ἐκ τούτων σύνθετα, κἂν ὕδωρ
αὐτοῖς προσθῇς κἂν ἀέρα. εἰ δ' ὅτι ἔμψυχον διωκτὸν
ἔσται, τί παρείς | τις ἑαυτὸν ἄλλο διώκει; τὴν δὲ ἐν ἄλλῳ
ψυχὴν ἀγάμενος σεαυτὸν ἄγασαι.

14 Οὕτω δὴ τιμίου καὶ θείου ὄντος χρήματος τῆς ψυχῆς 3
πιστεύσας ἤδη τῷ τοιούτῳ θεὸν μετιέναι μετὰ τοιαύτης
αἰτίας ἀνάβαινε πρὸς ἐκεῖνον· πάντως που οὐ πόρρω
15 βαλεῖς, οὐδὲ πολλὰ τὰ μεταξύ. λάμβανε τοίνυν τὸ τοῦ
θείου | τούτου θειότερον τὸ ψυχῆς πρὸς τὸ ἄνω γειτόνημα,
μεθ' ὃ καὶ ἀφ' οὗ ἡ ψυχή· καίπερ γὰρ οὖσα χρῆμα οἷον
ἔδειξεν ὁ λόγος, εἰκών τίς ἐστι νοῦ· οἷον λόγος ὁ ἐν προ-
φορᾷ λόγου τοῦ ἐν ψυχῇ, οὕτω τοι καὶ αὐτὴ λόγος νοῦ
καὶ ἡ πᾶσα ἐνέργεια καὶ ἣν προΐεται ζωὴν εἰς ἄλλου
ὑπόστασιν· οἷον | πυρὸς τὸ μὲν ἡ συνοῦσα θερμότης, ἡ
16 δὲ ἣν παρέχει· δεῖ δὲ λαβεῖν ἐκεῖ οὐκ ἐκρέουσαν, ἀλλὰ
μένουσαν μὲν τὴν ἐν αὐτῷ, τὴν δὲ ἄλλην ὑφισταμένην.
οὖσα οὖν ἀπὸ νοῦ νοερά ἐστι καὶ ἐν λογισμοῖς ὁ νοῦς
αὐτῆς καὶ ἡ τελείωσις ἀπ' αὐτοῦ πάλιν οἷον πατρὸς ἐκ-
17 θρέψαντος ὃν οὐ τέλειον ὡς | πρὸς αὐτὸν ἐγέννησεν. ἥ
τε οὖν ὑπόστασις αὐτῇ ἀπὸ νοῦ ὅ τε ἐνεργείᾳ λόγος νοῦ
αὐτῇ ὁρωμένου. ὅταν γὰρ ἐνίδῃ εἰς νοῦν, ἔνδοθεν ἔχει καὶ
οἰκεῖα ἃ νοεῖ καὶ ἐνεργεῖ, καὶ ταύτας μόνας δεῖ λέγειν

*2, 50* ἄλλο Ficinus: ἄλλον

eben das als das Wertvollste in uns antreffen was Seele ist,
und wertvoller als alles was da körperlich ist. Denn das ist 13
alles Erde; oder wenn es denn Feuer ist: was soll denn das
Brennende an ihm etwa anderes sein *(als Seele)*? Ebenso
alles aus diesem Zusammengesetzte, auch wenn du noch Wasser
und wenn du noch Luft hinzunimmst. Kann all dies Körperliche
aber nur deshalb Gegenstand deines Trachtens sein
weil es beseelt ist, weshalb will man da sich selbst fahren lassen
und nach einem andern trachten? Ist es aber die Seele,
die du im andern bewunderst, so bewunderst du damit dich
selbst.

Da nun die Seele ein so wertvolles, ein göttliches Ding ist, 14 *3*
so halte dich durch solche Begründung nunmehr überzeugt
daß du mit einem solchen Mittel zu Gott hingelangen kannst
und steige gerüstet zu ihm hinauf: gewißlich wirst du ihn
nicht ferne antreffen, der Zwischenstufen sind nicht viele.
Stelle dir also den ihr nach oben benachbarten Bereich vor, 15
welcher noch göttlicher als sie, die göttliche, ist, nach dem
und von dem die Seele kommt; denn obgleich sie ein Ding
von der Art ist wie unsere Darlegung gezeigt hat, ist sie doch
ein Abbild des Geistes; so wie der ausgesprochene Gedanke
*(Wort)* ein Abbild des Gedankens *(Wort)* in der Seele ist, so
ist die Seele selbst der ausgesprochene Gedanke des Geistes,
die ganze Wirkungs- und Lebenskraft, die er ausströmt, um
ein anderes zur Existenz zu bringen; so wie beim Feuer zu
scheiden ist die ihm innewohnende und die von ihm gespendete
Wärme – nur daß man beim Geist die Wirkungskraft 16
nicht als Ausfließendes denken muß, sondern die Wirkungskraft
beharrt in ihm, während die äußere als eine gesonderte
in die Existenz tritt. Da also die Seele vom Geist stammt, ist
sie nur geist*haft*, ihr Geist bewegt sich in Überlegungen, ihre
Vollendung erhält sie erst wieder vom Geist, der gleichsam
wie ein Vater den Sohn aufzieht, den er als ein im Verhältnis
zu ihm noch Unvollkommenes erzeugt hatte. So kommt 17
also der Seele die Existenz vom Geist; es besteht aber auch
die Verwirklichung ihres Begriffs darin daß sie den Geist
schaut. Denn wenn sie hineinblickt in den Geist, so hat sie
das was sie denkend verwirklicht, in sich selbst als ihr Zu-

ἐνεργείας ψυχῆς, ὅσα νοερῶς καὶ ὅσα οἴκοθεν· τὰ δὲ
18 χείρω ἄλλοθεν καὶ πάθη ψυχῆς τῆς | τοιαύτης. νοῦς οὖν
ἐπὶ μᾶλλον θειοτέραν ποιεῖ καὶ τῷ πατὴρ εἶναι καὶ τῷ
παρεῖναι· οὐδὲν γὰρ μεταξὺ ἢ τὸ ἑτέροις εἶναι, ὡς ἐφεξῆς
μέντοι καὶ ὡς τὸ δεχόμενον, τὸ δὲ ὡς εἶδος· καλὴ δὲ
καὶ ἡ νοῦ ὕλη νοοειδὴς οὖσα καὶ ἁπλῆ.
19 Οἷον δὲ ὁ νοῦς, καὶ αὐτῷ μὲν τούτῳ δῆλον ὅτι κρεῖττον
ψυχῆς, | τοιᾶσδε οὔσης, | ἴδοι δ' ἄν τις καὶ ἐκ τῶνδε. κόσμον 4
αἰσθητὸν τόνδε εἴ τις θαυμάζει εἴς τε τὸ μέγεθος καὶ τὸ
κάλλος καὶ τὴν τάξιν τῆς φορᾶς τῆς ἀιδίου ἀποβλέπων καὶ
θεοὺς τοὺς ἐν αὐτῷ, τοὺς μὲν ὁρωμένους τοὺς δὲ καὶ
ἀφανεῖς ὄντας, | καὶ δαίμονας καὶ ζῷα φυτά τε πάντα,
20 ἐπὶ τὸ ἀρχέτυπον αὐτοῦ καὶ τὸ ἀληθινώτερον ἀναβὰς
κἀκεῖ πάντα ἰδέτω νοητὰ καὶ παρ' αὐτῶν ἀίδια ἐν οἰκείᾳ
συνέσει καὶ ζωῇ καὶ τούτων τὸν ἀκήρατον νοῦν προστά-
την καὶ σοφίαν ἀμήχανον καὶ τὸν ὡς ἀληθῶς ἐπὶ Κρόνου
21 βίον θεοῦ | κόρου καὶ νοῦ ὄντος· πάντα γὰρ ἐν αὐτῷ τὰ
ἀθάνατα περιέχει, νοῦν πάντα, θεὸν πάντα, ψυχὴν πᾶσαν,
ἑστῶτα ἀεί, τί γὰρ ζητεῖ μεταβάλλειν εὖ ἔχων, ποῦ δὲ
μετελθεῖν πάντα παρ' αὐτῷ ἔχων; ἀλλ' οὐδὲ αὔξην
ζητεῖ τελειότατος ὤν· διὸ καὶ τὰ παρ' αὐτῷ πάντα τέλεια,
ἵνα πάντῃ ᾖ | τέλειος οὐδὲν ἔχων ὅ τι μὴ τοιοῦτον, οὐδὲν
22 ἔχων ἐν αὐτῷ ὃ μὴ νοεῖ· νοεῖ δὲ οὐ ζητῶν, ἀλλ' ἔχων. καὶ
τὸ μακάριον αὐτῷ οὐκ ἐπίκτητον, ἀλλ' ἐν αἰῶνι πάντα, καὶ
ὁ ὄντως αἰών· ὃν μιμεῖται χρόνος περιθέων ψυχὴν τὰ

*3, 24* αὐτῷ Kirchhoff: ταὐτῷ

gehöriges, und das allein darf man tätige Verwirklichung
der Seele nennen, was sie geistgemäß und als ihr zugehörig
verwirklicht, während das Niedere ihr von anderwärts kommt
und ein Leiden einer entsprechend niedrigen Seele ist.

So erhöht also der Geist die Göttlichkeit der Seele noch 18
weit mehr, indem er ihr Vater ist und indem er bei ihr gegen-
wärtig ist; denn es ist nichts zwischen ihnen als die Anders-
heit, diese jedoch besteht nur in dem Sinne daß die Seele die
nächste Stufe und der aufnehmende Stoff ist, der Geist aber
die Form; und selbst diese Materie des Geistes ist noch
schön, da sie geisthaft und einfach ist.

Von wie edler Beschaffenheit aber der Geist ist, das wird 19
schon eben daraus deutlich, daß er höher steht als die Seele,
die etwas so Herrliches ist; man mag es aber auch aus folgen- *4*
dem ersehen. Wenn einer unsere sichtbare Welt bewundert in
Anbetracht ihrer Größe und Schönheit und der Ordnung ihres
ewigen Umschwunges, und die Götter, die in ihr sind, die
einen sichtbar andere auch unsichtbar, und die Dämonen
und alle Tiere und Pflanzen, so schreite er empor zu ihrem 20
Urbilde, ihrem wahrhafteren Sein, und sehe wie auch dort
oben dies alles vorhanden ist, als geistige Wesen, die aus sich
selbst ewig beharren in dem Bewußtsein und dem Leben die
ihnen angestammt sind, und als ihr Schutzherr der 'unver-
mischte' Geist, die unermeßliche Weisheit und das Leben
dort oben recht eigentlich ein Leben unter Sat-ur-nus als
einem Gotte welcher Sattheit und Nus *(Geist)* ist; er umfaßt 21
in sich alles Unsterbliche, den ganzen Geist, die ganze Gott-
heit, die ganze Seele; und zwar als ewig Ruhendes, denn wo-
zu soll er Veränderung suchen da es mit ihm gut bestellt ist,
und wem sollte er nachgehen da er in sich selbst alles besitzt?
Auch Zuwachs kann er nicht wünschen da er völlig vollendet
ist; weshalb auch alles was bei ihm ist, vollendet ist, damit
er durchaus vollkommen sei und nichts in sich trage, was es
nicht sei; und da er nichts in sich hat was er nicht denkt (?),
so ist sein Denken kein Suchen sondern ein Haben. Seine Se- 22
ligkeit ist nicht hinzuerworben, sondern er ist in Ewigkeit
alles, ist die wahrhaftige Ewigkeit. Von ihr ist die Zeit, welche
die Seele umkreist, nur ein Abbild, welche das eine vorüber-

μὲν παριείς, τοῖς δὲ ἐπιβάλλων· καὶ γὰρ ἄλλα καὶ ἄλλα αὖ περὶ | ψυχήν, ποτὲ γὰρ Σωκράτης, ποτὲ δὲ ἵππος, ἕν τι
23 ἀεὶ τῶν ὄντων. ὁ δὲ νοῦς πάντα· ἔχει οὖν [ἐν τῷ αὐτῷ] πάντα ἑστῶτα ἐν τῷ αὐτῷ, καὶ ἔστι μόνον, καὶ τὸ ἔστιν ἀεὶ καὶ οὐδαμοῦ τὸ μέλλον· ἔστι γὰρ καὶ τότε· οὐδὲ τὸ παρεληλυθός· οὐ γάρ τι ἐκεῖ παρελήλυθεν, ἀλλ' ἐνέστηκεν ἀεὶ ἅτε τὰ αὐτὰ | ὄντα οἷον ἀγαπῶντα ἑαυτὰ οὕτως ἔχοντα.
24 ἕκαστον δὲ αὐτῶν νοῦς καὶ ὄν ἐστι καὶ τὸ σύμπαν πᾶς νοῦς καὶ πᾶν ὄν, ὁ μὲν νοῦς κατὰ τὸ νοεῖν ὑφιστὰς τὸ ὄν, τὸ δὲ ὂν τῷ νοεῖσθαι τῷ νῷ διδὸν τὸ νοεῖν καὶ τὸ εἶναι.

25 Τοῦ δὲ νοεῖν αἴτιον ἄλλο, ὃ καὶ τῷ ὄντι· ἀμφοτέρων οὖν ἅμα αἴτιον ἄλλο. | ἅμα μὲν γὰρ ἐκεῖνα καὶ συνυπάρχει καὶ οὐκ ἀπολείπει ἄλληλα, ἀλλὰ δύο ὄντα τοῦτο τὸ ἓν ὁμοῦ νοῦς καὶ ὂν καὶ νοοῦν καὶ νοούμενον, ὁ μὲν νοῦς κατὰ τὸ νοεῖν, τὸ δὲ ὂν κατὰ τὸ νοούμενον· οὐ γὰρ ἂν γένοιτο
26 τὸ νοεῖν ἑτερότητος μὴ οὔσης καὶ ταυτότητος δέ. γίνεται οὖν τὰ πρῶτα νοῦς, | ὄν, ἑτερότης, ταυτότης· δεῖ δὲ καὶ κίνησιν λαβεῖν καὶ στάσιν· καὶ κίνησιν μέν, εἰ νοεῖ, στάσιν δέ, ἵνα τὸ αὐτό· τὴν δὲ ἑτερότητα, ἵν' ᾖ νοοῦν καὶ νοούμενον (ἢ ἐὰν ἀφέλῃς τὴν ἑτερότητα, ἓν γενόμενον σιωπήσεται· δεῖ δὲ καὶ τοῖς νοηθεῖσιν ἑτέροις πρὸς ἄλληλα εἶναι)· ταὐτὸν | δέ, ἐπεὶ ἓν ἑαυτῷ· καὶ κοινὸν δέ τι ἐν πᾶσι, καὶ ᾗ διάφορα, ἑτερότης. ταῦτα δὲ πλείω γενόμενα ἀριθμὸν καὶ τὸ ποσὸν ποιεῖ· καὶ τὸ ποιὸν δὲ ἡ ἑκάστου τούτων ἰδιότης· ἐξ ὧν ὡς ἀρχῶν τἆλλα.

27 Πολὺς οὖν οὗτος ὁ θεὸς ἐπὶ τῇ ψυχῇ· τῇ δὲ ὑπάρχει ἐν τούτοις εἶναι συναφθείσῃ, εἰ μὴ ἀποστατεῖν ἐθέλοι· πε-

*21* delevi *40* ἐν πᾶσι Kirchhoff: ἓν πᾶσι ἡ διαφορά: correxi
*5, 1* τῇδε: correxi

gehen und das andere auf sich zukommen läßt; denn anderes und wieder anderes ist es was in der Seele ist, bald ein Sokrates, bald ein Pferd, immer ein bestimmtes Ding unter den
seienden. Der Geist dagegen ist alles; so hat er alles als auf 23
derselben Stelle ruhendes; er ist nur, immer gilt von ihm das 'ist', niemals das 'wird sein', denn auch in der Zukunft 'ist' er, noch das 'vergangen', denn nichts geht in der oberen Welt vorbei, sondern alles steht immerdar in Ewigkeit, da es immer
dasselbe bleibt gleichsam zufrieden mit seinem Zustand. Von 24
alledem ist jedes Einzelne Geist und Seiendes, und das Gesamte ist Gesamtgeist und Gesamtseiendes, wobei der Geist im Denken das Seiende existent macht und das Seiende, indem es gedacht wird, dem Geist sein Denken und sein Sein gibt.

Ursache aber des Denkens ist etwas anderes, was zugleich 25
Ursache des Seienden ist; für beide zugleich also ist noch etwas anderes als Ursache vorhanden. Sie existieren nämlich gewiß gemeinsam und verlassen einander nicht, aber doch besteht dieses Eine, das zugleich Geist und Seiendes, Denkendes und Gedachtes ist, aus zweien, dem Geist als dem Denken, dem Seienden als dem Gedachten; denn es könnte gar kein Denken statthaben wenn nicht Andersheit da wäre
wie auch Selbigkeit. So ergeben sich als erste Prinzipien 26
GEIST, SEIENDES, ANDERSHEIT, SELBIGKEIT; dazu muß man auch noch BEWEGUNG und RUHE nehmen; Bewegung sofern der Geist denkt, Ruhe um der Selbigkeit willen; Andersheit, damit es Denkendes und Gedachtes geben kann (denn sonst wenn man die Andersheit ausscheidet, dann wird es Eines sein und nur schweigen; ferner müssen auch die Gegenstände des Denkens Andersheit zueinander haben); und Selbigkeit, da es mit sich selbst eines ist; aber es ist auch in ihnen allen ein Gemeinsames, so gut in ihnen, sofern sie verschieden sind, Andersheit ist. Die Mehrheit der Prinzipien, die sich so ergibt, konstituiert ZAHL und WIEVIEL, ferner die Eigentümlichkeit jedes einzelnen von ihnen WIEBESCHAFFENHEIT; und aus ihnen allen geht als aus Prinzipien das übrige hervor.

Eine Vielheit also ist dieser Gott *(der Geist)*, der über der 27 *5*
Seele ist. Ihr aber wird zuteil im Bereich dieser Dinge zu wei-

λάσασα οὖν αὐτῷ καὶ οἷον ἓν γενομένη ζητεῖ, τίς οὖν ὁ τοῦτον γεννήσας, ὁ ἁπλοῦς καὶ ὁ πρὸ τοιούτου πλήθους, ὁ αἴτιος | τοῦ καὶ εἶναι καὶ πολὺν εἶναι τοῦτον, ὁ τὸν ἀριθ-
28 μὸν ποιῶν. ὁ γὰρ ἀριθμὸς οὐ πρῶτος· καὶ γὰρ πρὸ δυάδος τὸ ἕν, δεύτερον δὲ δυὰς καὶ παρὰ τοῦ ἑνὸς γεγενημένη ἐκεῖνο ὁριστὴν ἔχει, αὐτὴ δὲ ἀόριστον παρ' αὐτῆς· ὅταν δὲ ὁρισθῇ, ἀριθμὸς ἤδη. ἀριθμὸς δὲ ὡς οὐσία, ἀριθμὸς δὲ καὶ ἡ ψυχή· | οὐ γὰρ ὄγκοι τὰ πρῶτα οὐδὲ μεγέθη· τὰ γὰρ παχέα ταῦτα ὕστερα, ἃ ὄντα ἡ αἴσθησις οἴεται. οὐδὲ ἐν σπέρμασι δὲ τὸ ὑγρὸν τὸ τίμιον, ἀλλὰ τὸ μὴ ὁρώμενον,
29 τοῦτο δὲ ἀριθμὸς καὶ λόγος. ὁ οὖν ἐκεῖ λεγόμενος ἀριθμὸς καὶ ἡ δυὰς λόγοι καὶ νοῦς· ἀλλὰ ἀόριστος μὲν ἡ δυὰς τῷ οἷον ὑποκει|μένῳ λαμβανομένη, ὁ δὲ ἀριθμὸς ὁ ἐξ αὐτῆς καὶ τοῦ ἑνὸς εἶδος, ἑκάστου οἷον μορφωθέντος τοῖς γενομένοις εἴδεσιν ἐν αὐτῷ· μορφοῦται δὲ ἄλλον μὲν τρόπον παρὰ τοῦ ἑνός, ἄλλον δὲ παρ' αὐτοῦ, οἷον ὄψις ἡ κατ' ἐνέργειαν· ἔστι γὰρ ἡ νόησις ὅρασις ὁρῶσα· ἄμφω τε ἕν.

30 Πῶς οὖν ὁρᾷ καὶ τίνα, καὶ πῶς ὅλως ὑπέστη καὶ ἐξ 6
ἐκείνου γέγονεν, ἵνα καὶ ὁρᾷ; νῦν μὲν γὰρ τὴν ἀνάγκην τοῦ εἶναι ταῦτα ἡ ψυχὴ ἔχει, ἐπιποθεῖ δὲ τὸ θρυλλούμενον δὴ τοῦτο καὶ παρὰ τοῖς πάλαι σοφοῖς, πῶς ἐξ ἑνὸς τοιούτου | ὄντος οἷον λέγομεν τὸ ἓν εἶναι, ὑπόστασιν ἔσχεν ὁτιοῦν εἴτε πλῆθος εἴτε δυὰς εἴτε ἀριθμός, ἀλλ' οὐκ ἔμεινεν ἐκεῖνο ἐφ' ἑαυτοῦ, τοσοῦτον δὲ πλῆθος ἐξερρύη, ὃ ὁρᾶται μὲν ἐν τοῖς οὖσιν, ἀνάγειν δὲ αὐτὸ πρὸς ἐκεῖνο
31 ἀξιοῦμεν. ὧδε οὖν λεγέσθω – θεὸν αὐτὸν ἐπικαλεσαμένοις

*16* ἑκάστου Vitringa: ἕκαστος *19* τε Sleeman: τὸ

len wenn sie sich daran heftet und es durchsetzt sich nicht da-
von zu trennen; ist sie ihm nun nahe gekommen und gleich-
sam eines mit ihm geworden, so forscht sie wer es denn ist der
ihn erzeugt hat, der Einfache, der vor einer solchen Vielheit
liegt, der die Ursache seines Seins und seines Vielseins ist,
der die Zahl hervorbringt. Denn die Zahl ist nicht das Erste, 28
liegt doch vor der Zweiheit das Eine, die Zweiheit ist erst das
Zweite, sie kommt von dem Einen her, dieses ist erst ihr Be-
stimmendes während sie selbst von sich aus ‘unbestimmt’ ist;
und erst wenn sie bestimmt wird, ist sie Zahl. Zahl aber ist
gleichsam Substanz, und Zahl ist auch die Seele; denn nicht
Massen sind das Erste oder Größen; die massigen Dinge hier,
die die Wahrnehmung für seiende hält, sind später; so ist auch
in dem Samen nicht die Flüssigkeit das Wertvolle, sondern
das was man nicht sieht, und das ist Zahl und Begriff. Die 29
Zahl also von der man in der geistigen Welt spricht, und die
Zweiheit sind Formbegriffe und sind Geist; indes ist die
Zweiheit unbestimmt da sie gleichsam als zugrundeliegender
Stoff begriffen wird, die Zahl aber, die aus ihr und dem Einen
entsteht, ist Form, indem jedes einzelne *(der geistigen Prin-
zipien)* gleichsam von den in es eintretenden Gestalten ge-
formt wird; dabei wird es auf eine Weise durch Einwirkung
des Einen, auf die andere aber durch eigenes Tun geformt so
wie das Sehen in seinem Vollzuge; denn das Denken des Gei-
stes ist ein Sehen welches blickt; und beide sind eins.

Wie sieht der Geist nun und wen, und wie ist er überhaupt 30 *6*
zur Existenz gekommen und aus Jenem geworden, daß er
überhaupt sehen kann? Von der Notwendigkeit, daß die
genannten Prinzipien des Geistes existieren müssen, ist un-
sere Seele nunmehr durchdrungen, sie verlangt aber noch
nach Klärung jener ja schon von den Denkern der alten Zeit
vielbesprochenen Frage, wie aus dem Einen, als einem so be-
schaffenen wie wirs ihm zuschreiben, zur Existenz kommen
konnte irgendetwas wie Vielheit oder Zweiheit oder Zahl,
wieso es nicht bei sich selbst verharrte, sondern diese ausge-
breitete Vielheit aus ihm geflossen ist, die wir in der Wirklich-
keit antreffen, von der wir aber fordern daß sie auf das Eine
zurückgeführt werden muß. So sei denn das Folgende gesagt – 31

οὐ λόγῳ γεγωνῷ, ἀλλὰ | τῇ ψυχῇ ἐκτείνασιν ἑαυτοὺς εἰς
εὐχὴν πρὸς ἐκεῖνον εὔχεσθαι τοῦτον τὸν τρόπον δυναμέ-
νους μόνους πρὸς μόνον – δεῖ τοίνυν θεατήν, ἐκείνου ἐν
τῷ εἴσω οἷον νεῷ ἐφ' ἑαυτοῦ ὄντος, μένοντος ἡσύχου ἐπέ-
κεινα ἁπάντων, τὰ οἷον πρὸς τὸ ἔξω ἤδη ἀγάλματα ἑστῶτα,
μᾶλλον δὲ ἄγαλμα τὸ πρῶ|τον ἐκφανὲν θεᾶσθαι πεφηνὸς
τοῦτον τὸν τρόπον.

32 Παντὶ τῷ κινουμένῳ δεῖ τι εἶναι πρὸς ὃ κινεῖται·
μὴ ὄντος δὲ ἐκείνῳ μηδενὸς μὴ τιθώμεθα αὐτὸ κινεῖσθαι,
ἀλλ' εἴ τι μετ' αὐτὸ γίνεται, ἐπιστραφέντος ἀεὶ ἐκείνου
πρὸς αὐτὸ ἀναγκαῖόν ἐστι γεγονέναι· ἐκποδὼν δὲ ἡμῖν
ἔστω γένεσις ἡ ἐν | χρόνῳ τὸν λόγον περὶ τῶν ἀεὶ ὄντων
ποιουμένοις· τῷ δὲ λόγῳ τὴν γένεσιν προσάπτοντας αὐτοῖς,
αἰτίας καὶ τάξεως αὐτοῖς ἀποδόσει, τὸ οὖν γινόμενον
33 ἐκεῖθεν οὐ κινηθέντος φατέον γίνεσθαι. εἰ γὰρ κινηθέντος
αὐτοῦ τι γίνοιτο, τρίτον ἀπ' ἐκείνου τὸ γινόμενον μετὰ τὴν
κίνησιν ἂν γίνοιτο καὶ οὐ δεύτερον. | δεῖ οὖν ἀκινήτου
ὄντος, εἴ τι δεύτερον μετ' αὐτό, οὐ προσνεύσαντος οὐδὲ
34 βουληθέντος οὐδὲ ὅλως κινηθέντος ὑποστῆναι αὐτό. πῶς
οὖν, καὶ τί δεῖ νοῆσαι; περὶ ἐκεῖνο μὲν ὄν, περίλαμψιν ἐξ
αὐτοῦ μέν, ἐξ αὐτοῦ δὲ μένοντος· οἷον ἡλίου τὸ περὶ αὐτὸν
λαμπρὸν ὥσπερ περιθέον, ἐξ | αὐτοῦ ἀεὶ γεννώμενον,
35 μένοντος δέ. καὶ πάντα τὰ ὄντα ἕως μένει ἐκ τῆς αὐτῶν
οὐσίας ἀναγκαίαν τὴν περὶ αὐτὰ πρὸς τὸ ἔξω αὐτῶν ἐκ
τῆς παρούσης δυνάμεως δίδωσιν αὐτῶν ἐξηρτημένην
ὑπόστασιν, εἰκόνα οὖσαν οἷον ἀρχετύπων ὧν ἐξέφυ·

*14* τὸ Vitringa: τὰ

zuvor aber Gott selbst angerufen nicht mit dem Schall von Worten, sondern indem wir uns mit der Seele zum Gebet nach Ihm strecken, denn auf diese Weise können wir für uns allein zu ihm allein beten – der Schauende möge seinen Blick, während Gott selbst nur bei sich ist gleichsam im inneren Heiligtum und geruhig beharrt jenseits über allen Dingen, auf die Götterbilder richten die gleichsam im äußeren Bezirk des Tempels stehen – oder vielmehr auf das erste Götterbild welches da in die Erscheinung tritt und auf die folgende Weise erscheint.

Alles was sich bewegt, muß etwas haben zu dem es sich hin- 32
bewegt. Da nun Jenes *(das Eine)* nichts hat zu dem es sich bewegen könnte, so dürfen wir nicht annehmen daß es sich bewege; sondern was etwa nach ihm entsteht, muß notwendig entstanden sein indem Jenes unverwandt auf sich selbst gerichtet war; ganz ausschließen müssen wir dabei die Entstehung in der Zeit, da wir es zu tun haben mit dem ewig Seienden; sondern wir legen ihnen nur dem Ausdruck nach Entstehung bei, um damit dem Verhältnis von Ursache und Wirkung und ihrer Rangordnung gerecht zu werden, und müssen also sagen, daß das was in diesem Sinne aus dem Ersten entsteht, entsteht indem Jenes sich nicht bewegt.
Denn wenn es sich bewegte während etwas entsteht, so würde 33
das Entstehende erst nach der Bewegung als ein Drittes eintreten und nicht gleich als Zweites. Wenn also etwas Zweites, unmittelbar nach Jenem seiendes dasein muß, so muß es in die Existenz getreten sein, während Jenes unbewegt war, sich nicht zu ihm neigte oder einen Entschluß faßte oder überhaupt sich irgend bewegte.

Aber wie kommt das zustande und als was muß man es sich 34
denken? Es umgibt Jenes, ist ein rings aus ihm strahlender Glanz, aus ihm wobei Es aber beharrt; so wie der Glanz der Sonne der sie gleichsam umspielt der ständig aus ihr geboren
wird wobei sie aber beharrt. Alle seienden Dinge lassen so, 35
solange sie Bestand haben, aus ihrem Wesen notwendig ein Existentes zur Wirklichkeit werden, welches außen um sie liegt und abhängt von der Gegenwart ihrer Kraft, als ein Abbild gleichsam der Urbilder aus denen es hervorwuchs: das

πῦρ μὲν τὴν παρ' αὐτοῦ θερμότητα· καὶ χιὼν οὐκ | εἴσω μόνον τὸ ψυχρὸν κατέχει· μάλιστα δὲ ὅσα εὐώδη μαρτυρεῖ τούτῳ, ἕως γὰρ ἔστι, πρόεισί τι ἐξ αὐτῶν περὶ αὐτά,
36 ὧν ἀπολαύει ὑποστάντων ὅ τι πλησίον. καὶ πάντα δὲ ὅσα ἤδη τέλεια γεννᾷ· τὸ δὲ ἀεὶ τέλειον ἀεὶ καὶ ἀίδιον γεννᾷ· καὶ ἔλαττον δὲ ἑαυτοῦ γεννᾷ. τί οὖν χρὴ περὶ τοῦ τελειο|τάτου λέγειν; μηδὲν ἀπ' αὐτοῦ ἢ τὰ μέγιστα μετ' αὐτόν· μέγιστον δὲ μετ' αὐτὸν νοῦς καὶ δεύτερον. καὶ γὰρ ὁρᾷ ὁ νοῦς ἐκεῖνον καὶ δεῖται αὐτοῦ μόνου, ἐκεῖνος δὲ τούτου οὐδέν. καὶ τὸ γεννώμενον ἀπὸ κρείττονος νοῦ νοῦν εἶναι, καὶ κρείττων ἁπάντων νοῦς, ὅτι τἆλλα μετ' αὐτόν· οἷον καὶ ἡ | ψυχὴ λόγος νοῦ καὶ ἐνέργειά τις, ὥσπερ αὐτὸς ἐκείνου.
37 ἀλλὰ ψυχῆς μὲν ἀμυδρὸς ὁ λόγος· ὡς γὰρ εἴδωλον νοῦ, ταύτῃ καὶ εἰς νοῦν βλέπειν δεῖ· νοῦς δὲ ὡσαύτως πρὸς ἐκεῖνον, ἵνα ᾖ νοῦς. ὁρᾷ δὲ αὐτὸν οὐ χωρισθείς, ἀλλ' ὅτι μετ' αὐτὸν καὶ μεταξὺ οὐδέν, ὡς οὐδὲ ψυχῆς καὶ νοῦ. | ποθεῖ δὲ πᾶν τὸ γεννῆσαν καὶ τοῦτο ἀγαπᾷ, καὶ μάλιστα ὅταν ὦσι μόνοι τὸ γεννῆσαν καὶ τὸ γεγεννημένον· ὅταν δὲ καὶ τὸ ἄριστον ᾖ τὸ γεννῆσαν, ἐξ ἀνάγκης σύνεστιν αὐτῷ, ὡς τῇ ἑτερότητι μόνον κεχωρίσθαι.

38 Εἰκόνα δὲ ἐκείνου εἶναι λέγομεν τὸν νοῦν (δεῖ γὰρ 7
σαφέστερον λέγειν) πρῶτον μὲν ὅτι δεῖ πως εἶναι ἐκεῖνο τὸ γεννώμενον καὶ ἀποσώζειν πολλὰ αὐτοῦ καὶ εἶναι ὁμοιότητα πρὸς αὐτό, ὥσπερ καὶ τὸ φῶς τοῦ ἡλίου. ἀλλ' οὐ | νοῦς ἐκεῖνο· πῶς οὖν νοῦν γεννᾷ; ἢ ὅτι τῇ ἐπιστροφῇ πρὸς αὐτὸ ἑώρα, ἡ δὲ ὅρασις αὕτη νοῦς. τὸ γὰρ καταλαμβάνον ἄλλο ἢ αἴσθησις ἢ νοῦς . . . αἴσθησιν γραμμὴν καὶ τὰ

Feuer die von ihm ausstrahlende Wärme; auch der Schnee
verschließt die Kälte nicht nur in seinem Innern; vorzüglich
bezeugen das alle wohlriechenden Stoffe, denn solange sie da
sind, strömt ein Etwas ringsum aus ihnen hervor, und daher
gewährt ihre Existenz allem Benachbarten Genuß. Ferner 36
aber: alles was soweit gelangt ist daß es reif ist, zeugt; das
nun was ewig reif und vollendet ist, zeugt ewig und ein Ewi-
ges, zeugt aber ebenfalls etwas das geringer ist als es. Was
muß man also von dem Allervollkommensten und Reifsten
erwarten? Nichts kann aus Ihm hervorgehen als das Größte
nach ihm; das Größte aber nach ihm ist der Geist und folgt
ihm sogleich als Zweites. Sieht doch der Geist Jenen und be-
darf allein seiner, während er des Geistes in keiner Hinsicht
bedarf. Auch muß das was aus einem Höheren als der Geist
erzeugt wird, Geist sein; der Geist ist höher als alle andern
Dinge, denn die sind nach ihm, wie denn auch die Seele der
Gedanke des Geistes und sozusagen seine Wirksamkeit ist, so
wie der Geist die des Einen. Nun ist der Gedanke in der Seele 37
nur ein dunkler, denn er ist gleichsam nur ein Nachbild des
Geistes, und darum muß sie auf den Geist blicken; der Geist
aber gleichermaßen auf Jenen, damit er Geist sei. Er sieht
Ihn aber nicht als von ihm getrennter, sondern weil er unmit-
telbar nach Jenem ist und nichts dazwischensteht, wie auch
nichts zwischen Seele und Geist. Es verlangt ja ein jegliches
nach seinem Erzeuger und liebt ihn, und ganz besonders
wenn Erzeuger und Erzeugtes allein sind; ist aber der Erzeu-
ger auch noch das höchste Gut, so ist das Erzeugte mit Not-
wendigkeit bei ihm, so daß es allein durch die Andersheit von
ihm geschieden ist.

Wir nennen aber, denn wir müssen uns deutlicher ausdrük- 38 7
ken, den Geist ein Abbild von Jenem erstlich darum, weil
das Erzeugte in gewissem Sinne ein 'Jenes' sein, vieles von
Ihm bewahren und Ähnlichkeit mit ihm haben muß, wie sie
auch das Licht mit der Sonne hat. Aber doch ist Jenes nicht
Geist; wie kann es da den Geist erzeugen? Nun, in dem Ge-
richtetsein auf sich selbst erblickte es sich selbst, und dies Er-
blicken ist der Geist *(Denken)*. Denn das was dies Auffassen
tätigt, ist etwas anderes als Wahrnehmung oder Geist ...

39 ἄλλα . . . ἀλλ' ὁ κύκλος τοιοῦτος οἷος μερίζεσθαι, τοῦτο
δὲ οὐχ οὕτως. ἢ καὶ ἐνταῦθα ἓν μέν, ἀλλὰ τὸ ἓν δύναμις |
πάντων· ὧν οὖν ἐστι δύναμις, ταῦτα ἀπὸ τῆς δυνάμεως
οἷον σχιζομένη ἡ νόησις καθορᾷ· ἢ οὐκ ἂν ἦν νοῦς. ἐπεὶ
καὶ παρ' αὐτοῦ ἔχει ἤδη οἷον συναίσθησιν τῆς δυνάμεως ὅτι
40 δύναται οὐσίαν. αὐτὸς γοῦν δι' αὐτὸν καὶ ὁρίζει τὸ εἶναι
αὐτῷ τῇ παρ' ἐκείνου δυνάμει, καὶ ὅτι | οἷον μέρος ἕν
τι τῶν ἐκείνου καὶ ἐξ ἐκείνου ἡ οὐσία, καὶ ῥώννυται παρ'
ἐκείνου καὶ τελειοῦται εἰς οὐσίαν παρ' ἐκείνου καὶ ἐξ
41 ἐκείνου. ὁρᾷ δὲ αὐτῷ ἐκεῖθεν οἷον μεριστῷ ἐξ ἀμερίστου
καὶ τὸ ζῆν καὶ τὸ νοεῖν καὶ πάντα, ὅτι ἐκεῖνος μηδὲν
τῶν πάντων· ταύτῃ γὰρ πάντα ἐξ ἐκείνου, ὅτι μή |
τινι μορφῇ κατείχετο ἐκεῖνος. μόνον γὰρ ἓν ἐκεῖνο· καὶ
εἰ μὲν πάντα, ἐν τοῖς οὖσιν ἂν ἦν· διὰ τοῦτο ἐκεῖνο οὐδὲν
μὲν τῶν ἐν τῷ νῷ, ἐξ αὐτοῦ δέ [πάντα ἐν τοῖς οὖσιν ἂν
42 ἦν]. διὸ καὶ οὐσίαι ταῦτα, ὥρισται γὰρ ἤδη καὶ οἷον μορφὴν
ἕκαστον ἔχει· τὸ δὲ ὂν δεῖ οὐκ ἐν ἀορίστῳ οἷον αἰωρεῖ-
σθαι, ἀλλ' ὅρῳ πεπῆχθαι | καὶ στάσει· στάσις δὲ τοῖς νοητοῖς
ὁρισμὸς καὶ μορφή, οἷς καὶ τὴν ὑπόστασιν λαμβάνει.
43 'Ταύτης τοι γενεᾶς' ὁ νοῦς οὗτος· ἄξιον δὲ νοῦ τοῦ
καθαρωτάτου μὴ ἄλλοθεν ἢ ἐκ τῆς πρώτης ἀρχῆς φῦναι,
γενόμενον δὲ ἤδη τὰ ὄντα πάντα σὺν αὐτῷ γεννῆσαι,
πᾶν μὲν τὸ τῶν ἰδεῶν κάλλος, πάντας δὲ θεούς | νοητούς·
44 πλήρη δὲ ὄντα ὧν ἐγέννησε καὶ ὥσπερ καταπιόντα πάλιν
τῷ ἐν αὐτῷ ἔχειν μηδὲ ἐκπεσεῖν εἰς ὕλην μηδὲ τραφῆναι

*20* εἰ scripsi: ὁ *22* del. Kirchhoff et Harder
*24* αἰωρεῖσθαι Heintz: θεωρεῖσθαι *27* ἄξιον δὲ scripsi: ἄξιος

Die Wahrnehmung als Linie und so weiter ... Aber der 39
Kreis ist doch seiner Beschaffenheit nach teilbar, während
das Eine sich nicht so bewegt. Nun, es gilt auch hier, daß es
Eines ist, aber dies Eine ist Vermögen und Möglichkeit aller
Dinge; die Dinge also deren Vermögen es ist, erblickt das
Denken das sich gleichsam abspaltet von diesem Vermögen;
denn sonst wäre es nicht Geist. Hat doch das Eine schon von
sich selbst aus eine Art Selbstgewahren von seinem Vermö-
gen, davon, daß es die Substanz hervorzubringen vermag.
Bestimmt doch auch der Geist durch sich das Sein für sich 40
vermittels des Vermögens das vom Einen ausgeht, und weil
das Sein sozusagen ein Teil der Dinge ist die Jenem gehören
und aus Jenem kommt, erhält es von Jenem seine Kraft und
wird zum Sein vollendet von Jenem und aus Jenem. Mit sich 41
selbst nun als einem das gleichsam abgeteilt ist aus sich, dem
dabei doch Ungeteilten, sieht Es das Leben, das Denken und
alle Dinge, weil Jenes nichts von allen Dingen ist; denn des-
halb können ja alle Dinge von Jenem stammen, weil Jenes
durch keinerlei Form eingenommen ist. Denn Jenes ist nur
Eines; wäre es alles, so gehörte es zu den seienden Dingen;
deshalb ist es nichts von den Dingen die im Geiste sind, son-
dern diese stammen aus ihm. Sie sind daher auch Wesenhei- 42
ten; denn sie sind bereits bestimmt und ein jedes hat sozu-
sagen seine Form. Denn dem Seienden kommt es nicht zu im
Unbestimmten gleichsam hin- und herzuschweben, sondern
durch Bestimmung und Begrenzung befestigt zu sein, durch
Ständigkeit; Ständigkeit *(Status)* aber ist für die geistigen
Dinge Begrenzung *(Bestimmung)* und Form, und durch sie
kommen sie überhaupt zur Existenz.

'Dies fürwahr ist die Sippschaft' aus welcher der Geist von 43
dem wir handeln stammt; denn es ist des Geistes als des Aller-
reinsten würdig, aus keinem andern Ursprung als aus dem er-
sten Urgrund zu erwachsen, und indem er in die Entstehung
tritt nunmehr alles Seiende mit sich selbst zugleich zu erzeu-
gen, die Ideen in all ihrer Schönheit und alle die geistigen Göt-
ter. Indem er aber erfüllt ist mit dem was er zeugte da er es 44
gleichsam wieder verschlingt, damit er es in sich behalte und
es nicht aus ihm herausstürze in die Materie, nicht groß-

παρὰ τῇ Ῥέᾳ, ὡς τὰ μυστήρια καὶ οἱ μῦθοι οἱ περὶ θεῶν αἰνίττονται Κρόνον μέν, θεὸν σοφώτατον πρὸ τοῦ Δία γενέσθαι, ἃ γεννᾷ πάλιν ἐν ἑαυτῷ ἔχειν, ᾗ καὶ | πλήρης καὶ νοῦς ἐν κόρῳ· μετὰ δὲ ταῦτά φασι Δία γεννᾶν κόρον ἤδη ὄντα· ψυχὴν γὰρ γεννᾷ νοῦς νοῦς ὢν τέλειος. καὶ γὰρ τέλειον ὄντα γεννᾶν ἔδει καὶ μὴ δύναμιν οὖσαν τοσαύτην ἄγονον εἶναι. κρεῖττον δὲ οὐχ οἷόν τε ἦν εἶναι οὐδ' ἐνταῦθα τὸ γεννώμενον, ἀλλ' ἔλαττον ὂν εἴδωλον εἶναι | αὐτοῦ, ἀόριστον μὲν ὡσαύτως, ὁριζόμενον δὲ
45 ὑπὸ τοῦ γεννήσαντος καὶ οἷον εἰδοποιούμενον. νοῦ δὲ γέννημα λόγος τις καὶ ὑπόστασις, τὸ διανοούμενον· τοῦτο δ' ἐστὶ τὸ περὶ νοῦν κινούμενον καὶ νοῦ φῶς καὶ ἴχνος ἐξηρτημένον ἐκείνου, κατὰ θάτερα μὲν συνηγμένον ἐκείνῳ καὶ ταύτῃ ἀπο|πιμπλάμενον καὶ ἀπολαῦον καὶ μεταλαμβάνον αὐτοῦ καὶ νοοῦν, κατὰ θάτερα δὲ ἐφαπτόμενον τῶν μετ' αὐτό, μᾶλλον δὲ γεννῶν καὶ αὐτό, ἃ ψυχῆς ἀνάγκη εἶναι χείρονα· περὶ ὧν ὕστερον λεκτέον. [καὶ μέχρι τούτων τὰ θεῖα.]

46 Καὶ διὰ τοῦτο καὶ τὰ Πλάτωνος τριττά· 'πάντα' 'περὶ *8*
τὸν πάντων βασιλέα' φησὶ τὰ πρῶτα καὶ 'δεύτερον περὶ τὰ δεύτερα' καὶ 'περὶ τὰ τρίτα τρίτον'. λέγει δὲ καὶ τοῦ αἰτίου εἶναι πατέρα, αἴτιον μὲν τὸν νοῦν | λέγων· δημιουργὸς γὰρ ὁ νοῦς αὐτῷ· τοῦτον δέ φησι τὴν ψυχὴν ποιεῖν ἐν τῷ κρατῆρι ἐκείνῳ· τοῦ αἰτίου δὲ νοῦ ὄντος πατέρα φησὶ τἀγαθὸν καὶ τὸ ἐπέκεινα νοῦ καὶ ἐπέκεινα οὐσίας. πολλαχοῦ δὲ τὸ ὂν καὶ τὸν νοῦν τὴν ἰδέαν λέγει.
47 ὥστε Πλάτωνα εἰδέναι ἐκ μὲν τἀγαθοῦ τὸν νοῦν, | ἐκ δὲ τοῦ νοῦ τὴν ψυχήν· καὶ εἶναι τοὺς λόγους τούσδε μὴ καινούς, μηδὲ νῦν ἀλλὰ πάλαι μὲν εἰρῆσθαι μὴ ἀναπεπταμένως, τοὺς δὲ νῦν λόγους ἐξηγητὰς ἐκείνων γεγονέναι μαρτυρίοις πιστωσαμένους τὰς δόξας ταύτας παλαιὰς εἶναι τοῖς αὐτοῦ τοῦ Πλάτωνος γράμμασιν.

*7, 48* delevi

gezogen werde bei der Rhea, wie die Geheimkulte und die Göttersagen es versteckt andeuten wenn sie lehren Saturn, der weiseste Gott vor der Entstehung des Zeus, trage wieder in sich was er erzeuge, weshalb er auch erfüllt ist und Geist in Sattheit; dann aber erzeuge er Zeus, welcher dann die Sattheit *(der Sohn)* selbst ist: denn der Geist erzeugt die Seele da er Geist in voller Reife ist. Da er nämlich in voller Reife steht, mußte er zeugen, da er eine so große Kraft war, konnte er nicht zeugungsunfähig sein. Aber auch hier konnte das Erzeugte nicht besser sein, sondern es mußte geringer, mußte eine Nachbildung von ihm sein, ebenfalls unbestimmt, aber seine Bestimmtheit erhaltend und gleichsam zur Gestalt gemacht von seinem Erzeuger. Das Erzeugnis aber des Geistes 45
ist irgendwie Gedanke und Existenz, nämlich das Organ welches nachdenkt; dieses ist es das sich um den Geist herumbewegt, ist das vom Geist ausstrahlende Licht, ein Nachklang, fest an ihn gebunden, nach der einen Seite hin von ihm bewirtet und so sich ersättigend, genießend, Teil an ihm nehmend und ihn denkend, nach der anderen Seite hin aber sich befassend mit den Dingen die nach ihm selbst sind, vielmehr auch seinerseits diese Dinge erzeugend, die notwendig geringer sind als die Seele; von ihnen aber ist später zu handeln.

Aus diesem Grunde lehrt auch Plato drei Stufen: ‘Alles’, 46 *8*
das heißt das Erste, ‘ist um den König aller Dinge’, sagt er, ‘und das Zweite um das Zweite und um das Dritte das Dritte’. Auch sagt er daß ‘das Ursächliche einen Vater’ habe, und zwar meint er mit dem Ursächlichen den Geist; denn der Geist ist für ihn der Weltschöpfer, von ihm sagt er daß er die Seele schafft in jenem ‘Mischkrug’; Vater nun dieses Ursächlichen welches der Geist ist, nennt er das Gute, das jenseits des Geistes und jenseits des Seins Stehende. Weiter nennt er an vielen Stellen das Seiende und den Geist Idee. Somit hat Plato gewußt, daß 47
aus dem Guten der Geist und aus dem Geist die Seele hervorgeht. Diese Lehren sind also nicht neu, nicht jetzt erst, sondern schon längst, wenn auch nicht klar und ausdrücklich, gesagt, und unsere jetzigen Lehren stellen sich nur dar als Auslegung jener alten, und die Tatsache daß diese Lehren alt sind, erhärten sie aus dem Zeugnis von Platos eigenen Schriften.

48 Ἥπτετο μὲν οὖν καὶ | Παρμενίδης πρότερον τῆς
τοιαύτης δόξης, καθόσον εἰς ταὐτὸ συνῆγεν ὂν καὶ νοῦν
καὶ τὸ ὂν οὐκ ἐν τοῖς αἰσθητοῖς ἐτίθετο, ‘τὸ γὰρ αὐτὸ
νοεῖν ἐστίν τε καὶ εἶναι’ λέγων· καὶ ἀκίνητον δὲ λέγει
τοῦτο καίτοι προστιθεὶς τὸ νοεῖν, σωματικὴν πᾶσαν
κίνησιν ἐξαιρῶν ἀπ’ αὐτοῦ ἵνα μένῃ ὡσαύτως, καὶ |
ὄγκῳ σφαίρας ἀπεικάζων, ὅτι πάντα ἔχει περιειλημμένα
49 καὶ ὅτι τὸ νοεῖν οὐκ ἔξω ἀλλ’ ἐν ἑαυτῷ. ἓν δὲ λέγων ἐν
τοῖς ἑαυτοῦ συγγράμμασιν αἰτίαν εἶχεν ὡς τοῦ ἑνὸς τούτου
πολλὰ εὑρισκομένου. ὁ δὲ παρὰ Πλάτωνι Παρμενίδης
ἀκριβέστερον λέγων διαιρεῖ ἀπ’ ἀλλήλων τὸ πρῶτον ἕν, |
ὃ κυριώτερον ἕν, καὶ δεύτερον ἓν πολλὰ λέγων καὶ
τρίτον ἓν καὶ πολλά· καὶ σύμφωνος οὕτως καὶ αὐτός ἐστι
50 ταῖς φύσεσι ταῖς τρισίν. Ἀναξαγόρας δὲ νοῦν καθαρὸν 9
καὶ ἀμιγῆ λέγων ἁπλοῦν καὶ αὐτὸς τίθεται τὸ πρῶτον καὶ
χωριστὸν τὸ ἕν, τὸ δ’ ἀκριβὲς δι’ ἀρχαιότητα παρῆκε.
καὶ Ἡράκλειτος δὲ τὸ ἓν οἶδεν ἀίδιον καὶ νοητόν· τὰ γὰρ
σώματα γινόμενα ἀεὶ | καὶ ῥέοντα. τῷ δὲ Ἐμπεδοκλεῖ τὸ
νεῖκος μὲν διαιρεῖ, ἡ δὲ φιλία τὸ ἕν· ἀσώματον δὲ καὶ
51 αὐτὸς τοῦτο, τὰ δὲ στοιχεῖα ὡς ὕλη. Ἀριστοτέλης δὲ
ὕστερον χωριστὸν μὲν τὸ πρῶτον καὶ νοητόν, νοεῖν δὲ
αὐτὸ ἑαυτὸ λέγων πάλιν αὖ οὐ τὸ πρῶτον ποιεῖ· πολλὰ
δὲ καὶ ἄλλα νοητὰ | ποιῶν καὶ τοσαῦτα ὁπόσαι ἐν οὐρανῷ
σφαῖραι, ἵν’ ἕκαστον ἑκάστην κινῇ, ἄλλον τρόπον λέγει
τὰ ἐν τοῖς νοητοῖς ἢ Πλάτων, τὸ εὔλογον οὐκ ἔχων
52 ἀνάγκην τιθέμενος. ἐπιστήσειε δ’ ἄν τις εἰ καὶ εὐλόγως·
εὐλογώτερον γὰρ πάσας πρὸς μίαν σύνταξιν συντελούσας
πρὸς ἓν καὶ τὸ πρῶτον βλέπειν. | ζητήσειε δ’ ἄν τις τὰ

*9, 4* γινόμενα scripsi: γίνεται

Angerührt hat ja schon vorher Parmenides eine derartige 48
Auffassung, insofern er Seiendes und Geist zusammenfallen
ließ und das Seiende damit nicht unter die Sinnendinge
setzte: 'denn dasselbe ist Denken wie Sein' sagt er; er be-
zeichnet dies Seiende auch als unbeweglich, obgleich er ihm
das Denken beilegt, er schließt nämlich jede körperliche Be-
wegung von ihm aus damit es sich gleich bleibe, und ver-
gleicht es einer Kugelmasse, weil es alles umschließend in sich
hat und weil sein Denken nicht außen ist sondern in ihm
selbst. Indem er es aber in seinen Schriften Eines nannte, 49
konnte man ihm den Vorwurf machen daß dieses Eine ja als
Vielheit angetroffen wird. Da spricht der Parmenides bei Pla-
to genauer, er scheidet voneinander das erste Eine, das im
eigentlichen Sinne 'Eine', das Zweite, welches er 'Eines Vie-
les' nennt, und das Dritte, 'Eines und Vieles'; so stimmt er
ebenfalls überein mit der Lehre von den drei Wesenheiten.
Anaxagoras ferner, indem er den Geist rein und unvermischt 50 *9*
nennt, setzt ebenfalls das Erste als ein Einfaches und das
Eine als abgetrennt *(transzendent)*; doch hat er Genaueres zu
geben infolge seiner Altertümlichkeit unterlassen. Auch Hera-
klit hat gewußt daß das Eine ewig und geistig ist, denn er
wußte daß die Körper immer im Werden und Fließen sind.
Und für Empedokles scheidet der Streit, die Liebe aber ist
das Eine; dies faßt er ebenfalls als unkörperlich, während die
Elemente die Stelle der Materie einnehmen. Später nennt 51
dann Aristoteles das Erste abgetrennt und geistig, wenn er
aber behauptet daß es selbst sich selbst denke, so macht er es
wiederum nicht zum Ersten. Indem er weiter noch viele an-
dere geistige Wesen ansetzt, und zwar soviele wie Sphären
im Himmelsraum sind, damit jede von ihnen von einem ein-
zelnen geistigen Wesen bewegt werden kann, stellt er die gei-
stige Welt abweichend von Plato dar: er setzt, da er keine
Notwendigkeit zur Verfügung hat, nur ein Wahrscheinliches
ein. Man kann aber zweifeln ob diese Lehre auch nur die 52
Wahrscheinlichkeit für sich hat; es ist doch eher wahrschein-
lich, daß alle Sphären einem einheitlichen System angehören
und nach einem und zwar nach dem Ersten sich richten. Man
mag fragen, ob für ihn die Vielheit der geistigen Wesen aus

πολλὰ νοητὰ εἰ ἐξ ἑνός ἐστιν αὐτῷ τοῦ πρώτου ἢ πολλαὶ αἱ ἐν τοῖς νοητοῖς ἀρχαί· καὶ εἰ μὲν ἐξ ἑνός, ἀνάλογον δηλονότι ἕξει ὡς ἐν τοῖς αἰσθητοῖς αἱ σφαῖραι ἄλλης ἄλλην περιεχούσης, μιᾶς δὲ τῆς ἔξω κρατούσης· ὥστε περιέχοι ἂν κἀκεῖ τὸ πρῶτον καὶ κόσμος ˡ νοητὸς ἔσται καὶ ὥσπερ ἐνταῦθα αἱ σφαῖραι οὐ κεναί, ἀλλὰ μεστὴ ἄστρων ἡ πρώτη, αἱ δὲ ἔχουσιν ἄστρα, οὕτω κἀκεῖ τὰ
53 κινοῦντα πολλὰ ἐν αὐτοῖς ἕξει, καὶ τὰ ἀληθέστερα ἐκεῖ. εἰ δ᾽ ἕκαστον ἀρχή, κατὰ συντυχίαν αἱ ἀρχαὶ ἔσονται· καὶ διὰ τί συνεργήσει καὶ πρὸς ἓν ἔργον τὴν τοῦ παντὸς ˡ οὐρανοῦ συμφωνίαν ὁμονοήσει; πῶς δὲ ἴσα πρὸς τὰ νοητὰ καὶ κινοῦντα τὰ ἐν οὐρανῷ αἰσθητά; πῶς δὲ καὶ πολλὰ οὕτως ἀσώματα ὄντα ὕλης οὐ χωριζούσης;

54 Ὥστε τῶν ἀρχαίων οἱ μάλιστα συντασσόμενοι τοῖς Πυθαγόρου καὶ τῶν μετ᾽ αὐτόν [καὶ Φερεκύδους δὲ] περὶ ταύˡτην μὲν ἔσχον τὴν φύσιν· ἀλλ᾽ οἱ μὲν ἐξειργάσαντο ἐν τοῖς αὐτῶν λόγοις, οἱ δὲ οὐκ ἐν λόγοις, ἀλλ᾽ ἐν ἀγράφοις ἐδείκνυον συνουσίαις ἢ ὅλως ἀφεῖσαν.

55 Ὅτι δὲ οὕτω χρὴ νομίζειν ἔχειν, ὥς ἐστι μὲν τὸ *10*
ἐπέκεινα ὄντος τὸ ἕν, οἷον ἤθελεν ὁ λόγος δεικνύναι ὡς οἷόν τε ἦν περὶ τούτων ἐνδείκνυσθαι, ἔστι δὲ ἐφεξῆς τὸ ὂν καὶ νοῦς, τρίτη δὲ ἡ τῆς ψυχῆς φύσις, ἤδη δέδεικται. ˡ ὥσπερ δὲ ἐν τῇ φύσει τριττὰ ταῦτά ἐστι τὰ εἰρημένα, οὕτω χρὴ νομίζειν καὶ παρ᾽ ἡμῖν ταῦτα εἶναι· λέγω δὲ οὐκ ἐν τοῖς αἰσθητοῖς· χωριστὰ γὰρ ταῦτα· ἀλλ᾽ ἐπὶ τοῖς αἰσθητῶν ἔξω, καὶ τὸν αὐτὸν τρόπον τὸ ἔξω ὥσπερ κἀκεῖνα τοῦ παντὸς οὐρανοῦ ἔξω, οὕτω καὶ τὰ τοῦ

*9, 24* συνεργήσει scripsi: συνέσονται *28* τοῖς Kirchhoff: αὐτοῖς *29* del. Müller *30* τοῖς Kirchhoff: αὐτοῖς

einem, dem Ersten stammen oder ob es in der geistigen Welt viele Prinzipien geben soll. Sollen sie aus einem stammen, so müssen sie sich doch offenbar analog verhalten wie die Sphären in der Sinnenwelt, wo eine die andere umschließt und die eine, äußere regiert; dann also wird auch in der geistigen Welt das Erste alles andere umfassen, es wird ein geistiger Kosmos existieren, und wie hier unten die Sphären nicht leer sind sondern die Erste erfüllt von Sternen ist und die andern auch Sterne in sich haben, so werden auch dort die Beweger vieles in sich haben, und zwar wird das dort das eigentlichere
Sein sein. Soll aber jedes einzelne dieser geistigen Wesen 53
Prinzip sein, dann müßten die Prinzipien etwas zufälliges sein; weswegen werden sie dann aber zusammenwirken und zu einem einheitlichen Werk, dem Einklang des gesamten Kosmos, die Eintracht besitzen? Und wie können dann die Sinnendinge am Himmel von gleicher Anzahl sein wie die geistigen Wesen, die Beweger? Wie können sie dann überhaupt, als nur unkörperliche, Vielheit sein, wenn die Materie sie nicht scheidet? –

Von den alten Denkern haben demnach diejenigen die sich 54
besonders an die Lehren des Pythagoras und seiner Nachfolger anschlossen, sich an diese Wesenheit *(das Eine)* gehalten; allerdings bildeten nur einige die Lehre in ihren Schriften durch, die andern legten sie nicht in Schriften sondern in nicht aufgeschriebenen Unterredungen dar oder ließen sie überhaupt unbeachtet.

Daß man also den Sachverhalt so anzunehmen hat, daß das 55 *10*
jenseits über dem Seienden Liegende das Eine ist (und zwar von solcher Beschaffenheit wie unsere Darlegung wollte, soweit es möglich war über derartige Gegenstände etwas anzudeuten) und daß dann das Seiende und der Geist folgt und das Dritte die Wesenheit der Seele ist, das ist nunmehr dargelegt. Wie nun in der Welt diese drei genannten Wesenheiten vorhanden sind, so, muß man annehmen, sind sie auch in uns vorhanden; ich meine nicht in uns als Sinnendingen, denn jene Prinzipien sind transzendent, sondern in uns sofern wir außerhalb des Sinnlichen sind, 'außerhalb' in dem Sinne wie jene oberen Wesenheiten außerhalb des Weltalls sind; so

56 ἀνθρώ|που, οἷον λέγει Πλάτων τὸν εἴσω ἄνθρωπον. ἔστι
τοίνυν καὶ ἡ ἡμετέρα ψυχὴ θεῖόν τι καὶ φύσεως ἄλλης,
ὁποία πᾶσα ἡ ψυχῆς φύσις· τελεία δὲ ἡ νοῦν ἔχουσα·
νοῦς δὲ ὁ μὲν λογιζόμενος, ὁ δὲ λογίζεσθαι παρέχων. τὸ
δὴ λογιζόμενον τοῦτο τῆς ψυχῆς οὐδενὸς πρὸς τὸ λογίζε-
σθαι δεόμενον | σωματικοῦ ὀργάνου, τὴν δὲ ἐνέργειαν
ἑαυτοῦ ἐν καθαρῷ ἔχον, ἵνα καὶ λογίζεσθαι καθαρῶς οἷόν
τε ᾖ, χωριστὸν καὶ οὐ κεκραμένον σώματι ἐν τῷ πρώτῳ
57 νοητῷ τις τιθέμενος οὐκ ἂν σφάλλοιτο. οὐ γὰρ τόπον
ζητητέον οὗ ἱδρύσομεν, ἀλλ' ἔξω τόπου παντὸς ποιητέον·
οὕτω γὰρ τὸ καθ' αὑτὸ | καὶ τὸ ἔξω καὶ τὸ ἄυλον, ὅταν
μόνον ᾖ οὐδὲν ἔχον παρὰ τῆς σώματος φύσεως. διὰ
τοῦτο 'καὶ ἔτι ἔξωθέν', φησιν ἐπὶ τοῦ παντός, 'τὴν ψυχὴν
περιέβαλεν' ἐνδεικνύμενος τῆς ψυχῆς τὸ ἐν τῷ νοητῷ
μένον· ἐπὶ δὲ ἡμῶν ἐπικρύπτων ἐπ' ἄκρᾳ εἴρηκε τῇ
58 κεφαλῇ. καὶ ἡ παρακέλευσις δὲ | τοῦ χωρίζειν οὐ τόπῳ
λέγεται· τοῦτο γὰρ φύσει κεχωρισμένον ἐστίν· ἀλλὰ τῇ
μὴ νεύσει καὶ ταῖς φαντασίαις καὶ τῇ ἀλλοτριότητι τῇ
πρὸς τὸ σῶμα, εἴ πως καὶ τὸ λοιπὸν ψυχῆς εἶδος ἀναγάγοι
τις καὶ συνενέγκαι πρὸς τὸ ἄνω καὶ τὸ ἐνταῦθα αὐτῆς
ἱδρυμένον, ὃ μόνον ἐστὶ σώματος δημιουρ|γὸν καὶ πλαστι-
59 κὸν καὶ τὴν πραγματείαν περὶ τοῦτο ἔχον. οὔσης οὖν *11*
ψυχῆς τῆς λογιζομένης περὶ δικαίων καὶ καλῶν καὶ
λογισμοῦ ζητοῦντος εἰ τοῦτο δίκαιον καὶ εἰ τοῦτο καλόν,
ἀνάγκη εἶναι καὶ ἑστώς τι δίκαιον, ἀφ' οὗ καὶ ὁ λογισμὸς
περὶ ψυχὴν γίνεται· ἢ πῶς ἂν λογίσαιτο; καὶ εἰ | ὁτὲ μὲν
λογίζεται περὶ τούτων ψυχὴ ὁτὲ δὲ μή, δεῖ τὸν <μὴ>
λογιζόμενον, ἀλλ' ἀεὶ ἔχοντα τὸ δίκαιον νοῦν ἐν ἡμῖν
εἶναι, εἶναι δὲ καὶ τὴν νοῦ ἀρχὴν καὶ αἰτίαν καὶ θεόν·

*10, 23* ἐπικρύπτων Heintz: ἔτι κρύπτων *11, 6* add. Schwyzer

ist es auch beim Menschen, in dem Sinne wie Plato vom
'inneren' Menschen spricht. So ist denn auch unsere Seele ein 56
Göttliches und höheren Wesens, so beschaffen wie das Ge-
samtwesen Seele; zu ihrer Vollendung aber gelangt die Seele
welche den Geist in sich hat; der Geist aber scheidet sich in
einen welcher denkt und einen welcher das Denken verleiht.
Dies Denkende also in der Seele, welches zu seinem Denken
keines leiblichen Werkzeugs bedarf, sondern seine eigene
Wirksamkeit ganz im Reinen hält (denn nur so kann es über-
haupt rein denken), darf man wohl ohne fehlzugehen als
Transzendentes, mit dem Leibe Unvermischtes im ersten
geistigen Bereich ansetzen. Denn wir dürfen nicht nach einem 57
Ort suchen auf dem wir es sich gründen lassen, sondern müs-
sen es außerhalb allen Raumes setzen; denn nur dann kann es
das an sich Seiende, das außerhalb und unstofflich ist, erfas-
sen, wenn es rein für sich ist und nichts von der Leibeswesen-
heit Ausgehendes an sich trägt. Deshalb heißt es auch vom
All daß der Gott die Seele 'auch noch außen' um es legte, wo-
mit er auf den Teil der Seele hinweist der im Geistigen ver-
harrt; bei uns aber sagt er, dies nur andeutend, daß er die
Seele ganz oben, im Schädel ansiedelte. So meint auch die 58
Mahnung zur Abtrennung nichts Räumliches (der obere See-
lenteil ist ja seinem Wesen nach abgetrennt), sondern daß
man sich durch Nichthinabneigen, also mit den Vorstellungen
vom Leibe trennt und ihm fremd wird, vielleicht daß einer so
auch die übrige Seele hinaufführen, auch das mit nach oben
tragen könnte, was von der Seele hier unten angesiedelt ist,
welches allein Schöpfer und Bildner des Leibes ist und sich
mit ihm zu beschäftigen hat. Da nun die denkende Seele sich 59 *11*
mit den gerechten und schönen Dingen beschäftigt und ihr
Nachdenken fragt ob dies ein gerechtes, jenes ein schönes ist,
so muß es notwendig auch ein fest stehendes Gerechtes geben,
von dem aus dies Nachdenken in der Seele überhaupt zu-
stande kommt; denn wie könnte sie es sonst ermessen? Da
nun ja die Seele über diese Dinge bald nachdenkt bald aber
auch nicht, so muß nicht der Geist, welcher über das Ge-
rechte nachdenkt, sondern der es immer in sich hat, in uns
sein; also auch der Urgrund und die Ursache des Geistes, Gott;

60 οὐ μεριστοῦ ἐκείνου ὄντος, ἀλλὰ μένοντος ἐκείνου καὶ
οὐκ ἐν τόπῳ μὲν ὄντος, ἐν πολλοῖς αὖ θεωρεῖσθαι καθ'
ἕκαστον τῶν | δυναμένων δέχεσθαι οἷον ἄλλον αὐτόν,
ὥσπερ καὶ τὸ κέντρον ἐφ' ἑαυτοῦ ἐστιν, ἔχει δὲ καὶ
ἕκαστον τῶν ἐν τῷ κύκλῳ σημεῖον ἐν αὐτῷ καὶ αἱ γραμμαὶ
τὸ ἴδιον προσφέρουσι πρὸς τοῦτο· τῷ γὰρ τοιούτῳ τῶν
ἐν ἡμῖν καὶ ἡμεῖς ἐφαπτόμεθα καὶ σύνεσμεν καὶ ἀνηρτή-
μεθα, ἐνιδρύμεθα δὲ οἳ ἂν συννεύωμεν ἐκεῖ.

61 Πῶς οὖν ἔχοντες τὰ τηλικαῦτα οὐκ ἀντιλαμβανόμεθα, *12*
ἀλλ' ἀργοῦμεν ταῖς τοιαύταις ἐνεργείαις τὰ πολλά, οἱ δὲ
οὐδ' ὅλως ἐνεργοῦσιν; ἐκεῖνα μέν ἐστιν ἐν ταῖς αὐτῶν
ἐνεργείαις ἀεί, νοῦς καὶ τὸ πρὸ νοῦ ἀεὶ ἐν ἑαυτῷ, | καὶ
62 ψυχὴ δὲ τὸ ἀεικίνητον οὕτως. οὐ γὰρ πᾶν ὃ ἐν ψυχῇ, ἤδη
αἰσθητόν, ἀλλὰ ἔρχεται εἰς ἡμᾶς, ὅταν εἰς αἴσθησιν ἴῃ·
ὅταν δὲ ἐνεργοῦν ἕκαστον μὴ μεταδιδῷ τῷ αἰσθανομένῳ,
οὔπω δι' ὅλης ψυχῆς ἐλήλυθεν· οὔπω οὖν γινώσκομεν,
ἅτε μετὰ τοῦ αἰσθητικοῦ ὄντες καὶ οὐ μόριον ψυχῆς, ἀλλ'
ἡ ἅπασα | ψυχὴ ὄντες. καὶ ἔτι ἕκαστον τῶν ψυχικῶν ζῶν
ἀεὶ ἐνεργεῖ ἀεὶ καθ' αὑτὸ τὸ αὑτοῦ· τὸ δὲ γνωρίζειν, ὅταν
63 μετάδοσις γένηται καὶ ἀντίληψις. δεῖ τοίνυν, εἰ τῶν οὕτω
παρόντων ἀντίληψις ἔσται, καὶ τὸ ἀντιλαμβανόμενον εἰς
τὸ εἴσω ἐπιστρέφειν κἀκεῖ ποιεῖν τὴν προσοχὴν ἔχειν·
ὥσπερ εἴ τις ἀκοῦ|σαι ἀναμένων ἣν ἐθέλει φωνὴν τῶν
ἄλλων φωνῶν ἀποστὰς τὸ οὖς ἐγείρει πρὸς τὸ ἄμεινον τῶν
ἀκουστῶν ὁπότε ἐκεῖνο προσέλθοι, οὕτω τοι καὶ ἐνταῦθα
δεῖ τὰς μὲν αἰσθητὰς ἀκούσεις ἀφέντα, εἰ μὴ καθόσον
ἀνάγκη, τὴν τῆς ψυχῆς εἰς τὸ ἀντιλαμβάνεσθαι δύναμιν
φυλάττειν καθαρὰν καὶ ἕτοιμον | ἀκούειν φθόγγων τῶν ἄνω.

*11, 9* μὲν ὄντος scripsi: μένοντος *12, 10* ζῶν Ficinus: ζώων

nicht als wäre er geteilt in uns; sondern indem er verharrt 60
und nicht im Raume ist, zeigt sich anderseits in der Vielheit bei jedem, der ihn aufzunehmen vermag, gewissermaßen ein zweiter Er, so wie auch der Kreismittelpunkt für sich ist und doch jeder Radius des Kreises einen Punkt in jenem liegen hat zu dem dann die Linien das Individuelle hinzufügen; mit einer solchen Stelle in uns berühren auch wir Ihn, sind mit ihm vereinigt und verknüpft, ja haben in ihm unser Fundament, soweit wir nach dort oben gerichtet sind.

Aber wie kommt es daß wir eines so erhabenen Besitzes gar 61 *12*
nicht innewerden, sondern dies herrliche Vermögen die meiste Zeit ruhen lassen, ja in manchen Fällen überhaupt nicht betätigen? Jene Wesenheiten in uns üben ewig ihre eigene Wirksamkeit, der Geist und das vor dem Geist Liegende, ewig in sich Ruhende; und in diesem Sinne heißt auch die Seele das 'ständig Bewegte'. Nicht alles nämlich, was in der 62
Seele ist, wird deshalb ohne weiteres von uns wahrgenommen, sondern es tritt in 'uns' erst ein wenn es in die Wahrnehmung geht; wenn dagegen ein einzelner Seelenteil an seiner Tätigkeit dem Wahrnehmungssinn keinen Anteil gibt, so ist diese Tätigkeit noch nicht bis zur gesamten Seele durchgedrungen; folglich wissen 'wir' noch nicht davon, denn der Wahrnehmungssinn gehört zu uns, 'wir' sind nicht ein Teil der Seele sondern die ganze. Da ferner jedes der Seelenvermögen immer lebendig ist, so muß es für sich selbst immer die ihm eigene Tätigkeit ausüben; das Wissen aber darum ergibt sich erst, wenn ein Mitteilen und Wahrnehmen davon zustande kommt. Mithin muß man, wenn von dem so in der 63
Seele Vorhandenen eine Wahrnehmung zustandekommen soll, eben den Wahrnehmungssinn nach innen wenden und ihn dorthin seine Aufmerksamkeit richten lassen. Gleich wie jemand, der auf eine Stimme lauscht, die er hören möchte, sich allen anderen Stimmen verschließt und sein Ohr horchen läßt auf den Laut erwünschter als alles was er eben hört, ob er nicht endlich nahe, so gilt es auch hier, die sinnlichen Laute fortzutun, es sei denn soweit ein Zwang vorliegt, und das Wahrnehmungsvermögen der Seele zu bewahren rein und bereit zu hören die Töne von oben.

## V 6 Περὶ τοῦ τὸ ἐπέκεινα τοῦ ὄντος μὴ νοεῖν καὶ τί τὸ πρώτως νοοῦν καὶ τί τὸ δευτέρως

Τὸ μέν ἐστι νοεῖν ἄλλο ἄλλο, τὸ δὲ αὐτὸ αὑτό, ὃ ἤδη φεύγει μᾶλλον τὸ δύο εἶναι. τὸ δὲ πρότερον λεχθὲν βούλεται καὶ αὐτό, ἀλλ' ἧττον δύναται· παρ' αὑτῷ μὲν γὰρ ἔχει ὃ ὁρᾷ, ἕτερόν γε μὴν [καὶ] ἐκείνου. τὸ δὲ οὐ κεχώρισται τῇ οὐσίᾳ, ἀλλὰ συνὸν αὑτῷ ὁρᾷ ἑαυτό. ἄμφω οὖν γίνεται ἓν ὄν. μᾶλλον οὖν νοεῖ, ὅτι ἔχει, καὶ πρώτως νοεῖ, ὅτι τὸ νοοῦν δεῖ ἓν καὶ δύο εἶναι. εἴτε γὰρ μὴ ἕν, ἄλλο τὸ νοοῦν, ἄλλο τὸ νοούμενον ἔσται — οὐκ ἂν οὖν πρώτως νοοῦν εἴη, ὅτι ⟨τὸ⟩ ἄλλου τὴν νόησιν λαμβάνον οὐ τὸ πρώτως νοοῦν ἔσται, ὅτι ὃ νοεῖ οὐκ ἔχει ὡς αὑτοῦ, ὥστε οὐδ' αὐτό· ἢ εἰ ἔχει ὡς αὑτοῦ, ἵνα κυρίως νοῇ, τὰ δύο ἓν ἔσται· δεῖ ἄρα ἓν εἶναι ἄμφω — εἴτε ἓν μέν, μὴ δύο δὲ αὖ ἔσται, ὅ τι νοήσει οὐχ ἕξει· ὥστε οὐδὲ νοοῦν ἔσται. ἁπλοῦν ἄρα καὶ οὐχ ἁπλοῦν δεῖ εἶναι. μᾶλλον δ' ἄν τις αὐτὸ τοιοῦτον ὂν ἕλοι ἀπὸ τῆς ψυχῆς ἀναβαίνων· ἐνταῦθα γὰρ διαιρεῖν ῥᾴδιον, καὶ ῥᾷον ἄν τις τὸ διπλοῦν ἴδοι. εἰ οὖν τις διπλοῦν φῶς ποιήσειε, τὴν μὲν ψυχὴν κατὰ τὸ ἧττον, τὸ δὲ νοητὸν αὐτῆς κατὰ τὸ καθαρώτερον, εἶτα ποιήσειε καὶ τὸ ὁρῶν ἴσον εἶναι φῶς τῷ ὁρωμένῳ, οὐκ ἔχων ἔτι χωρίζειν τῇ διαφορᾷ ἓν τὰ δύο θήσεται

1, 4 del. cod. A corr. 1, 9 add. Harder 1, 11 αὑτοῦ Theiler: αὐτό

## [24] Was jenseits des Seienden liegt, denkt nicht. Das primär und das sekundär Denkende

1 Es ist zu unterscheiden zwischen dem, daß eines ein anderes denkt, und dem, daß eines sich selber denkt. Dies letztere entgeht in höherem Grade der Notwendigkeit, zweierlei zu sein. Das zuerst Genannte möchte auch sich selber denken, kann es aber nicht recht; denn es hat zwar bei sich, was es erblickt, jedoch als ein Verschiedenes von sich. Jenes Zweite dagegen ist in seinem Sein nicht abgetrennt von dem Gedachten, sondern es erblickt sich selber, indem es bei sich selber weilt; so wird es zu Beidem und bleibt doch Eines. Es denkt 2
also in höherem Sinne, weil es das Gedachte besitzt, und ist das primär Denkende, weil das Denkende Eines und doch Zweierlei sein muß. Denn einerseits, ist es nicht Eines, so muß das Gedachte vom Denkenden verschieden sein: dann könnte es nicht mehr das primär Denkende sein, weil es, wenn es das Denken als Denken von etwas anderem vollzieht, nicht das primär Denkende sein kann, da es ja das, was es denkt, nicht besitzt als zu sich gehörig, somit auch nicht sich selber denkt. Sonst, wenn es das, was es denkt, 3
als sich zugehörig hat, damit es im eigentlichen Sinne denken kann, müssen die zwei Eines sein. Es müssen also Beide Eines sein. Anderseits, sind sie beide Eins, aber nicht auch wieder Zweierlei, so würde es nicht haben, was es denken soll, und wird mithin garnicht denken. Es muß also einfach und nicht einfach sein. Leichter kann man vielleicht diese 4
seine Beschaffenheit erfassen, wenn man von der Seele hinaufsteigt; denn bei ihr ist es leicht zu scheiden und leichter das Zwiefache zu erkennen. Stellt man sich ein zwiefaches Licht vor und setzt die Seele als das weniger reine, ihren Denkgegenstand als das reinere Licht, stellt sich dann weiter vor, daß das schauende Licht nun gleich rein wird mit dem geschauten, so wird man schließlich die beiden, wenn man sie an dieser Abweichung nicht mehr unterscheiden

νοῶν μέν, ὅτι δύο ἦν, ὁρῶν δὲ ἤδη ἕν· οὕτω νοοῦν καὶ νοητὸν αἱρήσει. ἡμεῖς μὲν οὖν τῷ λόγῳ ἐκ δύο ἓν πεποιήκαμεν, τὸ δ᾽ ἀνάπαλιν ἐξ ἑνός ἐστι δύο, ὅτι νοεῖ, ποιοῦν αὐτὸ δύο, μᾶλλον δὲ ὄν, ὅτι νοεῖ, δύο καί, ὅτι αὐτό, ἕν.

Εἰ δὴ τὸ μὲν πρώτως νοοῦν, τὸ δὲ ἤδη ἄλλως νοοῦν, 2
τὸ ἐπέκεινα τοῦ πρώτως νοοῦντος οὐκ ἂν ἔτι νοοῖ· νοῦν γὰρ δεῖ γενέσθαι, ἵνα νοῇ, ὄντα δὲ νοῦν καὶ νοητὸν ἔχειν καὶ πρώτως νοοῦντα ἔχειν τὸ νοητὸν ἐν αὐτῷ. νοητὸν δὲ ὂν οὐκ ἀνάγκη πᾶν καὶ νοοῦν ἐν αὐτῷ ἔχειν καὶ νοεῖν· ἔσται γὰρ οὐ μόνον νοητόν, ἀλλὰ καὶ νοοῦν, πρῶτόν τε οὐκ ἔσται δύο ὄν. ὅ τε νοῦς ὁ τὸ νοητὸν ἔχων οὐκ ἂν συσταίη μὴ οὔσης οὐσίας καθαρῶς νοητοῦ, ὃ πρὸς μὲν τὸν νοῦν νοητὸν ἔσται, καθ᾽ ἑαυτὸ δὲ οὔτε νοοῦν οὔτε νοητὸν κυρίως ἔσται· τό τε γὰρ νοητὸν ἑτέρῳ ὅ τε νοῦς τὸ ἐπιβάλλειν τῇ νοήσει κενὸν ἔχει ἄνευ τοῦ λαβεῖν καὶ ἑλεῖν τὸ νοητὸν ὃ νοεῖ· οὐ γὰρ ἔχει τὸ νοεῖν ἄνευ τοῦ νοητοῦ. τότε οὖν τέλειος, ὅταν ἔχῃ. ἔδει δὲ πρὸ τοῦ νοεῖν τέλειον εἶναι παρ᾽ αὐτοῦ τῆς οὐσίας. ᾧ ἄρα τὸ τέλειον ὑπάρξει, πρὸ τοῦ νοεῖν τοῦτο ἔσται· οὐδὲν ἄρα δεῖ αὐτῷ τοῦ νοεῖν· αὔταρκες γὰρ πρὸ τούτου· οὐκ ἄρα νοήσει. τὸ μὲν ἄρα οὐ νοεῖ, τὸ δὲ πρώτως νοεῖ, τὸ δὲ νοήσει δευτέρως. ἔτι εἰ νοήσει τὸ πρῶτον, ὑπάρξει τι αὐτῷ· οὐκ ἄρα πρῶτον, ἀλλὰ καὶ δεύτερον καὶ οὐχ ἕν, ἀλλὰ πολλὰ ἤδη καὶ πάντα ὅσα νοήσει· καὶ

1, 20 νοοῦν cod. U, Müller: νοῦν 2, 10 τὸ ἐπιβάλλειν Kirchhoff: τὸ ἐπιβάλλον 2, 15 αὔταρκες Perna: αὐτάρκης

kann, als eines ansehen; gedanklich weiß man, daß es zwei
waren, sehen aber tut man nur noch eines. Auf diese Weise
wird man die Beziehung von denkend und gedacht erfassen.
Wir haben übrigens in diesem Vergleich aus den zweien Eines *5*
werden lassen; in Wirklichkeit aber wird umgekehrt aus dem
einen die Zwei, denn, indem es denkt, macht es sich selbst
zu Zweien; oder richtiger: weil es denkt, ist es Zwei, und weil
es sich selber denkt, ist es Eines.

**2** Wenn nun das eine das primär Denkende ist, das andere *6*
dagegen bereits ein Denkendes zweiten Ranges, so wird das
jenseits des primär Denkenden Gelegene nicht mehr den-
ken. Denn um zu denken, muß es Geist werden; ist es aber
Geist, so muß es auch einen geistigen Gegenstand *(ein Ge-
dachtes)* haben; und denkt es primär, muß es das Gedachte
in sich selber haben. Braucht doch nicht jeder Gegenstand
des Denkens notwendig in sich auch ein Denkendes zu haben
und zu denken; denn dann wäre es nicht nur Gedachtes, son-
dern auch Denkendes und könnte nicht mehr das Erste sein,
da es Zweiheit wäre. Und auch der Geist, welcher das Ge- *7*
dachte besitzt, würde gar nicht existieren, wenn es nicht die
Wesenheit des rein Gedachten gäbe, die im Verhältnis zum
Geist das Gedachte *(sein geistiger Gegenstand)*, an sich selber
aber weder denkend, noch gedacht im eigentlichen Sinne ist.
Denn das Gedachte ist für ein anderes ein Gedachtes, und der
Geist würde mit seinem Denken ins Leere stoßen, wenn er
das Gedachte nicht greifen und fassen könnte, das er denkt;
denn er hat das Denken nicht ohne das Gedachte. Er ist also *8*
dann vollkommen, wenn er das Gedachte hat. Er müßte aber
doch schon vor dem Denken vollkommen sein aus seiner
eigenen Wesenheit. Wem also das Vollkommene eigen sein
soll, das muß vor dem Denken vollkommen sein; mithin be-
darf es des Denkens keineswegs; denn es ist schon vorher
sich selbst genug. Folglich wird es nicht denken. Mithin
denkt das eine garnicht, das andere denkt primär, und das
dritte wird sekundär denken. Und weiter, wenn das Erste *9*
denken soll, müßte ihm etwas zukommen; dann wäre es aber
nicht mehr das Erste, sondern zugleich das Zweite, und nicht
mehr Eines, sondern bereits Vieles, nämlich alles, was es

γάρ, εἰ μόνον ἑαυτό, πολλὰ ἔσται.

3 Εἰ δὲ πολλὰ τὸ αὐτὸ οὐδὲν κωλύειν φήσουσιν, ἓν τούτοις ὑποκείμενον ἔσται· οὐ δύναται γὰρ πολλὰ μὴ ἑνὸς ὄντος, ἀφ' οὗ ἢ ἐν ᾧ, ἢ ὅλως ἑνὸς καὶ τούτου πρώτου τῶν ἄλλων ἀριθμουμένου, ὃ αὐτὸ ἐφ' ἑαυτοῦ δεῖ λαβεῖν μόνον. εἰ δὲ ὁμοῦ εἴη μετὰ τῶν ἄλλων, δεῖ τοῦτο συλλαβόντα αὐτὸ μετὰ τῶν ἄλλων, ὅμως δὲ ἕτερον τῶν ἄλλων ὄν, ἐᾶν ὡς μετ' ἄλλων, ζητεῖν δὲ τοῦτο τὸ ὑποκείμενον τοῖς ἄλλοις μηκέτι μετὰ τῶν ἄλλων, ἀλλὰ αὐτὸ καθ' ἑαυτό. τὸ γὰρ ἐν τοῖς ἄλλοις αὐτὸ ὅμοιον μὲν ἂν εἴη τούτῳ, οὐκ ἂν δὲ εἴη τοῦτο. ἀλλὰ δεῖ αὐτὸ μόνον εἶναι, εἰ μέλλοι καὶ ἐν ἄλλοις ὁρᾶσθαι· εἰ μή τις αὐτοῦ λέγοι τὸ εἶναι σὺν τοῖς ἄλλοις τὴν ὑπόστασιν ἔχειν· οὐκ ἄρα ἁπλοῦν αὐτὸ ἔσται, οὐδὲ τὸ συγκείμενον ἐκ πολλῶν ἔσται· τό τε γὰρ οὐ δυνάμενον ἁπλοῦν εἶναι ὑπόστασιν οὐχ ἕξει, τό τε συγκείμενον ἐκ πολλῶν ἁπλοῦ οὐκ ὄντος οὐδ' αὐτὸ ἔσται. ἑκάστου γὰρ ἁπλοῦ οὐ δυναμένου εἶναι οὐχ ὑφεστηκότος τινὸς ἑνὸς ἁπλοῦ ἐφ' ἑαυτοῦ [τὸ συγκείμενον ἐκ πολλῶν], οὐδενὸς αὐτῶν ὑπόστασιν ἔχειν καθ' ἑαυτὸ [οὐ] δυναμένου οὐδὲ παρέχειν αὐτὸ μετ' ἄλλου εἶναι τῷ ὅλως μὴ εἶναι, πῶς ἂν τὸ ἐκ πάντων εἴη σύνθετον ἐκ μὴ ὄντων γεγενημένον, οὐ τὶ μὴ ὄντων, ἀλλ' ὅλως μὴ ὄντων; εἰ ἄρα πολλά τί ἐστι, δεῖ πρὸ τῶν πολλῶν ἓν εἶναι. εἰ οὖν τὸ νοοῦν τι πλῆθος, δεῖ ἐν τῷ ⟨μὴ⟩ πλήθει τὸ νοεῖν μὴ εἶναι. ἦν δὲ τοῦτο τὸ πρῶτον. ἐν τοῖς ὑστέροις ἄρα αὐτοῦ τὸ νοεῖν καὶ νοῦς ἔσται.

2, 20 ἑαυτό Perna: ἑαυτόν. 3, 15 οὐχ Kirchhoff: οὐδ' 3, 16 ὑφεστηκότος codd. J et R margine: ὑφεστηκός vel ἐφεστηκός ἐφ' ἑαυτοῦ Creuzer: ὑφ' ἑαυτοῦ 3, 16 s. del. Kirchhoff 3, 22 add. Ficinus

dächte. Denn auch wenn es nur sich selber denkt, wäre es doch Vielheit.

**3** Wendet man aber ein, es stehe ja nichts im Wege, daß es 10
zugleich auch Vieles sei, so müßte doch diesem Vielen
ein Eines zu Grunde liegen; denn es kann kein Vieles geben,
wenn es kein Eines gibt, wovon her oder worin es ist, oder
überhaupt ein Eines da ist und dies als Erstes in der Reihe
der Dinge gezählt wird; und dieses muß man allein und für 11
sich nehmen; denn wäre es zusammen mit den andern Din-
gen, so muß man es, da man es ja mit den andern Dingen zu-
sammen antrifft, dennoch aber als von ihnen Verschiedenes,
beiseite lassen, da es ja mit andern zusammen ist, und weiter
suchen nach jenem, das den andern Dingen zu Grunde liegt
und nicht mehr mit ihnen verbunden ist, sondern ein Eines
für sich. Denn das Eine unter den andern Dingen ist jenem
wohl ähnlich, aber ist es doch nicht. Es muß aber auch allein 12
und für sich sein, wenn es unter den übrigen Dingen sichtbar
werden soll. Es müßte denn jemand sagen, sein Sein bestehe
nur mit den andern: dann würde es also selber nicht einfach
sein; und es würde dann auch nicht das aus Vielem Zusam-
mengesetzte existieren. Denn was nicht einfach sein kann,
kann keine Existenz haben, und das aus vielem Zusammen-
gesetzte kann, wenn es kein Einfaches gibt, auch seinerseits
nicht vorhanden sein. Denn da jedes einzelne nicht als ein 13
Einfaches existieren kann, da es ja dann nicht ein Eines Ein-
faches an sich gibt, und keiner der einzelnen Bestandteile
für sich selber Bestand haben kann und sich mithin auch,
weil überhaupt nicht seiend, nicht für ein Zusammensein mit
einem andern bereitzuhalten vermag, wie kann dann das aus
all diesem Zusammengesetzte da sein, da es aus lauter Nicht-
seienden bestehen müßte, und zwar nicht solchen, die etwas
Bestimmtes nicht sind, sondern schlechthin nicht sind? Folg- 14
lich, wenn es etwas Vieles gibt, muß es vor dem Vielen ein
Eines geben. Ist nun aber das, was etwas denkt, Vielheit, so
darf in dem, was Nichtvielheit ist, das Denken nicht vor-
handen sein. Dieses aber war das Erste. Das Denken und der
Geist kann mithin erst bei dem vorhanden sein, welches spä-
ter als das Erste ist.

Ἔτι εἰ τὸ ἀγαθὸν ἁπλοῦν καὶ ἀνενδεὲς δεῖ εἶναι, οὐδ' ἂν τοῦ νοεῖν δέοιτο· οὗ δὲ μὴ δεῖ αὐτῷ, οὐ παρέσται αὐτῷ· ἐπεὶ καὶ ὅλως οὐδὲν πάρεστιν αὐτῷ· οὐκ ἄρα πάρεστιν αὐτῷ τὸ νοεῖν. καὶ νοεῖ οὐδέν, ὅτῳ μὴ δεῖ ἄλλου. ἔτι ἄλλο νοῦς τοῦ ἀγαθοῦ· ἀγαθοειδὴς γὰρ τῷ τὸ ἀγαθὸν νοεῖν. ἔτι ὡς ἐν τοῖς δυσὶν ὄντος ἑνὸς καὶ ἄλλου οὐχ οἷόν τε τοῦτο τὸ ἓν τὸ μετ' ἄλλου τὸ ἓν εἶναι, ἀλλ' ἔδει ἓν ἐφ' ἑαυτοῦ πρὸ τοῦ μετ' ἄλλου εἶναι, οὕτω δεῖ καὶ ἐν ᾧ μετ' ἄλλου τὸ ἐνυπάρχον ἁπλοῦν καθ' αὑτὸ τοῦτο ἁπλοῦν εἶναι, οὐκ ἔχον οὐδὲν ἐν ἑαυτῷ τῶν ὅσα ἐν τῷ μετ' ἄλλων. πόθεν γὰρ ἐν ἄλλῳ ἄλλο, μὴ πρότερον χωρὶς ὄντος ἀφ' οὗ τὸ ἄλλο; τὸ μὲν γὰρ ἁπλοῦν οὐκ ἂν παρ' ἄλλου εἴη, ὃ δ' ἂν πολὺ ᾖ ἢ δύο, δεῖ αὐτὸ ἀνηρτῆσθαι εἰς ἄλλο. **4**

Καὶ οὖν ἀπεικαστέον τὸ μὲν φωτί, τὸ δὲ ἐφεξῆς ἡλίῳ, τὸ δὲ τρίτον τῷ σελήνης ἄστρῳ κομιζομένῳ τὸ φῶς παρ' ἡλίου. ψυχὴ μὲν γὰρ ἐπακτὸν νοῦν ἔχει ἐπιχρωννύντα αὐτὴν νοερὰν οὖσαν, νοῦς δ' ἐν αὑτῷ οἰκεῖον ἔχει οὐ φῶς ὢν μόνον, ἀλλ' ὅ ἐστι πεφωτισμένον ἐν τῇ αὑτοῦ οὐσίᾳ, τὸ δὲ παρέχον τούτῳ τὸ φῶς οὐκ ἄλλο ὂν φῶς ἐστιν ἁπλοῦν παρέχον τὴν δύναμιν ἐκείνῳ τοῦ εἶναι ὅ ἐστι. τί ἂν οὖν αὐτὸ δέοιτό τινος; οὐ γὰρ αὐτὸ τὸ αὐτὸ τῷ ἐν ἄλλῳ· ἄλλο γὰρ τὸ ἐν ἄλλῳ ἐστὶ τοῦ αὐτὸ καθ' αὑτὸ ὄντος.

Ἔτι τὸ πολὺ ζητοῖ ἂν ἑαυτὸ καὶ ἐθέλοι ἂν συννεύειν καὶ συναισθάνεσθαι αὑτοῦ. ὃ δ' ἐστὶ πάντῃ ἕν, ποῦ χωρήσεται πρὸς αὑτό; ποῦ δ' ἂν δέοιτο συναισθήσεως; ἀλλ' ἔστι τὸ αὐτὸ καὶ συναισθήσεως καὶ πάσης κρεῖττον **5**

4, 4 νοεῖ οὐδέν Volkmann: εἰ οὐδέν ὅτῳ μὴ δεῖ ἄλλου Theiler: ὅτι μηδὲ ἄλλο

**4** Ferner: wenn das Gute einfach und unbedürftig sein muß, *15*
so bedarf es auch nicht des Denkens; wessen es aber nicht
bedarf, das wird ihm auch nicht beiwohnen. Da ihm ja
überhaupt nichts beiwohnt, so wohnt ihm folglich auch nicht
das Denken bei. Und nichts denkt, was nicht eines anderen
bedarf. Ferner: der Geist ist etwas anderes als das Gute;
denn er ist nur gut-artig, indem er das Gute denkt. Ferner: *16*
in der Zahl Zwei ist eines und ein anderes enthalten; unmög-
lich aber kann nun dies mit einem anderen verbundene Eine
die Zahl Eins sein, sondern es mußte vor dem mit einem an-
dern Verbundenen ein Eines an und für sich geben. Ebenso
muß, wenn in einem Ding ein darin enthaltenes Einfaches
mit einem anderen verbunden ist, dies Einfache an und für
sich einfach sein, ohne etwas von dem in sich zu tragen, was
es in der Verbindung mit den anderen Dingen hat. Denn wie
kann es als anderes in einem anderen sein, wenn nicht zuvor
dasjenige für sich abgesondert da ist, von dem her dies andere
kommt? Denn das Einfache kommt nicht von einem an-
deren her, was aber Vielheit oder auch nur Zweiheit ist,
muß seinerseits abhängen von einem andern.

So ist denn zu vergleichen das eine dem Lichte, das nächste *17*
der Sonne und das dritte dem Mondgestirn, welches sein
Licht von der Sonne erhält. Die Seele hat den Geist nur als
etwas Zugebrachtes, der sie, wenn sie geisthaft ist, über-
schimmert; der Geist aber hat ihn in sich selber als sein
eigen, er ist nicht nur Licht, sondern was in seinem Sein ein
Belichtetes ist; und das, was ihm das Licht darbietet, ist
nichts anderes als reines Licht und gewährt jenem die Mög-
lichkeit zu sein, was er ist. Wozu sollte er selber also irgend
eines Dinges bedürfen? Es ist ja nicht dasselbe wie das, das in
einem anderen ist; denn was in einem anderen ist, ist ein
anderes als das, was an sich selber ist.

**5** Ferner: das Vielfache mag wohl nach sich selber suchen *18*
und den Wunsch haben, sich auf sich selber zu richten und
ein Bewußtsein von sich zu haben. Was aber schlechthin
Eines ist, wohin sollte das gehen, wenn es zu sich selber gehen
will? Wozu sollte es eines Bewußtseins von sich selber be-
dürfen? Was aber über das Selbstbewußtsein, das ist auch

νοήσεως. τὸ γὰρ νοοῦν οὐ πρῶτον οὔτε τῷ εἶναι οὔτε τῷ τίμιον εἶναι, ἀλλὰ δεύτερον καὶ γενόμενον, ἐπειδὴ ὑπέστη τὸ ἀγαθὸν καὶ γενόμενον ἐκίνησε πρὸς αὐτό, τὸ δ' ἐκινήθη τε καὶ εἶδε. καὶ τοῦτό ἐστι νοεῖν, κίνησις πρὸς ἀγαθὸν ἐφιεμένου ἐκείνου· ἡ γὰρ ἔφεσις τὴν νόησιν ἐγέννησε καὶ συνυπέστησεν αὐτῇ· ἔφεσις γὰρ ὄψεως ὅρασις. οὐδὲν οὖν δεῖ αὐτὸ τὸ ἀγαθὸν νοεῖν· οὐ γάρ ἐστιν ἄλλο αὐτοῦ τὸ ἀγαθόν. ἐπεὶ καὶ ὅταν τὸ ἕτερον παρὰ τὸ ἀγαθὸν αὐτὸ νοῇ, τῷ ἀγαθοειδὲς εἶναι νοεῖ καὶ ὁμοίωμα ἔχειν πρὸς τὸ ἀγαθὸν καὶ ὡς ἀγαθὸν καὶ ἐφετὸν αὐτῷ γενόμενον νοεῖ καὶ οἷον φαντασίαν τοῦ ἀγαθοῦ λαμβάνον. εἰ δ' ἀεὶ οὕτως, ἀεὶ τοῦτο. καὶ γὰρ αὖ ἐν τῇ νοήσει αὐτοῦ κατὰ συμβεβηκὸς αὐτὸ νοεῖ· πρὸς γὰρ τὸ ἀγαθὸν βλέπον αὐτὸ νοεῖ. ἐνεργοῦν τε γὰρ αὖ ἑαυτὸ νοεῖ· ἡ δ' ἐνέργεια ἁπάντων πρὸς τὸ ἀγαθόν.

Εἰ δὴ ταῦτα ὀρθῶς λέγεται, οὐκ ἂν ἔχοι χώραν νοή- 6
σεως ἡντινοῦν τὸ ἀγαθόν· ἄλλο γὰρ δεῖ τῷ νοοῦντι τὸ ἀγαθὸν εἶναι. ἀνενέργητον οὖν. καὶ τί δεῖ ἐνεργεῖν τὴν ἐνέργειαν; ὅλως μὲν γὰρ οὐδεμία ἐνέργεια ἔχει αὖ πάλιν ἐνέργειαν. εἰ δέ γε τὰς ἄλλας τινὲς εἰς ἄλλο ἔχουσιν ἐπανενεγκεῖν, τήν γε πρώτην ἁπασῶν, εἰς ἣν αἱ ἄλλαι ἀνήρτηνται, αὐτὸ εἶναι δεῖ ⟨νομίζειν⟩ τοῦτο ὅ ἐστιν, οὐδὲν αὐτῇ ἔτι προστιθέντας. ἡ οὖν τοιαύτη ἐνέργεια οὐ νόησις· οὐ γὰρ ἔχει ὃ νοήσει· αὐτὸ γὰρ πρῶτον. ἔπειτα οὐδ' ἡ νόησις νοεῖ, ἀλλὰ τὸ ἔχον τὴν νόησιν· δύο οὖν πάλιν αὖ ἐν τῷ νοοῦντι γίνεται· τοῦτο δὲ οὐδαμῇ δύο. ἔτι δὲ μᾶλλον ἴδοι ἄν τις τοῦτο, εἰ λάβοι, πῶς ἐν παντὶ τῷ νοεῖν σαφέστερον ὑπάρχει ἡ διπλῆ φύσις αὕτη· λέγομεν τὰ ὄντα ὡς ὄντα καὶ

5, 5 νοοῦν Heintz: νοεῖν 5, 9 ἐφιεμένου Kirchhoff: ἐφιέμενον 5, 17 βλέπον Kirchhoff: βλέπων 5, 17 s. ἐνεργοῦν τε γὰρ Theiler: ἐνεργοῦντα γάρ 5, 18 ἑαυτὸ Kirchhoff: ἑαυτὸν 6, 5 τὰς ἄλλας τινὲς Theiler: ταῖς ἄλλαις ταῖς 6, 7 add. Müller 6, 12 τῷ νοεῖν Harder: τὸ νοοῦν

über alles Denken erhaben. Denn das Denkende ist nicht 19
das Erste, weder an Sein noch an Wert, sondern Zweites, ist
erst entstanden, als das Gute schon da war und das Gewor-
dene auf sich hin bewegte, so daß es in Bewegung kam und
es erblickte. Das eben ist das Denken: Bewegung des Denken-
den auf das Gute hin, nach dem es trachtet. Denn das Trach-
ten hat das Denken erzeugt und zugleich mit sich selbst ins
Dasein gerufen; denn Sehen ist Sehen-Wollen. Keineswegs 20
kann also das Gute sich selber denken. Denn das Gute ist
nicht von sich selber verschieden. Und das vom Guten Ver-
schiedene, wenn es das Gute denkt, tut dies dadurch, daß es
gut-artig ist, Ähnlichkeit hat mit dem Guten, es denkt es,
weil es gut und Ziel seines Trachtens ist und weil es gleich-
sam eine Vorstellung des Guten empfängt. Und ist es ewig 21
in dieser Verfassung, so denkt es ewig das Gute. Anderseits
denkt es, indem es das Gute denkt, auch akzidentiell sich
selber, denn es denkt sich selber, indem es auf das Gute
hinblickt. Denn es denkt auch sich selbst, indem es seine
eigne Wirkungskraft *(Aktualität)* entfaltet: die Wirkungs-
kraft aber ist bei allen Dingen auf das Gute gerichtet.

**6** Wenn dies denn richtig ausgeführt wurde, so hat das 22
Gute für das Denken keinerlei Raum; denn für das Denken-
de muß das Gute etwas von ihm Verschiedenes sein. So
wäre es also ohne Verwirklichung *(Akt)*. Und wozu bedarf 23
es einer Verwirklichung für das, was die Verwirklichung ist?
Denn allgemein gilt, daß kein Akt wieder von sich einen
Akt hat; und wenn schon irgendwelche Philosophen die
anderen auf anderes zurückzuführen für möglich halten, so
muß gewißlich der Akt, der der erste von allen ist und an
den die andern geknüpft sind, eben für das zu halten
sein, was er ist, ohne daß die Vertreter dieser Ansicht ihm
noch etwas hinzufügen. Ein Akt dieser Art nun ist nicht
Denken; er hat ja nichts, was er denken könnte, denn er ist
selber das Erste. Ferner denkt ja gar nicht das Denken, son- 24
dern das, was das Denken besitzt. So tritt in dem Denken-
den wiederum eine Zweiheit auf. Das Gute aber ist in keiner
Weise Zweiheit. Dies durchschaut man noch besser, wenn
man erfaßt, inwiefern in jedem Denken diese Zweiheit mit grö-

αὐτὸ ἕκαστον καὶ τὰ ἀληθῶς ὄντα ἐν τῷ νοητῷ τόπῳ εἶναι οὐ μόνον, ὅτι τὰ μὲν μένει ὡσαύτως τῇ οὐσίᾳ, τὰ δὲ ῥεῖ καὶ οὐ μένει, ὅσα ἐν αἰσθήσει – τάχα γὰρ καὶ ἐν τοῖς αἰσθητοῖς ἔστι τὰ μένοντα – ἀλλὰ μᾶλλον, ὅτι τὸ τέλειον τοῦ εἶναι παρ' αὐτῶν ἔχει. δεῖ γὰρ τὴν πρώτως λεγομένην οὐσίαν οὐκ εἶναι τοῦ εἶναι σκιάν, ἀλλ' ἔχειν πλῆρες τὸ εἶναι. πλῆρες δέ ἐστι τὸ εἶναι, ὅταν εἶδος τοῦ νοεῖν καὶ ζῆν λάβῃ. ὁμοῦ ἄρα τὸ νοεῖν, τὸ ζῆν, τὸ εἶναι ἐν τῷ ὄντι. εἰ ἄρα ὄν, καὶ νοῦς, καὶ εἰ νοῦς, καὶ ὄν, καὶ τὸ νοεῖν ὁμοῦ μετὰ τοῦ εἶναι. πολλὰ ἄρα καὶ οὐχ ἓν τὸ νοεῖν. ἀνάγκη τοίνυν τῷ μὴ τοιούτῳ μηδὲ τὸ νοεῖν εἶναι. καὶ καθέκαστα δὲ ἐπιοῦσιν ⟨ἀνθρώπου νόησις καὶ⟩ ἄνθρωπος καὶ νόησις ἵππου καὶ ἵππος καὶ δικαίου νόησις καὶ δίκαιον. διπλᾶ τοίνυν ἅπαντα καὶ τὸ ἓν δύο, καὶ αὖ τὰ δύο εἰς ἓν ἔρχεται. ὁ δὲ οὐκ ἔστι τούτων οὔθ' ἓν ἕκαστον οὐδὲ ἐκ πάντων τῶν δύο οὐδ' ὅλως δύο (ὅπως δὲ τὰ δύο ἐκ τοῦ ἑνός, ἐν ἄλλοις)· ἀλλ' ἐπέκεινα οὐσίας ὄντι καὶ τοῦ νοεῖν ἐπέκεινα εἶναι· οὐ τοίνυν οὐδ' ἐκεῖνο ἄτοπον, εἰ μὴ οἶδεν ἑαυτόν· οὐ γὰρ ἔχει παρ' ἑαυτῷ, ὃ μάθῃ, εἷς ὤν. ἀλλ' οὐδὲ τὰ ἄλλα δεῖ αὐτὸν εἰδέναι· κρεῖττον γάρ τι καὶ μεῖζον δίδωσιν αὐτοῖς τοῦ εἰδέναι αὐτά, ἵν' ᾖ τὸ ἀγαθὸν τῶν ἄλλων· ἀλλὰ μᾶλλον ἐν τῷ αὐτῷ, καθόσον δύναται ἐφάπτεσθαι ἐκείνου.

6, 16 οὐ μένει codd. J R margine: οὐ νεύει 6, 25 add. Ficinus, Bury 6, 34 ἵν' ᾖ Theiler: ἦν

ßerer Deutlichkeit vorhanden ist. Wir behaupten, daß das 25
Seiende als Seiendes und das Ansich jedes einzelnen und das
wahrhaft Seiende 'im geistigen Raume' ist, und tun das nicht
nur darum, weil dies Obere in seinem Wesen unverändert
beharrt, während das andere fließt und nicht beharrt, alles
was in der Wahrnehmung ist – doch vielleicht gibt es auch
unter den Wahrnehmungsdingen beharrende –; sondern vor
allem deshalb, weil jene Dinge die Vollkommenheit ihres
Seins von sich selber besitzen. Denn was als die ursprüng- 26
liche Wesenheit bezeichnet wird, das darf nicht Schatten
des Seins sein, sondern muß das Sein in Erfüllung be-
sitzen. Erfüllt aber ist das Sein, wenn es die Gestalt des
Denkens und des Lebens erhält. Mithin ist im Seienden zu-
gleich das Denken, das Leben und das Sein. Wenn es also
seiend ist, so ist es damit auch Geist, und wenn Geist, damit
auch seiend; das Denken ist bei ihm zugleich mit dem Sein.
Demnach ist aber das Denken ein Vieles und nicht ein Eines. 27
Folglich hat notwendig das, was nicht von dieser Art ist,
auch kein Denken. Auch wenn wir das einzelne durchgehen, so
steht sich gegenüber der Gedanke 'Mensch' und der Mensch,
der Gedanke 'Pferd' und das Pferd, der Gedanke 'das Ge
rechte' und das Gerechte. All das ist also zwiefach und das
Eine zweierlei, und anderseits gehen die Zwei wieder zu einer
Einheit zusammen. Jener aber gehört nicht zu alledem, Er
ist weder das einzelne Eine, noch die Summe aller dieser
Zweiheiten noch überhaupt Zweiheit (wie aber dann die
Zweiheit aus dem Einen hervorgeht, darüber anderswo);
sondern da er 'jenseits des Seins' steht, kommt ihm auch zu,
jenseits des Denkens zu sein. So ist auch das keineswegs 28
unsinnig, daß er von sich selbst nichts weiß. Denn er hat
nichts bei sich, was er kennenlernen könnte, da er Einer ist.
Indes, er braucht auch die übrigen Dinge nicht zu wissen;
denn er gibt ihnen etwas dar, was besser und größer ist, als
von ihnen Kenntnis zu haben, damit er das Heil für die ande-
ren sei; sondern er ist vielmehr mitten unter ihnen, insofern
sie ihn zu erfassen vermögen.

# V 3 Περὶ τῶν γνωριστικῶν ὑποστάσεων καὶ τοῦ ἐπέκεινα

Ἆρα τὸ νοοῦν ἑαυτὸ ποικίλον δεῖ εἶναι, ἵνα ἑνί τινι 1 τῶν ἐν αὐτῷ τὰ ἄλλα θεωροῦν οὕτω δὴ λέγηται νοεῖν ἑαυτό, ὡς τοῦ ἁπλοῦ παντάπασιν ὄντος οὐ δυναμένου εἰς ἑαυτὸ ἐπιστρέφειν καὶ τὴν αὑτοῦ κατανόησιν; ἢ οἷόν τε καὶ μὴ σύνθετον ὂν νόησιν ἴσχειν ἑαυτοῦ. τὸ μὲν γὰρ διότι σύνθετον λεγόμενον νοεῖν ἑαυτό, ὅτι δὴ ἑνὶ τῶν ἐν αὐτῷ τὰ ἄλλα νοεῖ, ὥσπερ ἂν εἰ τῇ αἰσθήσει καταλαμβάνοιμεν αὑτῶν τὴν μορφὴν καὶ τὴν ἄλλην τοῦ σώματος φύσιν, οὐκ ἂν ἔχοι τὸ ὡς ἀληθῶς νοεῖν αὐτό· οὐ γὰρ τὸ πᾶν ἔσται ἐν τῷ τοιούτῳ ἐγνωσμένον, μὴ κἀκείνου τοῦ νοήσαντος τὰ ἄλλα τὰ σὺν αὑτῷ καὶ ἑαυτὸ νενοηκότος, ἔσται τε οὐ τὸ ζητούμενον τὸ αὐτὸ ἑαυτό, ἀλλ' ἄλλο ἄλλο. Δεῖ τοίνυν θέσθαι καὶ ἁπλοῦ κατανόησιν ἑαυτοῦ καὶ τοῦτο πῶς, σκοπεῖν, εἰ δυνατόν, ἢ ἀποστατέον τῆς δόξης τῆς τοῦ αὐτὸ ἑαυτὸ νοεῖν τι ὄντως. ἀποστῆναι μὲν οὖν τῆς δόξης ταύτης οὐ πάνυ οἷόν τε πολλῶν τῶν ἀτόπων συμβαινόντων· καὶ γὰρ εἰ μὴ ψυχῇ δοίημεν τοῦτο ὡς <οὐ> πάνυ ἄτοπον ὄν, ἀλλὰ μηδὲ νοῦ τῇ φύσει διδόναι παντάπασιν ἄτοπον, εἰ τῶν μὲν ἄλλων γνῶσιν ἔχει, ἑαυτοῦ δὲ μὴ ἐν γνώσει καὶ ἐπιστήμῃ καταστήσεται. καὶ γὰρ τῶν μὲν ἔξω ἡ αἴσθησις, ἀλλ' οὐ νοῦς ἀντιλήψεται, καί,

1, 17 add. Ficinus

# [49] Die erkennenden Wesenheiten und das Jenseitige

Das was sich selber denkt, muß es ein Vielfältiges sein,
damit es mit dem einen seiner Bestandteile die andern be-
trachten kann und dann von ihm gilt, daß es sich selber
denkt? Und das, was schlechthin einfach ist, würde also
nicht in der Lage sein, sich rückzuwenden auf sich selber
und seine eigne geistige Erfassung? Nun, es ist möglich, 2
daß auch ein Ding, das nicht zusammengesetzt ist, das Den-
ken seiner selbst erlange. Denn das Ding, welches darum,
weil es zusammengesetzt ist, sich selber denken soll, weil es
nämlich mit dem einen seiner Bestandteile die übrigen
denke – ein Vorgang wie bei der Wahrnehmung, mit der
wir unsere eigne Gestalt und die sonstige Seinsart unseres
Leibes erfassen –: dies Ding gelangt ja nicht zu einem wahr-
haften Denken seiner selbst; denn bei einem solchen Vor- 3
gang kann es ja nicht zu einem Erkennen des ganzen We-
sens kommen, wenn nicht zugleich jener Bestandteil, welcher
die andern ihm verbundenen Bestandteile denkt, auch
seinerseits sich selber denkt; und so findet hier gar nicht das
gesuchte Sichselber-Denken statt, sondern nur das Denken
eines Andern.

Man muß demnach auch für ein einfaches Wesen eine 4
Erkenntnis seiner selbst ansetzen, und womöglich unter-
suchen, wie sie sich vollzieht. Oder man muß ganz Abstand
nehmen von der Lehre, daß irgendein Ding sich wahrhaft
selber denkt. Abstand zu nehmen von dieser Lehre geht 5
nun aber gar nicht an, da sich dann viele Unsinnigkeiten
ergeben. Und wollten wir das Selbstdenken auch der Seele,
weil es nicht vollkommen unsinnig ist, absprechen – es auch
dem Geiste abzusprechen, würde doch vollkommener Un-
sinn sein, indem der Geist dann wohl von den andern Dingen
Erkenntnis hätte, von sich selber aber ohne Erkenntnis und
Wissen sein müßte. Denn zur Erfassung der Außendinge 6
ist die Wahrnehmung und nicht der Geist da, und meinet-

εἰ βούλει, διάνοια καὶ δόξα· ὁ δὲ νοῦς, <εἰ> τούτων γνῶσιν ἔχει ἢ μή, σκέψασθαι προσήκει· ὅσα δὲ νοητά, νοῦς δηλονότι γνώσεται. ἆρ' οὖν αὐτὰ μόνον ἢ καὶ ἑαυτόν, ὃς ταῦτα γνώσεται; καὶ ἆρα οὕτω γνώσεται ἑαυτόν, ὅτι γινώσκει ταῦτα μόνον, τίς δὲ ὢν οὐ γνώσεται, ἀλλ' ἃ μὲν αὐτοῦ, γνώσεται ὅτι γινώσκει, τίς δὲ ὢν γινώσκει οὐκέτι; ἢ καὶ τὰ ἑαυτοῦ καὶ ἑαυτόν; καὶ τίς ὁ τρόπος καὶ μέχρι τίνος σκεπτέον.

2 Πρότερον δὲ περὶ ψυχῆς ζητητέον, εἰ δοτέον αὐτῇ γνῶσιν ἑαυτῆς, καὶ τί τὸ γινῶσκον ἐν αὐτῇ καὶ ὅπως. τὸ μὲν οὖν αἰσθητικὸν αὐτῆς αὐτόθεν ἂν φαῖμεν τοῦ ἔξω εἶναι μόνον· καὶ γὰρ εἰ τῶν ἔνδον ἐν τῷ σώματι γινομένων συναίσθησις εἴη, ἀλλὰ τῶν ἔξω ἑαυτοῦ καὶ ἐνταῦθα ἡ ἀντίληψις· τῶν γὰρ ἐν τῷ σώματι παθημάτων <τῶν> ὑφ' ἑαυτοῦ αἰσθάνεται, τὸ δ' ἐν αὐτῇ λογιζόμενον [παρὰ] τῶν ἐκ τῆς αἰσθήσεως φαντασμάτων παρακειμένων τὴν ἐπίκρισιν ποιούμενον καὶ συνάγον καὶ διαιροῦν· ἢ καὶ ἐπὶ τῶν ἐκ τοῦ νοῦ ἰόντων ἐφορᾷ οἷον τοὺς τύπους, καὶ ἔχει καὶ περὶ τούτους τὴν αὐτὴν δύναμιν, καὶ σύνεσιν ἔτι προσλαμβάνει ὥσπερ ἐπιγινῶσκον καὶ ἐφαρμόζον τοῖς ἐν αὐτῷ ἐκ παλαιοῦ τύποις τοὺς νέους καὶ ἄρτι ἥκοντας· ὃ δὴ καὶ ἀναμνήσεις φαῖμεν ἂν τῆς ψυχῆς εἶναι. καὶ νοῦς ὁ τῆς ψυχῆς μέχρι τοῦδε ἱστάμενος τῇ δυνάμει ἢ καὶ εἰς ἑαυτὸν στρέφεται καὶ γινώσκει ἑαυτόν; ἢ ἐπὶ τὸν νοῦν ἀνενεκτέον τοῦτο. γνῶσιν μὲν

1, 21 add. Ficinus 2, 6 add. Theiler 2, 7 del. Theiler

wegen noch das Nachdenken und die Vorstellung; und ob
der Geist von diesen Außendingen Erkenntnis besitzt oder
nicht, muß noch untersucht werden; jedenfalls aber ist es
klar, daß der Geist zur Erkenntnis aller geistigen Dinge da
ist. Soll der Geist nun lediglich die geistigen Dinge oder auch *7*
sich selber erkennen als den, der diese Dinge erkennen soll?
Soll er sich selber etwa nur insoweit erkennen, daß er ledig-
lich diese seine Inhalte erkennt, nicht aber erkennt, wer er
ist, der da erkennt, sondern was seinen Inhalt betrifft, wohl
erkennt, daß er ihn erkennt, nicht aber auch noch erkennt,
wer er dabei ist? Oder erkennt er sowohl seine Inhalte wie
auch sich selber? Und da muß dann untersucht werden, in
welcher Weise diese Erkenntnis statthat und bis zu welcher
Grenze.

2 Zuvor indessen fassen wir die Seele ins Auge und haben *8*
zu untersuchen, ob ihr die Erkenntnis ihrer selbst zuzu-
schreiben ist, was in ihr das erkennende Organ ist und wie
die Erkenntnis zustande kommt.

Was nun ihr Wahrnehmungsvermögen betrifft, so sind wir *9*
geneigt, ohne weiteres zu behaupten, daß es sich nur auf die
Außendinge richtet. Und mag auch ein Mitempfinden der
inneren Leibesvorgänge statthaben, so betrifft auch in diesem
Falle das Erfassen ja Dinge, die außerhalb seiner liegen; denn
der Widerfahrnisse am eigenen Leibe, die rangniedriger
sind, wird das Wahrnehmungsvermögen gewahr. Was aber das *10*
Verstandesvermögen in der Seele angeht, so vollzieht es die
Überprüfung der aus der Wahrnehmung stammenden Bilder,
indem es sie zusammenfügt und scheidet; und was die aus
dem Geist herabkommenden Bilder betrifft, so überwacht
es gleichsam deren Umrisse und hat ihnen gegenüber dieselbe
Fähigkeit wie bei den Wahrnehmungsbildern. Und außer- *11*
dem verbindet es Bewußtsein damit, es erkennt die neuen,
frisch ankommenden Eindrücke gleichsam wieder, vergleicht
sie mit den von alters in ihm vorhandenen – ein Vorgang,
den wir wohl als Erinnerung der Seele bezeichnen dürfen.
Ist damit nun die Fähigkeit des geistigen Organs der Seele *12*
am Ende, oder wendet es sich auch auf sich selber zu
und erkennt sich selber? Nun, dies ist wohl dem Geiste zu-
zuschreiben. Denn gestehen wir diesem Organ der Seele die

γὰρ ἑαυτοῦ τούτῳ τῷ μέρει διδόντες – νοῦν γὰρ αὐτὸν φήσομεν – καὶ ὅπῃ διοίσει τοῦ ἐπάνω ζητήσομεν, μὴ δὲ διδόντες ἐπ’ ἐκεῖνον ἥξομεν τῷ λόγῳ βαδίζοντες, καὶ τὸ «αὐτὸ ἑαυτό» ὅ τί ποτ’ ἐστὶ σκεψόμεθα. εἰ δὲ καὶ ἐνταῦθα ἐν τῷ κάτω δώσομεν, τίς ἡ διαφορὰ τοῦ νοεῖν ἑαυτὸ σκεψόμεθα· εἰ γὰρ μηδεμία, ἤδη τοῦτο νοῦς ὁ ἄκρατος. τοῦτο τοίνυν τὸ διανοητικὸν τῆς ψυχῆς ἆρα ἐπιστρέφει ἐφ’ ἑαυτὸ καὶ αὐτό; ἢ οὔ· ἀλλὰ ὧν δέχεται τύπων ἐφ’ ἑκάτερα τὴν σύνεσιν ἴσχει. καὶ πῶς τὴν σύνεσιν ἴσχει, πρῶτον ζητητέον.

3 Ἡ μὲν γὰρ αἴσθησις εἶδεν ἄνθρωπον καὶ ἔδωκε τὸν τύπον τῇ διανοίᾳ· ἡ δὲ τί φησιν; ἢ οὔπω οὐδὲν ἐρεῖ, ἀλλ’ ἔγνω μόνον καὶ ἔστη· εἰ μὴ ἄρα πρὸς ἑαυτὴν διαλογίζοιτο «τίς οὗτος», εἰ πρότερον ἐνέτυχε τούτῳ, καὶ λέγοι προσχρωμένη τῇ μνήμῃ, ὅτι Σωκράτης. εἰ δὲ καὶ ἐξελίττοι τὴν μορφήν, μερίζει ἃ ἡ φαντασία ἔδωκεν· εἰ δέ, εἰ ἀγαθός, λέγοι, ἐξ ὧν μὲν ἔγνω διὰ τῆς αἰσθήσεως εἴρηκεν, ὃ δὲ εἴρηκεν ἐπ’ αὐτοῖς, ἤδη παρ’ αὐτῆς ἂν ἔχοι κανόνα ἔχουσα τοῦ ἀγαθοῦ παρ’ αὐτῇ. τὸ <δ’> ἀγαθὸν πῶς ἔχει παρ’ αὐτῇ; ἢ ἀγαθοειδής ἐστι, καὶ ἐπερρώσθη δὲ εἰς τὴν αἴσθησιν τοῦ τοιούτου ἐπιλάμποντος αὐτῇ νοῦ· τὸ γὰρ καθαρὸν τῆς ψυχῆς τοῦτο καὶ νοῦ δέχεται ἐπικείμενα ἴχνη. διὰ τί δὲ οὐ τοῦτο νοῦς, τὰ δὲ ἄλλα ψυχὴ ἀπὸ τοῦ αἰσθητικοῦ ἀρξάμενα; ἢ ὅτι ψυχὴν δεῖ ἐν λογισμοῖς εἶναι· ταῦτα δὲ πάντα λογιζομένης δυνάμεως ἔργα. ἀλλὰ διὰ τί οὐ τούτῳ τῷ μέρει δόντες τὸ νοεῖν ἑαυτὸ ἀπαλλαξόμεθα; ἢ ὅτι ἔδομεν

3, 9 add. Kirchhoff

Selbsterkenntnis zu – wir bezeichnen es eben damit als Geist –, müssen wir auch fragen, wie sich dieser Geist von dem oberen unterscheidet; gestehen wir's ihm aber nicht *13* zu, so kommen wir im Stufenfortschritt unseres Gedankens zum Geist und müssen hier die gleiche Prüfung anstellen, was es eigentlich bedeutet, daß ein Ding sich selbst erkennt. Gestehen wir auch schon dem unteren geistigen Organ die Selbsterkenntnis zu, so müßten wir fragen, welche Unterschiede im Sichselber-Denken vorhanden sind; denn wenn es keine gäbe, wäre ja dies Organ bereits ungemischter Geist. – Dies Seelenorgan also der diskursiven Überlegung, hat es *14* schon seinerseits die Fähigkeit der Rückwendung auf sich selber? Nein. Indessen es nimmt die Eindrücke, die von oben und von unten zu ihm gelangen, verstehend auf; und so ist zuerst zu prüfen, auf welche Weise es zu diesem Ver-
3 stehen kommt. Die Wahrnehmung sieht einen Menschen und *15* übergibt den Eindruck der Überlegung. Und was sagt diese dazu? Nun, sie sagt überhaupt noch nichts, sondern erkennt nur und mehr nichts – außer vielleicht, daß sie zu sich selber spricht: 'wer ist das?', wenn sie diesem Menschen früher schon begegnet ist, und antwortet, auf ihre Erinnerung gestützt: 'Sokrates'. Geht sie nun seiner Gestalt im einzelnen *16* nach, so zerlegt sie damit nur, was das Vorstellungsbild geboten hatte. Und wenn sie aussagt, ob er gut ist, so geht sie mit ihrer Antwort aus von den Einzeldingen, die sie durch die Wahrnehmung erkannt hat – was sie aber als Gesamturteil darüber sagt, das hat sie dann schon aus sich selber, da sie einen Maßstab des Guten bei sich trägt. – Und wie *17* kann sie das Gute bei sich tragen? – Nun, sie ist gutgestaltig, und ihre Kraft erstarkt so, daß sie auch so etwas wie das Gute wahrnehmen kann, denn es erstrahlt ihr der Geist. Es ist dies nämlich der reinste Bezirk der Seele, und er empfängt den Abglanz der sich vom Geist herabsenkt. – Warum rech- *18* nen wir übrigens nicht diesen Bezirk noch zum Geist und lassen die Seele erst beim Wahrnehmungsvermögen einsetzen? – Weil die Seele sich in Überlegungen ergehen können muß; und alle genannten Tätigkeiten sind Funktionen eines Überlegungsvermögens. – Aber warum gestehen wir *19* nun nicht diesem Bezirk die Fähigkeit des Sichselber-Denkens

αὐτῷ τὰ ἔξω σκοπεῖσθαι καὶ πολυπραγμονεῖν, νῷ δὲ ἀξιοῦμεν ὑπάρχειν τὰ αὐτοῦ καὶ τὰ ἐν αὐτῷ σκοπεῖσθαι. ἀλλ᾽ εἴ τις φήσει «τί οὖν κωλύει τοῦτο ἄλλῃ δυνάμει σκοπεῖσθαι τὰ αὑτοῦ;» οὐ τὸ διανοητικὸν οὐδὲ τὸ λογιστικὸν ἐπιζητεῖ, ἀλλὰ νοῦν καθαρὸν λαμβάνει. τί οὖν κωλύει ἐν ψυχῇ νοῦν καθαρὸν εἶναι; οὐδέν, φήσομεν· ἀλλ᾽ ἔτι δεῖ λέγειν ψυχῆς τοῦτο; ἀλλ᾽ οὐ ψυχῆς μὲν φήσομεν, ἡμέτερον δὲ νοῦν φήσομεν, ἄλλον μὲν ὄντα τοῦ διανοουμένου καὶ ἐπάνω βεβηκότα, ὅμως δὲ ἡμέτερον, καὶ εἰ μὴ συναριθμοῖμεν τοῖς μέρεσι τῆς ψυχῆς. ἢ ἡμέτερον καὶ οὐχ ἡμέτερον· διὸ καὶ προσχρώμεθα αὐτῷ καὶ οὐ προσχρώμεθα – διανοίᾳ δὲ ἀεί – καὶ ἡμέτερον μὲν χρωμένων, οὐ προσχρωμένων δὲ οὐχ ἡμέτερον. τὸ δὴ προσχρῆσθαι τί ἐστιν; ἆρα αὐτοὺς ἐκεῖνον γινομένους καὶ φθεγγομένους ὡς ἐκεῖνος; ἢ κατ᾽ ἐκεῖνον· οὐ γὰρ νοῦς ἡμεῖς· κατ᾽ ἐκεῖνον οὖν τῷ λογιστικῷ πρώτῳ δεχομένῳ. καὶ γὰρ αἰσθανόμεθα δι᾽ αἰσθήσεως καὶ ἡμεῖς <οὐχ> οἱ αἰσθανόμενοι· ἆρ᾽ οὖν καὶ διανοούμεθα οὕτως [καὶ διανοοῦμεν οὕτως]; ἢ αὐτοὶ μὲν οἱ λογιζόμενοι καὶ νοοῦμεν τὰ ἐν τῇ διανοίᾳ νοήματα αὐτοί· τοῦτο γὰρ ἡμεῖς. τὰ δὲ τοῦ νοῦ ἐνεργήματα ἄνωθεν οὕτως, ὡς τὰ ἐκ τῆς αἰσθήσεως κάτωθεν, τοῦτο ὄντες τὸ κύριον τῆς ψυχῆς, μέσον δυνάμεως διττῆς, χείρονος καὶ βελτίονος, χείρονος μὲν τῆς αἰσθήσεως, βελτίονος δὲ τοῦ νοῦ. ἀλλ᾽ αἴσθησις μὲν αἰεὶ ἡμέτερον δοκεῖ συγκεχωρημένον – ἀεὶ γὰρ αἰσθανόμεθα – νοῦς δὲ ἀμφισβητεῖται, καὶ ὅτι μὴ αὐτῷ ἀεὶ καὶ ὅτι χωριστός· χωριστὸς δὲ τῷ μὴ προσνεύειν

3, 30 und 31 ἐκεῖνον Kirchhoff: ἐκεῖνο
3, 33 add. Theiler 3, 34 del. Kirchhoff

zu und sind damit die Sache los? – Weil wir ihm die Aufgabe zuteilten, die Außendinge zu erforschen, womit er vielerlei Geschäft zu treiben hat; für den Geist dagegen fordern wir, daß er nur sein eigen Geschäft zu treiben und nur, was in ihm ist, zu erforschen habe. – Sagte aber einer: 'warum soll *20*
denn dies Organ nicht vermöge einer andern Fähigkeit ebenfalls seine eignen Inhalte erforschen?', so ist es nicht das Vermögen der diskursiven Überlegung bzw. des Nachdenkens, auf das er aus ist, sondern er trifft damit schon auf den reinen Geist. – Nun und warum soll nicht in der Seele reiner Geist sein? – Gewiß, erwidern wir, gern! Aber darf man das dann *21*
noch unter 'Seele' mitrechnen? – Nein, wir wollen's nicht mehr zur Seele rechnen; dafür aber wollen wir den Geist als unsern ansetzen, gewiß ist er zu unterscheiden vom Überlegungsvermögen und steht eine Stufe höher, dennoch aber gehört er zu uns, auch wenn wir ihn nicht unter die Teile der Seele einrechnen dürfen. – Nun, er ist unser und nicht unser; *22*
wie wir ihn ja auch beiziehen und nicht beiziehen (während wir die Überlegung ständig beiziehen); und ziehen wir ihn bei, ist er unser, ziehen wir ihn nicht bei, ist er nicht unser. Und worin besteht dies 'Beiziehen'? Werden wir selbst zu *23*
Jenem und lassen unsere Stimme erschallen wie Jener? Nein, nur nach der Weisung von ihm; denn wir sind nicht Geist. Der Weisung von ihm aber folgen wir vermöge des Überlegungsvermögens, welches ihn zuerst aufnimmt. So steht es ja auch mit der Wahrnehmung; wir bedienen uns ihrer zum Wahrnehmen, und doch sind es nicht wir, die wahrnehmen. Steht es nun mit der diskursiven Überlegung ebenso? Nein, *24*
wir sind es selber, die überlegen, die Gedanken bei der Überlegung denken wir selber. Denn dies sind wir: die Betätigungen aber des Geistes kommen von oben, und ebenso die aus der Wahrnehmung von unten; wir aber sind dies Hauptstück der Seele, mitten inne zwischen zwiefachem Vermögen, niederem und höherem, und das ist: Wahrnehmung und Geist. Aber die Wahrnehmung ist nach allgemein zugestan- *25*
dener Meinung immer die unsere, denn wir nehmen immer wahr; beim Geist aber ist das umstritten, einmal weil wir uns nicht immer seiner bedienen, sodann weil er abgetrennt *(transzendent)* ist. Abgetrennt ist er aber nur, insofern er

αὐτόν, ἀλλ' ἡμᾶς μᾶλλον πρὸς αὐτὸν εἰς τὸ ἄνω βλέποντας. αἴσθησις δὲ ἡμῖν ἄγγελος, βασιλεὺς δὲ πρὸς ἡμᾶς ἐκεῖνος.

Βασιλεύομεν δὲ καὶ ἡμεῖς, ὅταν κατ' ἐκεῖνον· κατ' 4 ἐκεῖνον δὲ διχῶς, ἢ τοῖς οἷον γράμμασιν ὥσπερ νόμοις ἐν ἡμῖν γραφεῖσιν, ἢ οἷον πληρωθέντες αὐτοῦ [ἢ] καὶ δυνηθέντες ἰδεῖν καὶ αἰσθάνεσθαι παρόντος. καὶ γινώσκομεν δὲ αὐτοὺς τῷ <τῷ> τοιούτῳ ὁρατῷ τὰ ἄλλα μαθεῖν [τῷ τοιούτῳ] ἢ [καὶ] τὴν δύναμιν τὴν γινώσκουσαν τὸ τοιοῦτον μαθόντες αὐτῇ τῇ δυνάμει ἢ καὶ ἐκεῖνο γινόμενοι· ὡς τὸν γινώσκοντα ἑαυτὸν διττὸν εἶναι, τὸν μὲν γινώσκοντα τῆς διανοίας τῆς ψυχικῆς φύσιν, τὸν δὲ ὑπεράνω τούτου, τὸν γινώσκοντα ἑαυτὸν κατὰ τὸν νοῦν ἐκεῖνον γινόμενον· κἀκείνῳ ἑαυτὸν νοεῖν αὖ οὐχ ὡς ἄνθρωπον ἔτι, ἀλλὰ παντελῶς ἄλλον γενόμενον καὶ συναρπάσαντα ἑαυτὸν εἰς τὸ ἄνω μόνον ἐφέλκοντα τὸ τῆς ψυχῆς ἄμεινον, ὃ καὶ δύναται μόνον πτεροῦσθαι πρὸς νόησιν, ἵνα τις ἐκεῖ παρακαταθεῖτο ἃ εἶδε. τὸ δὴ διανοητικὸν ὅτι διανοητικὸν ἆρα οὐκ οἶδε, καὶ ὅτι σύνεσιν τῶν ἔξω λαμβάνει, καὶ ὅτι κρίνει ἃ κρίνει [καὶ ὅτι] τοῖς ἐν ἑαυτῷ κανόσιν, οὓς παρὰ τοῦ νοῦ ἔχει, καὶ ὡς ἔστι τι βέλτιον αὐτοῦ, <ὃ> οὐ ζητεῖ, ἀλλ' ἔχει πάντως δήπου; ἀλλ' ἆρα τί ἐστιν αὐτό, [ὃ] οὐκ οἶδεν ἐπιστάμενον οἷόν ἐστι καὶ οἷα τὰ ἔργα αὐτοῦ; εἰ οὖν λέγοι, ὅτι ἀπὸ νοῦ ἐστι καὶ δεύτερον μετὰ νοῦν καὶ εἰκὼν νοῦ, ἔχον ἐν ἑαυτῷ τὰ πάντα οἷον γεγραμμένα, ὡς ἐκεῖ ὁ γράφων [καὶ ὁ γράψας], ἆρ' οὖν στήσεται μέχρι τούτων ὁ οὕτως ἑαυτὸν ἐγνωκώς, ἡμεῖς δὲ ἄλλῃ δυνάμει προσχρησάμενοι νοῦν αὖ γινώσκοντα ἑαυτὸν κατοψόμεθα ἢ

4, 3 del. ut videtur Harder 4, 5 add. del. H-S: cf. commentarium 4, 6 del. Theiler 4, 8 τὸν Creuzer: τὸ 4, 14 παρακαταθεῖτο Creuzer: παρακαταθοῖτο 4, 15 οἶδε Ficinus: (ε)ιδε 4, 16 del. Müller 4, 17 add. Ficinus 4, 19 del. Theiler 4, 22 del. Theiler

nicht seinerseits sich zu uns herneigt, sondern vielmehr wir
uns zu ihm wenden, indem wir nach oben hinaufblicken. Die 26
Wahrnehmung dient uns als Bote, der Geist aber herrscht
4 als König über uns. Auch wir sind König, wenn wir uns nach
der Weisung von ihm verhalten. Nach der Weisung von ihm
können wir in zwiefacher Weise leben: entweder indem ge-
wissermaßen seine Schriftzeichen wie Verordnungen in uns
eingezeichnet sind, oder weil wir gleichsam von ihm angefüllt
sind und seine Anwesenheit sehen und gewahren können. Wir 27
erkennen uns selber, indem wir kraft solch herrlichen Dinges,
welches uns dabei sichtbar wird, das übrige erfassen; oder
indem wir das Vermögen, welches so Herrliches erkannte, eben
mit dem Vermögen selber erfassen, oder auch indem wir
selber zu Jenem werden. Somit gibt es zwei Arten des Selbst- 28
erkennens, einmal indem man das Wesen des seelischen Über-
legungsvermögens erkennt, eine zweite Art, die über dieser
steht, indem man sich selbst erkennt vermöge des Geistes,
indem man Geist wird. Vermöge des Geistes denkt man dann 29
sich selber nicht mehr als Mensch, sondern man ist ein gänz-
lich anderer geworden, man hat sich selber in die Höhe ent-
rückt, und nur das bessere Stück der Seele, welches allein zu
geistiger Tätigkeit sich zu ‘beflügeln’ vermag, zieht man mit
hinauf, damit jemand die Schaunisse dort aufbewahren kann.
Und da sollte nun das Überlegungsvermögen im Unklaren 30
darüber sein, daß es eben das Überlegungsvermögen ist und
daß es der Außendinge inne wird, und daß es das, was es
beurteilt, vermöge der in ihm befindlichen Richtlinien beur-
teilt, welche es vom Geiste hat, und daß es eine Macht gibt,
die besser ist als es, und die es nicht zu suchen braucht, son-
dern ja eben bereits durchaus in sich trägt? Und welches
diese Macht ist, soll ihm unbekannt bleiben, wo es doch weiß,
welcher Art sie ist und welcher Art ihr Wirken? Es sagt also 31
aus, daß es vom Geist stammt, das Zweite nach dem Geiste
ist und Nachbild des Geistes, daß es in sich all die Dinge
gleichsam aufgezeichnet trägt, entsprechend wie der Schrei-
ber dort oben ist; und wenn es dies ausgesagt hat, wird dann
derjenige, der sich insoweit selber erkannt hat, haltmachen,
werden wir aber, die wir noch ein anderes Vermögen bei- 32
ziehen, nicht darüber hinaus noch den Geist erschauen, wie

ἐκεῖνον μεταλαβόντες, ἐπείπερ κἀκεῖνος ἡμέτερος καὶ ἡμεῖς ἐκείνου, οὕτω νοῦν καὶ αὑτοὺς γνωσόμεθα; ἢ ἀναγκαῖον οὕτως, εἴπερ γνωσόμεθα, ὅ τί ποτ᾿ ἐστὶ τὸ ἐν νῷ «αὐτὸ ἑαυτό». Ἔστι δὴ νοῦς τις αὐτὸς γεγονώς, ὅτε τὰ ἄλλα ἀφεὶς ἑαυτοῦ τούτῳ καὶ τοῦτον βλέπει, αὑτῷ δὲ ἑαυτόν. ὡς δὴ οὖν νοῦς ἑαυτὸν ὁρᾷ.

5 Ἆρ᾿ οὖν ἄλλῳ μέρει ἑαυτοῦ ἄλλο μέρος αὑτοῦ καθορᾷ; ἀλλ᾿ οὕτω τὸ μὲν ἔσται ὁρῶν, τὸ δὲ ὁρώμενον· τοῦτο δὲ οὐκ «αὐτὸ ἑαυτό». τί οὖν, εἰ πᾶν τοιοῦτον οἷον ὁμοιομερὲς εἶναι, ὥστε τὸ ὁρῶν μηδὲν διαφέρειν τοῦ ὁρωμένου; οὕτω γὰρ ἰδὼν ἐκεῖνο τὸ μέρος αὑτοῦ ὂν ταὐτὸν αὑτῷ εἶδεν ἑαυτόν· διαφέρει γὰρ οὐδὲν τὸ ὁρῶν πρὸς τὸ ὁρώμενον. ἢ πρῶτον μὲν ἄτοπος ὁ μερισμὸς ἑαυτοῦ· πῶς γὰρ καὶ μεριεῖ; οὐ γὰρ δὴ κατὰ τύχην· καὶ ὁ μερίζων δὲ τίς; ὁ ἐν τῷ θεωρεῖν τάττων ἑαυτὸν ἢ ὁ ἐν τῷ θεωρεῖσθαι; εἶτα πῶς ἑαυτὸν γνώσεται ὁ θεωρῶν ἐν τῷ θεωρουμένῳ τάξας ἑαυτὸν κατὰ τὸ θεωρεῖν; οὐ γὰρ ἦν ἐν τῷ θεωρουμένῳ τὸ θεωρεῖν. ἢ γνοὺς ἑαυτὸν οὕτω θεωρούμενον, ἀλλ᾿ οὐ θεωροῦντα, νοήσει· ὥστε οὐ πάντα οὐδὲ ὅλον γνώσεται ἑαυτόν· ὃν γὰρ εἶδε, θεωρούμενον, ἀλλ᾿ οὐ θεωροῦντα εἶδε· καὶ οὕτως ἔσται ἄλλον, ἀλλ᾿ οὐχ ἑαυτὸν ἑωρακώς. ἢ προσθήσει παρ᾿ αὑτοῦ καὶ τὸν τεθεωρηκότα, ἵνα τέλειον αὑτὸν ᾖ νενοηκώς. ἀλλ᾿ εἰ καὶ τὸν τεθεωρηκότα, ὁμοῦ καὶ τὰ ἑωραμένα. εἰ οὖν ἐν τῇ θεωρίᾳ ὑπάρχει τὰ τεθεωρημένα, εἰ μὲν τύποι αὐτῶν, οὐκ αὐτὰ ἔχει· εἰ δ᾿ αὐτὰ ἔχει, οὐκ

er sich selber erkennt, oder werden, nachdem wir an ihm Teil erhalten haben, da ja Jener unser ist und wir sein, so den Geist und uns selber erkennen? Es muß notwendig sich so verhalten, wenn wir denn erkennen wollen, was eigentlich im Geiste es ist, das sich selber erkennt.

So ist also dieser Mensch selber Geist geworden, wenn er *33*
alles andere, das er hat, dahinten läßt und vermöge des Geistes
in sich auch den Geist schaut, und das heißt sich selber vermöge
seiner selbst. Als Geist also erschaut er nun sich selber. Er-
blickt er denn nun dabei mit einem Stück von sich ein an-
deres Stück von sich? Indessen auf diese Weise wäre ein
Stück das Sehende und das andere Stück das Gesehene;
und das hieße nicht selber sich selber sehen. – Wie wäre es, *34*
wenn wir ihn als ein Ganzes ansetzten, welches dergestalt
'gleichteilig' wäre, daß Sehendes und Gesehenes sich in nichts
unterschieden? Dann sähe er jenes eine Stück von sich und
dies wäre identisch mit ihm selber, er sähe also sich selber,
denn Sehendes und Gesehenes unterschieden sich in nichts.
– Indessen erstlich ist eine solche Teilung seiner selbst doch *35*
ein Unding; denn wie soll er sie vornehmen? Sicherlich doch
nicht nach zufälligen Umständen! Und wer soll sie vorneh-
men, wer sich in die Stellung des Betrachters begeben hat
oder wer in die des Betrachteten? Und zu zweit: wie soll der *36*
Betrachtende sich selber in dem Betrachteten erkennen, da
er sich selber doch gerade in die Stellung des Betrachtens be-
geben hat? Denn in dem Betrachteten ist doch das Betrach-
ten nicht vorhanden. Nein, wenn er sich derartig selber er-
kennt, dann kann er nur den Betrachteten denken, aber nicht
den Betrachtenden; mithin wird er sich nicht insgesamt und
als ganzen erkennen; den, den er erblickte, erblickte er als
den Betrachteten und nicht als den Betrachtenden, und so-
mit hat er überhaupt einen andern erblickt und nicht sich
selber. Oder aber er fügt von sich aus noch den, der betrach- *37*
tet hat, hinzu, damit er sich selber vollständig gedacht habe.
Indessen fügt er den Betrachtenden hinzu, so damit zugleich
auch die Dinge, die dieser gesehen hat. Wenn nun also diese
gesehenen Dinge seiner Betrachtung unterworfen sind, so
sind es entweder nur ihre Abdrücke, und dann besitzt er sie
nicht selber; besitzt er sie aber selber, so hat er sie nicht er-

ἰδὼν αὐτὰ ἐκ τοῦ μερίσαι αὐτὸν ἔχει, ἀλλ' ἦν πρὶν μερίσαι ἑαυτὸν καὶ θεωρῶν καὶ ἔχων. εἰ τοῦτο, δεῖ τὴν θεωρίαν ταὐτὸν εἶναι τῷ θεωρητῷ, καὶ τὸν νοῦν ταὐτὸν εἶναι τῷ νοητῷ· καὶ γάρ, εἰ μὴ ταὐτόν, οὐκ ἀλήθεια ἔσται· τύπον γὰρ ἕξει ὁ ἔχων τὰ ὄντα ἕτερον τῶν ὄντων, ὅπερ οὐκ ἔστιν ἀλήθεια. τὴν γὰρ ἀλήθειαν οὐχ ἑτέρου εἶναι δεῖ, ἀλλ' ὃ λέγει, τοῦτο καὶ εἶναι. Ἓν ἄρα οὕτω νοῦς καὶ τὸ νοητὸν καὶ τὸ ὂν καὶ πρῶτον ὂν τοῦτο καὶ δὴ καὶ πρῶτος νοῦς τὰ ὄντα ἔχων, μᾶλλον δὲ ὁ αὐτὸς τοῖς οὖσιν. ἀλλ' εἰ ἡ νόησις καὶ τὸ νοητὸν ἕν, πῶς διὰ τοῦτο τὸ νοοῦν νοήσει ἑαυτό; ἡ μὲν γὰρ νόησις οἷον περιέξει τὸ νοητόν, ἢ ταὐτὸν τῷ νοητῷ ἔσται, οὔπω δὲ ὁ νοῦς δῆλος ἑαυτὸν νοῶν. ἀλλ' εἰ ἡ νόησις καὶ τὸ νοητὸν ταὐτόν – ἐνέργεια γάρ τις τὸ νοητόν· οὐ γὰρ δὴ δύναμις (οὐδέ γ' ἀνόητον) οὐδὲ ζωῆς χωρὶς οὐδ' αὖ ἐπακτὸν τὸ ζῆν οὐδὲ τὸ νοεῖν ἄλλῳ ὄντι, οἷον λίθῳ ἢ ἀψύχῳ τινί – καὶ οὐσία ἡ πρώτη τὸ νοητόν· εἰ οὖν ἐνέργεια καὶ ἡ πρώτη ἐνέργεια καὶ καλλίστη δή, νόησις ἂν εἴη καὶ οὐσιώδης νόησις· καὶ γὰρ ἀληθεστάτη· νόησις δ' ἡ τοιαύτη καὶ πρώτη οὖσα καὶ πρώτως νοῦς ἂν εἴη ὁ πρῶτος· οὐδὲ γὰρ ὁ νοῦς οὗτος δυνάμει οὐδ' ἕτερος μὲν αὐτός, ἡ δὲ νόησις ἄλλο· οὕτω γὰρ ἂν πάλιν τὸ οὐσιῶδες αὐτοῦ δυνάμει. εἰ οὖν ἐνέργεια καὶ ἡ οὐσία αὐτοῦ ἐνέργεια, ἓν καὶ ταὐτὸν τῇ ἐνεργείᾳ ἂν εἴη· ἓν δὲ τῇ ἐνεργείᾳ τὸ ὂν καὶ τὸ νοητόν. ἓν <ἄρα> ἅμα πάντα ἔσται, νοῦς, νόησις, τὸ νοη-

5, 25 γὰρ Harder: ἄρα 5, 33 γ' ἀνόητον Theiler: γε νοητόν 5, 38 δ' ἡ Theiler: δὴ 5, 43 add. Kirchhoff

blickt, weil er sich selber zerteilte, sondern schon vor dieser Teilung schaute und besaß er sie. Und ist das der Fall, dann *38*
muß das Betrachten identisch sein mit dem Betrachteten, und der Geist identisch sein mit dem geistigen Gegenstand. Auch gäbe es, wären sie nicht identisch, keine Wahrheit; denn dann erfaßte, wer das Seiende erfassen will, nur einen Abdruck, der vom Seienden zu unterscheiden ist; und das wäre nicht Wahrheit. Denn die Wahrheit darf nicht etwas Fremdes zum Inhalt haben, sondern muß das selber sein, was sie aussagt.

Mithin ist also Eines Geist und geistiger Gegenstand, und *39*
dies ist das Seiende, das Erste Seiende, und zugleich der Erste Geist, welcher die seienden Dinge besitzt, oder vielmehr mit ihnen identisch ist. – Indessen, wenn das Denken des Geistes und der gedachte Gegenstand Eines sind, wieso soll denn deshalb das Denkende sich selber denken? Das Denken kann ja das Gedachte gleichsam umfassen, oder es kann auch mit dem gedachten Gegenstand identisch sein – damit ist aber noch nicht der Geist, der sich selber denkt, einleuchtend gemacht! – Nun, wenn das Denken des Geistes *40*
und der gedachte Gegenstand identisch sind – der gedachte Gegenstand nämlich ist Verwirklichung *(Akt)*, er kann ja nicht bloße Möglichkeit *(Potenz)* sein (und gewiß auch nicht ungedacht), auch ist er nicht vom Leben getrennt, kann aber auch Leben und Denken nicht haben als ein nachträglich zu einem andern Herzugebrachtes wie bei einem Stein oder sonst einem unbeseelten Ding –, so ist das Gedachte auch Erste Substanz. Ist nun das Gedachte Verwirklichung, und *41*
die erste Verwirklichung, und also die herrlichste Verwirklichung, so ist es wesenhaftes Denken; es ist ja auch das wahrhafteste. Das Denken nun, welches solcher Art ist und ursprünglich und in ursprünglichem Sinne denkt, das ist gewiß Erster Geist; denn auch der Erste Geist ist nicht bloß potentiell und nicht seinerseits vom Denken unterschieden, dann wäre ja sein Wesenhaftes potentiell. Ist er also aktu- *42*
ell und ist seine Wesenheit Verwirklichung, so muß er ein und dieselbe Sache sein wie die Verwirklichung; ein und dieselbe Sache wie die Verwirklichung ist aber auch das Seiende und das Gedachte. Mithin ist also dieses allesamt

τόν. εἰ οὖν ἡ νόησις αὐτοῦ τὸ νοητόν, τὸ δὲ νοητὸν αὐτός, αὐτὸς ἄρα ἑαυτὸν νοήσει· νοήσει γὰρ τῇ νοήσει, ὅπερ ἦν αὐτός, καὶ νοήσει τὸ νοητόν, ὅπερ ἦν αὐτός. καθ' ἑκάτερον ἄρα ἑαυτὸν νοήσει, καθότι καὶ ἡ νόησις αὐτὸς ἦν, καὶ καθότι τὸ νοητὸν αὐτός, ὅπερ ἐνόει τῇ νοήσει, ὃ ἦν αὐτός.

**6** Ὁ μὲν δὴ λόγος ἀπέδειξεν εἶναί τι τὸ αὐτὸ ἑαυτὸ κυρίως νοοῦν, ἄλλως μὲν ἐπὶ ψυχῆς ὄν, ἐπὶ δὲ τοῦ νοῦ κυριώτερον. ἡ μὲν γὰρ ψυχὴ ἐνόει ἑαυτὴν ὅτι ἄλλου, ὁ δὲ νοῦς ὅτι αὐτὸς καὶ οἷος αὐτὸς καὶ ὅστις καὶ ἐκ τῆς ἑαυτοῦ φύσεως καὶ ἐπιστρέφων εἰς αὐτόν. τὰ γὰρ ὄντα ὁρῶν ἑαυτὸν ἑώρα καὶ ὁρῶν ἐνεργείᾳ ἦν καὶ ἡ ἐνέργεια αὐτός· νοῦς γὰρ καὶ νόησις ἕν· καὶ ὅλος ὅλῳ, οὐ μέρει ἄλλο μέρος. ἆρ' οὖν τοιοῦτον ὁ λόγος ἔδειξεν, οἷον καὶ ἐνέργειαν πειστικὴν ἔχειν; ἢ ἀνάγκην μὲν οὕτως, πειθὼ δὲ οὐκ ἔχει· καὶ γὰρ ἡ μὲν ἀνάγκη ἐν νῷ, ἡ δὲ πειθὼ ἐν ψυχῇ. ζητοῦμεν δή, ὡς ἔοικεν, ἡμεῖς πεισθῆναι μᾶλλον ἢ νῷ καθαρῷ θεᾶσθαι τὸ ἀληθές. καὶ γὰρ καὶ ἕως ἦμεν ἄνω ἐν νοῦ φύσει, ἠρκούμεθα καὶ ἐνοοῦμεν καὶ εἰς ἓν πάντα συνάγοντες ἑωρῶμεν· νοῦς γὰρ ἦν ὁ νοῶν καὶ περὶ αὐτοῦ λέγων, ἡ δὲ ψυχὴ ἡσυχίαν ἦγε συγχωροῦσα τῷ ἐνεργήματι τοῦ νοῦ. ἐπεὶ δὲ ἐνταῦθα γεγενήμεθα, πάλιν αὖ καὶ ἐν ψυχῇ πειθώ τινα γενέσθαι ζητοῦμεν, οἷον ἐν εἰκόνι τὸ ἀρχέτυπον θεωρεῖν ἐθέλοντες. ἴσως οὖν χρὴ τὴν ψυχὴν ἡμῶν διδάξαι, πῶς ποτε ὁ νοῦς θεωρεῖ ἑαυτόν, διδάξαι δὲ τοῦτο τῆς

6, 2 νοοῦν Ficinus, Theiler: νοεῖν νοεῖ οὖν  6, 9 πειστικὴν Kirchhoff: πιστικὴν  ἀνάγκην Ficinus: ἀνάγκη

eins: Geist, Denken des Geistes, gedachter Gegenstand. Ist *43*
nun aber das Denken des Geistes der gedachte Gegenstand, und der gedachte Gegenstand eben der Geist selber, so wird er folglich selbst sich selber denken. Denn er denkt vermöge des Denkens (und das ist er ja selber), und denkt den gedachten Gegenstand (und der ist er selber); folglich denkt er in beider Hinsicht sich selber, insofern er selber das Denken ist und insofern er selber das Gedachte ist, eben der Gegenstand, den er im Denken denkt und der er selber ist.

6 Unser Gedankengang hat also bewiesen, daß es etwas gibt, *44*
das selber im vollen und strengen Sinne des Wortes sich selbst denkt. (Und zwar ist dies Selbstdenken bei der Seele nur im übertragenen Sinne, und erst beim Geist im eigentlichen Sinne zu verstehen; denn die Seele denkt, wie wir sahen, sich selbst nur, insofern sie einem Andern gehört; der Geist da- *45*
gegen, sofern er sein selber ist, er denkt seine Beschaffenheit und sein Wesen, er geht aus von seiner eignen Seinsart und wendet sich auf sich selber zurück; denn wenn er das Seiende sieht, sieht er sich selber, sein Sehen ist verwirklicht *(aktuell)*, er ist selber die Verwirklichung; denn Geist und Denken sind Eines; und er denkt sich als Ganzes ganz, nicht nur daß ein Stück das andere Stück dächte.) Ist nun aber das, was unser *46*
Gedankengang bewies, auch derart, daß es Überzeugungskraft besäße? Nein, wohl hat er zwingende Notwendigkeit auf diesem Wege erreicht, nicht aber zustimmungsmäßige Gewißheit. Es wohnt ja die Notwendigkeit im Geiste, die Zustimmung aber in der Seele. Und so sind denn, scheint es, wir Menschen mehr darauf aus, uns Zustimmung abgewinnen zu lassen, als im reinen Geist das Wahre zu schauen. Ja *47*
solange wir droben waren in der Wirklichkeit des Geistes, da hatten wir daran genug und dachten nur, wir zogen alle Dinge ins Eine zusammen und schauten; denn der Geist war es, der dachte und über sich selber aussagte, die Seele dagegen hielt Ruhe und gab dem Wirken des Geistes Raum. Jetzt aber, wo wir hier unten sind, sind wir darauf aus, daß auch in der Seele ihrerseits eine gewisse Zustimmung erwachse, wir möchten das Urbild gleichsam in seinem Nachbilde betrachten. So müssen wir denn wohl unsere Seele unterweisen, wie *48*
denn eigentlich der Geist sich selber schaut, und zwar unter-

ψυχῆς, ὃ νοερόν πως, διανοητικὸν αὐτὸ τιθέμενοι καὶ τῇ ὀνομασίᾳ ὑποσημαίνοντες νοῦν τινα αὐτὸ εἶναι ἢ διὰ νοῦ τὴν δύναμιν καὶ παρὰ νοῦ αὐτὸ ἴσχειν. τούτῳ τοίνυν γινώσκειν προσήκει, ὡς καὶ αὐτῷ ὅσα ὁρᾷ γινώσκει καὶ οἶδεν ἃ λέγει. καὶ εἰ αὐτὸ εἴη ἃ λέγει, γινώσκοι ἂν ἑαυτὸ οὕτω· ὄντων δὲ ἢ ἄνωθεν αὐτῷ γινομένων ἐκεῖθεν, ὅθεν περ καὶ αὐτό, συμβαίνοι ἂν καὶ τούτῳ λόγῳ ὄντι καὶ συγγενῆ λαμβάνοντι καὶ τοῖς ἐν αὐτῷ ἴχνεσιν ἐφαρμόττοντι οὕτω τοι γινώσκειν ἑαυτό. μεταθέτω τοίνυν καὶ ἐπὶ τὸν ἀληθῆ νοῦν τὴν εἰκόνα, ὃς ἦν ὁ αὐτὸς τοῖς νοουμένοις ἀληθέσι καὶ ὄντως οὖσι καὶ πρώτοις, καὶ ὅτι μὴ οἷόν τε τοῦτον τὸν τοιοῦτον ἐκτὸς ἑαυτοῦ εἶναι – ὥστε εἴπερ ἐν ἑαυτῷ ἐστι καὶ σὺν ἑαυτῷ καὶ τοῦτο, ὅπερ ἐστί, νοῦς ἐστιν, ἀνόητος δὲ νοῦς οὐκ ἄν ποτε εἴη, ἀνάγκη συνεῖναι αὐτῷ τὴν γνῶσιν ἑαυτοῦ – καὶ ὅτι ἐν αὐτῷ οὗτος, καὶ οὐκ ἄλλο αὐτῷ τὸ ἔργον καὶ ἡ οὐσία ἢ τὸ νῷ μόνον εἶναι. οὐ γὰρ δὴ πρακτικός γε οὗτος· ὡς πρὸς τὸ ἔξω βλέποντι τῷ πρακτικῷ καὶ μὴ ἐν αὐτῷ μένοντι εἴη ἂν τῶν μὲν ἔξω τις γνῶσις, ἀνάγκη δὲ οὐκ ἔνεστιν, εἴπερ τὸ πᾶν πρακτικὸς εἴη, γινώσκειν ἑαυτόν. ᾧ δὲ μὴ πρᾶξις – οὐδὲ γὰρ ὄρεξις τῷ καθαρῷ νῷ ἀπόντος – τούτῳ ἡ ἐπιστροφὴ πρὸς αὐτὸν οὖσα οὐ μόνον εὔλογον ὑποδείκνυσιν [τὴν ἑαυτοῦ], ἀλλὰ καὶ ἀναγκαίαν αὑτοῦ τὴν γνῶσιν· τίς γὰρ ἂν καὶ ἡ ζωὴ αὐταῦ εἴη πράξεως ἀπηλλαγμένῳ καὶ ἐν νῷ ὄντι;

Ἀλλὰ τὸν θεὸν θεωρεῖ, εἴποιμεν ἄν. ἀλλ᾽ εἰ τὸν 7

6, 24 αὐτὸ Kirchhoff: αὐτὸς 6, 27 ἐφαρμόττοντι Kirchhoff: ἐφαρμόττοντα 6, 35 γε Kirchhoff: τε 6, 41 del. Volkmann

weisen dasjenige Organ der Seele, welches in gewissem Sinne
geisthaft ist, indem wir es 'überlegend' *(dianoetisch)* nennen
und mit dieser Bezeichnung andeuten, daß es irgendwie Geist
ist oder doch sein Vermögen durch den Geist *(dia nou)* und
vom Geist erhält. Dies Organ also der Seele muß zur Er- *49*
kenntnis gelangen, daß es ja auch seinerseits alles, was es
sieht, erkennt, und weiß, was es in dieser Erkenntnis aus-
sagt; wäre es nun selber dies, was es da aussagt, so würde es
schon auf diese Weise sich selber erkennen; da nun aber diese
Dinge, die es aussagt, droben sind oder vielmehr von dort
droben zu ihm kommen, und das heißt von eben daher, wo-
her es auch selber gekommen ist, so wird auch ihm auf diesem
Wege zuteil, sich selber zu erkennen, da es vernunfthaft ist
und somit die Dinge, die zu ihm kommen, ihm verwandt sind
und es sie den Spuren des Oberen, die es selber in sich trägt,
anpassen kann. Dies also nehme es als Abbild und übertrage *50*
es zurück in den wahrhaften Geist, welcher, wie wir sahen,
derselbe ist wie seine Gegenstände, die wahr sind, wahr im
eigentlichen Sinne und als ursprüngliche, einmal, weil er in
solcher Verfassung unmöglich außerhalb seiner selbst sein
kann – mithin, wenn er denn in sich selber ist und bei sich *51*
selber, und das ist, was er ist, nämlich Geist (Geist, der Un-
geist wäre, kann es ja nie und nimmer geben), so muß not-
wendig ihm beiwohnen die Erkenntnis seiner selbst –, zum *52*
anderen, weil er in sich selber ist und kein anderes Geschäft
oder Wesen kennt, als allein Geist zu sein; denn es handelt
sich hier ja nicht um den 'praktischen' Geist – denn dem
'praktischen' Geist, der auf die Außenwelt gerichtet ist und
nicht in sich selber verharrt, kann sich wohl aus den Außen-
dingen eine gewisse Erkenntnis ergeben, es liegt aber, wenn an-
ders er wirklich gänzlich als 'praktisch' gedacht wird, keine
Notwendigkeit vor, daß er sich selber erkenne. Er aber, der *53*
kein Handeln kennt – denn für den reinen Geist gibt es kein
Trachten nach etwas Fehlendem –, er übt die Rückwendung
auf sich selber und diese erweist seine Selbsterkenntnis nicht
nur als wahrscheinlich, sondern als notwendig. Worin sollte *54*
denn auch sonst sein Leben bestehen, da er des Handelns
7 überhoben und nur im Geiste ist? – Aber er könnte ja (mögen
wir sagen) den Gott betrachten. Indessen gibt man erst zu,

θεὸν γινώσκειν αὐτόν τις ὁμολογήσει, καὶ ταύτῃ συγχωρεῖν ἀναγκασθήσεται καὶ ἑαυτὸν γινώσκειν. καὶ γὰρ ὅσα ἔχει παρ' ἐκείνου γνώσεται, καὶ ἃ ἔδωκε, καὶ ἃ δύναται ἐκεῖνος. ταῦτα δὲ μαθὼν καὶ γνοὺς καὶ ταύτῃ ἑαυτὸν γνώσεται· καὶ γὰρ ἕν τι τῶν δοθέντων αὐτός, μᾶλλον δὲ πάντα τὰ δοθέντα αὐτός. εἰ μὲν οὖν κἀκεῖνον γνώσεται [καὶ] τὰς δυνάμεις αὐτοῦ μαθών, καὶ ἑαυτὸν γνώσεται ἐκεῖθεν γενόμενος καὶ ἃ δύναται κομισάμενος· εἰ δὲ ἀδυνατήσει ἰδεῖν σαφῶς ἐκεῖνον, ἐπειδὴ τὸ ἰδεῖν ἴσως αὐτό ἐστι τὸ ὁρώμενον, ταύτῃ μάλιστα λείποιτ' ἂν αὐτῷ ἰδεῖν ἑαυτὸν καὶ εἰδέναι, εἰ τὸ ἰδεῖν τοῦτό ἐστι τὸ αὐτὸ εἶναι τὸ ὁρώμενον. τί γὰρ ἂν καὶ δοίημεν αὐτῷ ἄλλο; ἡσυχίαν, νὴ Δία. ἀλλὰ νῷ ἡσυχία οὐ νοῦ ἐστιν ἔκστασις, ἀλλ' ἔστιν ἡσυχία τοῦ νοῦ σχολὴν ἄγουσα ἀπὸ τῶν ἄλλων ἐνέργεια· ἐπεὶ καὶ τοῖς ἄλλοις, οἷς ἐστιν ἡσυχία ἑτέρων, καταλείπεται ἡ αὐτῶν οἰκεία ἐνέργεια καὶ μάλιστα, οἷς τὸ εἶναι οὐ δυνάμει ἐστίν, ἀλλὰ ἐνεργείᾳ. τὸ εἶναι οὖν ἐνέργεια, καὶ οὐδέν, πρὸς ὃ ἡ ἐνέργεια· πρὸς αὐτῷ ἄρα. ἑαυτὸν ἄρα νοῶν οὕτω πρὸς αὐτῷ καὶ εἰς ἑαυτὸν τὴν ἐνέργειαν ἴσχει. καὶ γὰρ εἴ τι ἐξ αὐτοῦ, τῷ εἰς αὐτὸν ἐν ἑαυτῷ. ἔδει γὰρ πρῶτον ἐν αὐτῷ, εἶτα καὶ εἰς ἄλλο, ἢ ἄλλο τι ἥκειν ἀπ' αὐτοῦ ὁμοιούμενον αὐτῷ, οἷον καὶ πυρὶ ἐν αὐτῷ πρότερον ὄντι πυρὶ καὶ τὴν ἐνέργειαν ἔχοντι πυρὸς οὕτω τοι καὶ ἴχνος αὐτοῦ δυνηθῆναι ποιῆσαι ἐν ἄλλῳ. καὶ γὰρ αὖ καὶ ἔστιν ὁ μὲν νοῦς ἐν αὐτῷ ἐνέργεια, ἡ δὲ ψυχὴ τὸ μὲν ὅσον πρὸς νοῦν αὐτῆς οἷον εἴσω, τὸ δ' ἔξω νοῦ πρὸς τὸ ἔξω. κατὰ

7, 7 κἀκεῖνον Creuzer: κἀκεῖνο del. Theiler 7, 22 ἐν αὐτῷ cod. J: ἑαυτῷ

daß er den Gott betrachtet, so wird man auch auf diesem
Wege zu dem Eingeständnis gezwungen werden, daß der
Geist auch sich selber erkennt. Denn er muß ja auch all das *55*
erkennen, was er von Gott empfängt, alles was Jener ver-
liehen hat und was er vermag; wenn er aber dies erfaßt und
erkennt, so wird er auch hierbei sich selber erkennen; denn
eines der von Gott verliehenen Dinge ist er ja selber, oder
vielmehr ist er alle diese Dinge selber. Wenn er also Gott
erkennt und dabei Gottes Kräfte erfährt, wird er auch sich
selber erkennen, wie er von Jenem her erstanden ist und seine
Kraft erhalten hat; ist er aber nicht imstande, Jenen deut- *56*
lich zu erblicken, da ja das Sehen vielleicht bedeutet: selber
das Gesehene sein, so bliebe ihm auch gerade auf diese Weise
nur übrig, sich selber zu sehen und zu wissen – wenn denn
das Sehen bedeutet, selber das Gesehene zu sein. – Was soll- *57*
ten wir ihm auch sonst für ein Verhalten zuschreiben? –
Nun, bei Gott: Ruhe! – Indessen, für den Geist bedeutet
Ruhe nicht ein aus dem Geist heraustreten, sondern Ruhe
des Geistes bedeutet seine Verwirklichung, die ausruhen darf
von aller andern Tätigkeit. So verbleibt auch den übrigen
Wesen, wenn sie Ruhe haben von den andern Dingen, ihre
eigne, angestammte Verwirklichung, und insbesondere denen,
welche ihr Sein nicht nur potentiell, sondern aktuell haben.
Nun ist das Sein des Geistes Verwirklichung; und es gibt nichts *58*
anderes, auf das sich diese Verwirklichung richten könnte; er
bleibt also bei sich selber. Wenn er also sich selber denkt, so
ist er in diesem Sinne bei sich selber und richtet seine Verwirk-
lichung auf sich selber. – Und auch was etwa aus ihm ersteht, *59*
kann dies nur, weil er in sich selber ist und auf sich selber ge-
richtet. Denn allererst mußte er in sich selber sein, erst dann
konnte er sich auf ein anderes richten, konnte ein anderes aus
ihm hervorgehen, welches ihm gleicht; so wie zum Beispiel
auch das Feuer zuvor in sich selber Feuer ist und die Wir-
kungskraft des Feuers hat, und erst dann die Fähigkeit hat, in
einem andern Gegenstand einen Abglanz von sich zu erzeu-
gen. Und so ist denn auch der Geist Verwirklichung in sich *60*
selber; und was die Seele angeht, so ist das Stück von ihr,
das auf den Geist gerichtet ist, gleichsam in ihr Inneres ge-
richtet, das aber, was außerhalb des Geistes liegt, richtet

θάτερα μὲν γὰρ ὡμοίωται ὅθεν ἥκει, κατὰ θάτερα δὲ καίτοι ἀνομοιωθεῖσα ὅμως ὡμοίωται καὶ ἐνταῦθα, εἴτε πράττοι, εἴτε ποιοῖ· καὶ γὰρ καὶ πράττουσα ὅμως θεωρεῖ καὶ ποιοῦσα εἴδη ποιεῖ, οἷον νοήσεις ἀπηρτημένας, ὥστε πάντα εἶναι ἴχνη νοήσεως καὶ νοῦ κατὰ τὸ ἀρχέτυπον προϊόντων καὶ μιμουμένων τῶν μὲν ἐγγὺς μᾶλλον, τῶν δὲ ἐσχάτων ἀμυδρὰν ἀποσῳζόντων εἰκόνα.

Ποῖον δέ τι ὁρᾷ τὸ νοητὸν ὁ νοῦς, καὶ ποῖόν τι ἑαυτόν; 8 ἢ τὸ μὲν νοητὸν οὐδὲ δεῖ ζητεῖν, οἷον τὸ ἐπὶ τοῖς σώμασι χρῶμα ἢ σχῆμα· πρὶν γὰρ ταῦτα εἶναι, ἔστιν ἐκεῖνο· καὶ ὁ λόγος δὲ ὁ ἐν τοῖς σπέρμασι τοῖς ταῦτα ποιοῦσιν οὐ ταῦτα· ἀόρατα γὰρ τῇ φύσει καὶ ταῦτα, καὶ ἔτι μᾶλλον ἐκεῖνο. καὶ ἔστι φύσις ἡ αὐτὴ ἐκείνων καὶ τῶν ἐχόντων, οἷον ὁ λόγος ὁ ἐν τῷ σπέρματι καὶ ἡ ἔχουσα ψυχὴ ταῦτα. ἀλλ' ἡ μὲν οὐχ ὁρᾷ ἃ ἔχει· οὐδὲ γὰρ αὐτὴ ἐγέννησεν, ἀλλ' ἔστι καὶ αὕτη εἴδωλον καὶ οἱ λόγοι· ὅθεν δὲ ἦλθε, τὸ ἐναργὲς καὶ τὸ ἀληθινὸν καὶ τὸ πρώτως, ὅθεν καὶ ἑαυτοῦ ἐστι καὶ αὑτῷ· τοῦτο δ' ἐὰν μὴ ἄλλου γένηται καὶ ἐν ἄλλῳ, οὐδὲ μένει· εἰκόνι γὰρ προσήκει ἑτέρου οὖσαν ἐν ἑτέρῳ γίγνεσθαι, εἰ μὴ εἴη ἐκείνου ἐξηρτημένη· διὸ οὐδὲ βλέπει, ἅτε δὴ φῶς ἱκανὸν οὐκ ἔχον, κἂν βλέπῃ δέ, τελειωθὲν ἐν ἄλλῳ ἄλλο καὶ οὐχ αὑτὸ βλέπει. ἀλλ' οὖν τούτων ἐκεῖ οὐδέν, ἀλλ' ὅρασις καὶ τὸ ὁρατὸν αὐτῇ ὁμοῦ καὶ τοιοῦτον τὸ ὁρατὸν οἷον ὅρασις, καὶ ἡ ὅρασις οἷον τὸ ὁρατόν. τίς οὖν

7, 31 ἀπηρτημένας cod. J: ἀπηρτισμένας 8, 2 οὐδὲ Perna: οὔτε 8, 3 ἐκεῖνο Theiler: ἐκεῖνα 8, 6 ἐκεῖνο Theiler: ἐκεῖνα

sich in die Außenwelt. Zu ihrem einen Teile ist sie nämlich
gleichgeblieben dem, woher sie kommt; und zu dem andern 61
Teil bleibt sie, ob auch ungleich werdend, dennoch auch hier
ihm angeglichen, mag sie nun etwas durchführen oder Neues
schaffen; denn auch wenn sie etwas durchführt, ist dies den-
noch ein Betrachten, und wenn sie schafft, bringt sie Formen
hervor, gleichsam abgelöste Denkakte; so ist alles in ihr 62
Widerschein des Denkens und des Geistes, alles tritt hervor
in Nachbildung des Musters; und das eine bleibt ihm dabei
näher, das andere, das unterste, bewahrt von ihm doch noch
einen schwachen Schimmer.

8 Welches aber ist nun die Beschaffenheit, die der Geist am 63
geistigen Gegenstand erblickt, und welche an sich selber?
Nun, das Geistige darf man nicht als Wiebeschaffenes
aufsuchen wie Farbe und Form beim Leibe; denn ehe
es Farbe und Form überhaupt gab, war das Geistige
schon da. Auch der rationale Plan, welcher in den Keimen 64
waltet, die Farbe und Form hervorbringen, ist nicht Farbe
und Form; denn unsichtbar sind von Natur auch diese; und
noch mehr ist es das Geistige; die Anlage ist gleich bei
jenen (den unsichtbaren Farben und Formen) und seinen Trä-
gern, so wie der rationale Plan in den Keimen und die Seele,
welche jene in sich trägt. – Indessen die Seele sieht nicht, 65
was sie in sich trägt. – Nun, sie hat es ja nicht selber erzeugt,
sondern sie ist ihrerseits Abbild so gut wie die rationalen
Formen; dasjenige aber, woher sie gekommen ist, das ist
Klarheit, ist Wahrheit und Ursprünglichkeit; daher dies auch
sich selbst gehört und aus sich selber ist; und ein Abbild 66
hat überhaupt nicht Bestand, wenn es nicht einem andern
gehörig wird und in einem andern befindlich; denn 'dem
Abbild steht es an, da es einem Fremden gehört, an einem
fremden Ding zu weilen', es sei denn, daß es enge verknüpft
sei mit dem Urbild. Deshalb kann es auch nicht sehen, es
hat ja nicht genügend Licht; und wenn es sehen darf, so
sieht es andere Dinge, die sich in andern vollenden, und nicht
sich selber. Indes, von alledem ist also dort oben nichts vor- 67
handen, sondern dort ist das Sehen und das von ihm Ge-
sehene beisammen, das Gesehene ist von der gleichen Art
wie das Sehen und das Sehen von der gleichen wie das

αὐτὸ ἐρεῖ οἷόν ἐστιν; ὁ ἰδών· νοῦς δὲ ὁρᾷ. ἐπεὶ καὶ ἐνταῦθα ἡ ὄψις φῶς οὖσα, μᾶλλον δὲ ἑνωθεῖσα φωτί, φῶς ὁρᾷ· χρώματα γὰρ ὁρᾷ· ἐκεῖ δὲ οὐ δι' ἑτέρου, ἀλλὰ δι' αὑτῆς, ὅτι μηδὲ ἔξω. ἄλλῳ οὖν φωτὶ ἄλλο φῶς ὁρᾷ, οὐ δι' ἄλλου. φῶς ἄρα φῶς ἄλλο ὁρᾷ· αὐτὸ ἄρα αὐτὸ ὁρᾷ. τὸ δὲ φῶς τοῦτο ἐν ψυχῇ μὲν ἐλλάμψαν ἐφώτισε· τοῦτο δ' ἐστὶ νοερὰν ἐποίησε· τοῦτο δ' ἐστὶν ὡμοίωσεν ἑαυτῷ τῷ ἄνω φωτί. οἷον οὖν ἐστι τὸ ἴχνος τὸ ἐγγενόμενον τοῦ φωτὸς ἐν ψυχῇ, τοιοῦτον καὶ ἔτι κάλλιον καὶ μεῖζον αὐτὸ νομίζων καὶ ἐναργέστερον ἐγγὺς ἂν γένοιο φύσεως νοῦ καὶ νοητοῦ. καὶ γὰρ αὖ καὶ ἐπιλαμφθὲν τοῦτο ζωὴν ἔδωκε τῇ ψυχῇ ἐναργεστέραν, ζωὴν δὲ οὐ γεννητικήν· τοὐναντίον γὰρ ἐπέστρεψε πρὸς ἑαυτὴν τὴν ψυχήν, καὶ σκίδνασθαι οὐκ εἴασεν, ἀλλ' ἀγαπᾶν ἐποίησε τὴν ἐν αὐτῷ ἀγλαΐαν· οὐ μὴν οὐδὲ αἰσθητικήν, αὕτη γὰρ ἔξω βλέπει καὶ οὐ μᾶλλον αἰσθάνεται· ὁ δ' ἐκεῖνο τὸ φῶς τῶν ἀληθῶν λαβὼν οἷον βλέπει μᾶλλον τὰ ὁρατά, ἀλλὰ τοὐναντίον. λείπεται τοίνυν ζωὴν νοερὰν προσειληφέναι, ἴχνος νοῦ ζωῆς. ἐκεῖ γὰρ τὰ ἀληθῆ. ἡ δὲ ἐν τῷ νῷ ζωὴ καὶ ἐνέργεια τὸ πρῶτον φῶς ἑαυτῷ λάμπον πρώτως καὶ πρὸς αὑτὸ λαμπηδών, λάμπον ὁμοῦ καὶ λαμπόμενον, τὸ ἀληθῶς νοητόν, καὶ νοοῦν καὶ νοούμενον, καὶ ἑαυτῷ ὁρώμενον καὶ οὐ δεόμενον ἄλλου, ἵνα ἴδῃ, αὑτῷ αὔταρκες πρὸς τὸ ἰδεῖν – καὶ γὰρ ὃ ὁρᾷ αὐτό ἐστι – γινωσκόμενον καὶ παρ' ἡμῶν αὐτῷ ἐκείνῳ, ὡς καὶ παρ' ἡμῶν τὴν γνῶσιν αὐτοῦ δι' αὐτοῦ γίνεσθαι· ἢ πόθεν ἂν ἔσχομεν

Gesehene. Wer also soll da aussagen, welcher Beschaffen-
heit es ist? Der welcher sieht; es sieht aber der Geist.
Gilt doch sogar hier unten von der Sehkraft, welche Licht *68*
ist (oder vielmehr: mit dem Lichte eins geworden), daß sie
Licht sieht, denn sie sieht Farben. Jene höhere Sehkraft aber
sieht nicht vermöge eines andern Dinges, sondern nur ver-
möge ihrer selbst, zumal sie sich ja nicht nach außen richtet;
sie ist also das eine Licht, welches das andere Licht sieht,
nicht geschieht dies Sehen vermöge eines anderen. Es sieht
also ein Licht; mithin sieht es selbst sich selber. Dies Licht *69*
nun macht die Seele hell, wenn es in ihr erstrahlt, und das
heißt: macht sie geisthaft, und das heißt: macht sie sich
selber, dem oberen Lichte, ähnlich. So also, wie dieser Wider-
schein des Lichtes ist, der in der Seele auftritt, von der
gleichen Beschaffenheit, nur noch herrlicher und größer stelle
dir das Licht selber vor, und noch klarer: dann bist du nahe
dem Wesen des Geistes und geistigen Gegenstandes. Wenn *70*
nun dies Geistige auf die Seele herabglänzt, gibt es ihr ein
klareres Leben; und zwar Leben nicht als das *zeugende*
verstanden, im Gegenteil, es wendet ja die Seele auf sich
selber zurück und hindert sie, sich auszubreiten, sondern läßt
sie zufrieden sein mit dem Leuchten in ihm; Leben aber ge- *71*
wiß auch nicht verstanden als *wahrnehmendes*, denn die
Wahrnehmung schaut nach außen und nimmt nicht in höhe-
rem Grade wahr; wer aber jenes Licht der wahren Dinge er-
hielt, der sieht gleichsam in höherem Grade das Sichtbare –
allerdings in entgegengesetzter Richtung; so bleibt nur
übrig, daß die Seele *geisthaftes* Leben hinzuempfängt –
einen Widerschein des Lebens des Geistes, denn die wahren
Dinge sind nur dort im Geiste. Das Leben aber im Geiste und *72*
seine Verwirklichung ist das ursprüngliche Licht, das ursprüng-
lich und für sich selber leuchtet und sich selbst gegenüber
erstrahlender Glanz ist, leuchtend und zugleich erleuchtet, das
wahrhaft Geistige, denkend sowohl wie gedacht, von sich
selber gesehen und nicht eines andern bedürfend, welches es
sähe, wo es doch von sich selber die Kraft nimmt, so zu sehen;
und so ist es selber das Gesehene; kenntlich wird es auch für *73*
uns durch eben diese Kraft, so daß auch bei uns seine Er-
kenntnis durch es selber zustande kommt (denn woher könnten

λέγειν περὶ αὐτοῦ; τοιοῦτόν ἐστιν, οἷον σαφέστερον μὲν ἀντιλαμβάνεσθαι αὐτοῦ, ἡμᾶς δὲ δι' αὐτοῦ· διὰ δὲ τῶν τοιούτων λογισμῶν ἀνάγεσθαι καὶ τὴν ψυχὴν ἡμῶν εἰς αὐτὸ εἰκόνα θεμένην ἑαυτὴν εἶναι ἐκείνου, ὡς τὴν αὐτῆς ζωὴν ἴνδαλμα καὶ ὁμοίωμα εἶναι ἐκείνου, καὶ ὅταν νοῇ, θεοειδῆ καὶ νοοειδῆ γίγνεσθαι· καὶ ἐάν τις αὐτὴν ἀπαιτῇ ὁποῖον ὁ νοῦς ἐκεῖνός ἐστιν ὁ τέλειος καὶ πᾶς, ὁ γινώσκων πρώτως ἑαυτόν, ἐν τῷ νῷ αὐτὴν πρῶτον γενομένην ἢ παραχωρήσασαν τῷ νῷ τὴν ἐνέργειαν, ὧν ἔσχε τὴν μνήμην ἐπὶ αὐτῇ, ταῦτα δὴ ἔχουσαν δεικνύναι ἑαυτήν, ὡς δι' αὐτῆς εἰκόνος οὔσης ὁρᾶν δύνασθαι ἁμηγέπη ἐκεῖνον, διὰ τῆς ἐκείνῳ πρὸς τὸ ἀκριβέστερον ὡμοιωμένης, ὅσον ψυχῆς μέρος εἰς ὁμοιότητα νῷ δύναται ἐλθεῖν.

9 Ψυχὴν οὖν, ὡς ἔοικε, καὶ τὸ ψυχῆς θειότατον κατιδεῖν δεῖ τὸν μέλλοντα νοῦν εἴσεσθαι ὅ τι ἐστί. γένοιτο δ' ἂν τοῦτο ἴσως καὶ ταύτῃ, εἰ ἀφέλοις πρῶτον τὸ σῶμα ἀπὸ τοῦ ἀνθρώπου καὶ δηλονότι σαυτοῦ, εἶτα καὶ τὴν πλάττουσαν τοῦτο ψυχὴν καὶ τὴν αἴσθησιν δὲ εὖ μάλα, ἐπιθυμίας δὲ καὶ θυμοὺς καὶ τὰς ἄλλας τὰς τοιαύτας φλυαρίας, ὡς πρὸς τὸ θνητὸν νευούσας, καὶ πάνυ. τὸ δὴ λοιπὸν αὐτῆς τοῦτό ἐστιν, ὃ εἰκόνα ἔφαμεν νοῦ σῴζουσάν τι φῶς ἐκείνου, οἷον ἡλίου μετὰ τὴν τοῦ μεγέθους σφαῖραν τὸ περὶ αὐτὴν ἐξ αὐτῆς λάμπον. ἡλίου μὲν οὖν τὸ φῶς οὐκ ἄν τις συγχωρήσειεν ἐφ' ἑαυτοῦ περὶ αὐτὸν [ἥλιον] εἶναι, ἐξ αὐτοῦ ὡρμημένον καὶ περὶ αὐτὸν μεῖναν, ἄλλο δὲ ἐξ ἄλλου ἀεὶ προϊὸν τοῦ πρὸ αὐτοῦ, ἕως ἂν εἰς ἡμᾶς καὶ ἐπὶ γῆν ἥκῃ· ἀλλὰ πᾶν καὶ τὸ περὶ αὐτὸν [ἥλιον] θήσεται ἐν ἄλλῳ, ἵνα μὴ διάστημα διδῷ κενὸν τὸ μετὰ τὸν ἥλιον σώματος. ἡ δὲ ψυχὴ ἐκ νοῦ

8, 46 αὐτῆς Ficinus: αὐτὴν 8, 48 αὐτὴν Kirchhoff: αὐτὸν 8, 52 δὴ ἔχουσαν Kirchhoff: δὲ ἔχουσα 9, 11 del. Kirchhoff αὐτοῦ Kirchhoff: οὗ 9, 14 del. Kirchhoff

wir sonst von ihm sprechen?); es ist von einer Beschaf- *74*
fenheit, daß es sich deutlicher nur selber erfaßt, wir es aber nur durch seine Vermittlung, daß aber vermöge entsprechender Rückschlüsse auch unsere Seele zu ihm hinaufgeführt werden kann; sie sieht sich selber als Abbild von Jenem an, ihr eignes Leben ist ein Nachbild und Gleichnis von Jenem, und wenn sie Es denkt, wird sie gottartig und geistartig; und wenn einer Auskunft verlangt von ihr, von welcher Be- *75*
schaffenheit Jener vollkommene und gesamte Geist ist, der ursprünglich sich selber erkennt, so tritt sie zunächst selber in den Geist ein oder gibt dem Geist Raum, sich in ihr zu verwirklichen – dann weist sie sich selber vor als im Besitz *76*
dieser Dinge, von denen sie bei sich eine Erinnerung erhielt, so daß man vermittels der Seele als eines Nachbildes in gewissem Sinne den Geist erblicken kann, und zwar vermittels einer Seele, welche dem Geiste genauer angeglichen ist, soviel denn von der Seele zur Angleichung mit dem Geiste gelangen kann.

9 Die Seele also, scheint es, und der Seele Göttlichstes muß *77*
ins Auge fassen, wer den Geist erkennen will, und was er ist. Das nun kann vielleicht auch auf die Weise geschehen, daß du vom Menschen, und zwar natürlich von dir selbst, zuerst den Leib abstreichst; dann auch die Seele, die ihn *78*
formt, aber auch fein säuberlich die Wahrnehmung, dazu Begierde, Zorn und all diese Narrenpossen, die sich doch nur dem, was sterblich ist, zuneigen, erst recht: und das, was *79*
dann von der Seele übrig bleibt, das ist jenes Stück, welches wir Abbild des Geistes nannten, das ein wenig Licht von Jenem in sich bewahrt, so wie bei der Sonne das Licht, das über die Kugel ihrer Masse hinaus um sie und aus ihr erstrahlt. Bei der Sonne würde man kaum zugeben wollen, *80*
daß das Licht, welches um sie ist, auf sich selber besteht, da es aus ihr seinen Ursprung nahm und wohl um sie verbleibt, dabei geht aber doch immer ein neues Stück nach dem andern je aus dem Vorgeordneten hervor, bis das Licht zu uns auf die Erde gelangt; sondern man wird auch von dem ganzen um die Sonne befindlichen Licht anzusetzen haben, daß es in einem andern Körper befindlich ist, denn sonst würde man unter der Sonne einen Zwischenraum zu-

φῶς τι περὶ αὐτὸν γενομένη ἐξήρτηταί τε αὐτοῦ καὶ οὔτε ἐν ἄλλῳ, ἀλλὰ περὶ ἐκεῖνον, οὔτε τόπος αὐτῇ· οὐδὲ γὰρ ἐκείνῳ. ὅθεν τὸ μὲν τοῦ ἡλίου φῶς ἐν ἀέρι, αὐτὴ δὲ ἡ ψυχὴ ἡ τοιαύτη καθαρά, ὥστε καὶ ἐφ᾽ αὐτῆς ὁρᾶσθαι ὑπό τε αὐτῆς καὶ ἄλλης τοιαύτης. Καὶ αὐτῇ μὲν περὶ νοῦ συλλογιστέα οἷος, ἀφ᾽ ἑαυτῆς σκοπουμένῃ, νοῦς δὲ αὐτὸς αὐτὸν οὐ συλλογιζόμενος περὶ αὐτοῦ· πάρεστι γὰρ ἀεὶ αὐτῷ, ἡμεῖς δέ, ὅταν εἰς αὐτόν· μεμέρισται γὰρ ἡμῖν ἡ ζωὴ καὶ πολλαὶ ζωαί, ἐκεῖνος δὲ οὐδὲν δεῖται ἄλλης ζωῆς ἢ ἄλλων, ἀλλ᾽ ἃς παρέχει ἄλλοις παρέχει, οὐχ ἑαυτῷ· οὐδὲ γὰρ δεῖται τῶν χειρόνων, οὐδὲ αὐτῷ παρέχει τὸ ἔλαττον ἔχων τὸ πᾶν, οὐδὲ τὰ ἴχνη ἔχων τὰ πρῶτα, μᾶλλον δὲ οὐκ ἔχων, ἀλλ᾽ αὐτὸς ὢν ταῦτα. εἰ δέ τις ἀδυνατεῖ τὴν πρώτην [τὴν τοιαύτην] ψυχὴν ἔχειν <τὴν> καθαρῶς νοοῦσαν, δοξαστικὴν λαβέτω, εἶτα ἀπὸ ταύτης ἀναβαινέτω. εἰ δὲ μηδὲ τοῦτο, αἴσθησιν ἐμπλατύτερα τὰ εἴδη κομιζομένην, αἴσθησιν δὲ καὶ ἐφ᾽ ἑαυτῆς μεθ᾽ ὧν δύναται καὶ ἤδη ἐν τοῖς εἴδεσιν οὖσαν. εἰ δὲ βούλεταί τις, καταβαίνων καὶ ἐπὶ τὴν γεννῶσαν ἴτω μέχρι καὶ ὧν ποιεῖ· εἶτα ἐντεῦθεν ἀναβαινέτω ἀπὸ <τῶν> ἐσχάτων εἰδῶν εἰς τὰ ἔσχατα ἀνάπαλιν εἴδη, μᾶλλον δὲ εἰς τὰ πρῶτα.

**10** Ταῦτα μὲν οὖν ταύτῃ. εἰ δὲ τὰ ποιηθέντα μόνον, οὐκ ἂν ἦν ἔσχατα. ἐκεῖ δὲ πρῶτα τὰ ποιοῦντα, ὅθεν καὶ πρῶτα. δεῖ οὖν ἅμα καὶ τὸ ποιοῦν εἶναι καὶ ἓν ἄμφω· εἰ δὲ μή, δεήσει πάλιν ἄλλου. τί οὖν; οὐ δεήσει πάλιν <τοῦ>

9, 28 del. Kirchhoff 9, 29 add. Kirchhoff 9, 34 add. cod. Vat. 10, 1 s. οὐκ ἂν Müller: οὐ γὰρ 10, 4 add. Müller

gestehen müssen, der leer von Körper ist. Die Seele dagegen *81* ist aus dem Geiste als eine Art ihn umgebendes Licht entstanden, so ist sie mit ihm verknüpft, sie ist weder in einem anderen Körper (sondern eben um jenen), noch hat sie einen Ort, denn auch der Geist hat keinen Ort. Somit ist das Licht der Sonne Licht in der Luft, die Seele aber, die von einer entsprechenden Beschaffenheit ist, ist reines Licht, so daß sie auf sich selbst beharrt und als solche sichtbar wird sowohl für sich selber wie für ihresgleichen.

So muß also die Seele durch Rückschluß ermitteln, von *82* welcher Beschaffenheit der Geist ist, indem sie von sich selber ausgeht. Der Geist dagegen erkennt sich selber nicht durch ein Schließen über sich; denn er ist beständig bei sich selber, wir Menschen aber nur, wenn wir zu ihm hingelangen; denn unser Leben ist zerteilt, wir haben eine Vielzahl von Leben; der Geist aber bedarf nicht eines anderen Lebens *83* oder mehrerer, sondern die, welche er darbietet, bietet er anderen dar und nicht sich selber; denn er bedarf ja nicht der niederen Wesen, auch bietet er das Niedere nicht sich selber dar, da er ja das gesamte All besitzt, und auch nicht nur die Nachbilder, denn er besitzt die ursprünglichen Dinge selber, vielmehr er besitzt sie nicht, sondern er ist sie selber. Ist *84* nun aber jemand nicht imstande, die oberste Seele zu erreichen, die rein denkende, so nehme man den vorstellenden Seelenteil und steige von ihm aus nach oben. Vermag man auch das nicht, so nehme man die Wahrnehmung, welche die Formen in gröberer Wirklichkeit liefert, die Wahrnehmung sowohl, die bei sich selber bleibt mit ihren Fähigkeiten, wie die Wahrnehmung, welche dann in die Welt der Formen hinaustritt. Ja, wenn man will, mag man gar hinabsteigen zur *85* zeugenden Seele und bis zu ihren Hervorbringungen, dann steige man von hier aus wieder nach oben, von den letzten Formen hinauf zu den im andern Sinne letzten, oder besser gesagt: ersten Formen.

**10** Soviel hiervon. Wäre aber nur das Geschaffene, so wäre *86* es nicht das letzte; sondern dort oben ist das Schaffende das Erste, daher es ja auch Erstes heißt. Es muß also zugleich auch das Schaffende sein, beide müssen Eines sein; sonst würde man noch einer weiteren Instanz bedürfen. Wie aber?

ἐπέκεινα τούτου; ἢ ὁ μὲν νοῦς τοῦτο. τί οὖν; οὐχ ὁρᾷ ἑαυτόν; ἢ οὗτος οὐδὲν δεῖται ὁράσεως.

Ἀλλὰ τοῦτο εἰς ὕστερον· νῦν δὲ πάλιν λέγωμεν – οὐ γὰρ περὶ τοῦ ἐπιτυχόντος ἡ σκέψις – λεκτέον δὲ πάλιν τοῦτον τὸν νοῦν δεηθῆναι τοῦ ὁρᾶν ἑαυτόν, μᾶλλον δὲ ἔχειν τὸ ὁρᾶν ἑαυτόν, πρῶτον μὲν τῷ πολὺν εἶναι, εἶτα καὶ τῷ ἑτέρου εἶναι, καὶ ἐξ ἀνάγκης ὁρατικὸν εἶναι, καὶ ὁρατικὸν ἐκείνου, καὶ τὴν οὐσίαν αὐτοῦ ὅρασιν εἶναι· καὶ γὰρ ὄντος τινὸς ἄλλου ὅρασιν δεῖ εἶναι, μὴ δὲ ὄντος μάτην ἐστί. δεῖ τοίνυν πλείω ἑνὸς εἶναι, ἵνα ὅρασις ᾖ, καὶ συνεκπίπτειν τὴν ὅρασιν τῷ ὁρατῷ, καὶ τὸ ὁρώμενον τὸ ὑπ' αὐτοῦ πλῆθος εἶναι [ἐν παντί]. οὐδὲ γὰρ ἔχει τὸ ἓν πάντη εἰς τί ἐνεργήσει, ἀλλὰ μόνον καὶ ἔρημον ὂν πάντη στήσεται. ᾗ γὰρ ἐνεργεῖ, ἄλλο καὶ ἄλλο· εἰ δὲ μὴ εἴη ἄλλο, τὸ δὲ ἄλλο, τί καὶ ποιήσει; ἢ ποῦ προβήσεται; διὸ δεῖ τὸ ἐνεργοῦν ἢ περὶ ἄλλο ἐνεργεῖν, ἢ αὐτὸ πολύ τι εἶναι, εἰ μέλλοι ἐνεργεῖν ἐν αὐτῷ. εἰ δὲ μή τι προελεύσεται ἐπ' ἄλλο, στήσεται· ὅταν δὲ πᾶσαν στάσιν, οὐ νοήσει. δεῖ τοίνυν τὸ νοοῦν , ὅταν νοῇ, ἐν δυσὶν εἶναι, καὶ ἢ ἔξω θάτερον ἢ ἐν τῷ αὐτῷ ἄμφω, καὶ ἀεὶ ἐν ἑτερότητι τὴν νόησιν εἶναι καὶ ἐν ταυτότητι δὲ ἐξ ἀνάγκης· καὶ εἶναι τὰ κυρίως νοούμενα πρὸς τὸν νοῦν καὶ τὰ αὐτὰ καὶ ἕτερα. καὶ πάλιν αὖ ἕκαστον τῶν νοουμένων συνεκφέρει τὴν ταυτότητα ταύτην καὶ τὴν ἑτερότητα· ἢ τί νοήσει, ὃ μὴ ἔχει ἄλλο καὶ

10, 16 del. Kirchhoff 10, 16 s. ἓν πάντη Ficinus: ἐν παντὶ

wird man nicht noch wieder einer anderen Instanz bedürfen,
welche jenseits von dieser liegt? Oder ist das eben der Geist?
– Und warum sieht diese Instanz nicht sich selber? Nun,
s i e bedarf mitnichten des Sehens.

Doch sei dies für nachher verspart; jetzt wollen wir noch- *87*
mals anheben – denn 'es ist ja keine Kleinigkeit', um die wir
forschen – und also nochmals festlegen, daß dieser Geist des
Sichselbersehens sehr wohl bedarf, vielmehr das Sichselber-
sehen besitzt, erstlich weil er vielfältig ist, und zu zweit weil
er einem Andern gehört; und daß er notwendig mit der *88*
Fähigkeit des Sehens begabt sein muß, und zwar des Sehens
von jenem Ersten, und daß sein Wesen Sehen ist; denn das
Sehen muß sich auf etwas anderes beziehen, gibt es aber
nichts anderes mehr, so ist das Sehen nutzlos. Der Geist muß *89*
also vielfältig und nicht Eines sein, damit ein Sehen statt-
finden könne; es muß ferner das Sehen mit dem Gesehenen
zusammenfallen, und das, was von sich selber gesehen wird,
muß Vielheit sein; denn was schlechthin Einheit ist, hat ja
in sich kein Objekt, auf das es seine Einwirkung richten
kann, sondern wenn es wirklich 'völlig einsam und allein' ist,
so muß es stillestehen. Denn sofern etwas Wirkung übt, gibt *90*
es immer wieder Anderes; gäbe es dies immer Andere nicht,
was sollte es dann mit seinem Schaffen? Oder wohin aus sich
heraustreten? Daher muß, was wirkt, entweder auf ein an-
deres Wesen Wirkung üben, oder, wenn es in sich selber wir-
ken soll, selber ein vielfältiges Ding sein. Tritt ein Ding aber
gar nicht aus sich hervor zu einem andern hin, so steht es
stille; steht es aber in jeder Hinsicht stille, so kann es nicht
denken. Es muß demnach das Denkende, wenn es denkt, in *91*
der Zweiheit sein (und zwar ist entweder das eine Glied dieser
Zweiheit außerhalb, oder beide sind innerhalb desselben
Wesens vereint), das Denken muß sich immer in der Anders-
heit befinden und dabei doch auch notwendig in der Selbig-
keit; und das, was im echten Sinne gedacht wird, muß im
Verhältnis zum Geiste sowohl ein selbiges sein wie ein an-
deres. Aber auch jedes einzelne der gedachten Dinge ent- *92*
hält dieses Miteinander von Selbigkeit und Andersheit be-
grifflich in sich; was sollte das Denkende denken, das nicht die
Scheidung zwischen Einem und Andern enthielte? Auch

ἄλλο; καὶ γὰρ εἰ ἕκαστον λόγος, πολλά ἐστι. καταμανθάνει τοίνυν ἑαυτὸ τῷ ποικίλον ὀφθαλμὸν εἶναι [ἢ] ποικίλων χρωμάτων. εἰ γὰρ ἑνὶ καὶ ἀμερεῖ προσβάλλοι, ἠλογώθη· τί γὰρ ἂν ἔχοι περὶ αὐτοῦ εἰπεῖν, ἢ τί συνεῖναι; καὶ γὰρ εἰ τὸ ἀμερὲς πάντη εἰπεῖν αὐτὸ δέοι, δεῖ πρότερον λέγειν ἃ μὴ ἔστιν· ὥστε καὶ οὕτως πολλὰ ἂν εἶναι, ἵνα ἓν εἴη. εἶθ' ὅταν λέγῃ «εἰμὶ τόδε» τὸ «τόδε» εἰ μὲν ἕτερόν τι αὐτοῦ ἐρεῖ, ψεύσεται· εἰ δὲ συμβεβηκὸς αὐτῷ, πολλὰ ἐρεῖ ἢ τοῦτο ἐρεῖ «εἰμὶ εἰμὶ» καὶ «ἐγὼ ἐγώ». τί οὖν, εἰ δύο μόνα εἴη καὶ λέγοι «ἐγὼ καὶ τοῦτο»; ἢ ἀνάγκη πόλλ' ἤδη εἶναι· καὶ γὰρ ὡς ἕτερα καὶ ὅπῃ ἕτερα καὶ ἀριθμὸς ἤδη καὶ πολλὰ ἄλλα. Δεῖ τοίνυν τὸ νοοῦν ἕτερον καὶ ἕτερον λαβεῖν καὶ τὸ νοούμενον κατανοούμενον ὂν ποικίλον εἶναι· ἢ οὐκ ἔσται νόησις αὐτοῦ, ἀλλὰ θίξις καὶ οἷον ἐπαφὴ μόνον ἄρρητος καὶ ἀνόητος, προνοοῦσα οὔπω νοῦ γεγονότος καὶ τοῦ θιγγάνοντος οὐ νοοῦντος. δεῖ δὲ τὸ νοοῦν μηδὲ αὐτὸ μένειν ἁπλοῦν, καὶ ὅσῳ ἂν μάλιστα αὐτὸ νοῇ· διχάσει γὰρ αὐτὸ ἑαυτὸ , κἂν σύνεσιν δῷ τὴν σιωπήν. εἶτα οὐδὲ δεήσεται οἷον πολυπραγμονεῖν ἑαυτό· τί γὰρ καὶ μαθήσεται νοῆσαν; πρὸ γὰρ τοῦ νοῆσαι ὑπάρχει ὅπερ ἐστὶν ἑαυτῷ. καὶ γὰρ αὖ πόθος τις καὶ ἡ γνῶσίς ἐστι καὶ οἷον ζητήσαντος εὕρεσις. τὸ τοίνυν διάφορον πάντη αὐτὸ πρὸς αὐτὸ μένει, καὶ οὐδὲν ζητεῖ περὶ αὐτοῦ, ὃ δ' ἐξελίττει ἑαυτό, καὶ πολλὰ ἂν εἴη.

Διὸ καὶ ὁ νοῦς οὗτος [ὁ] πολύς, ὅταν τὸ ἐπέκεινα ἐθέλῃ νοεῖν· οὐ μὲν οὖν αὐτὸ ἐκεῖνο, ἀλλ' ἐπιβάλλειν θέλων 11

10, 47 τοῦ Sleeman: νοῦ
10, 30 τῷ Vitringa: τὸ del. Theiler 10, 31 ἠλογώθη Kirchhoff: ἠλογήθη, ἠλογίσθη 10, 33 αὐτὸ Creuzer: αὐτὸν 11, 1 del. Kirchhoff 11, 2 οὐ Theiler: εἰ

wenn das einzelne rationale Form ist, ist es ja Vielheit. So *93* erfaßt es sich selber dadurch, daß es ein bunt differenziertes Auge bunter Farben ist. Denn wenn es auf einen einheitheitlichen, ungeteilten Gegenstand hinblickte, so wäre es alsbald ohne Wort und Begriff; denn was sollte es über diesen Gegenstand aussagen, wessen von ihm innewerden? Es *94* müßte ja dies schlechthin Ungeteilte selber, sollte es sich selber aussagen, zuvor sagen, was es nicht ist (und schon damit wäre es erst Vielheit, um Einheit sein zu dürfen). Und sagte es dann 'ich bin dies', so würde es unwahr sprechen, wenn es mit 'dies' ein von ihm Verschiedenes meinte – wenn aber ein ihm Akzidierendes, dann bezeichnet es sich damit als Vielheit (es könnte höchstens sagen: 'bin bin' und' ich ich'). – Wenn es nun aber nur zwei Wesen gäbe und das eine spräche: *95* 'ich bin dies' – ?! Nun, auch dann ist notwendig schon eine Vielheit vorhanden; denn es spricht ja von beiden als von Unterschiedenen, auch der Gesichtspunkt der Unterscheidung wäre vorhanden, auch gäbe es bereits Zahl und vieles andere.

Es muß also das Denkende ein in sich Unterschiedenes *96* ergreifen und das Gedachte, da es im Denken erfaßt wird, ein in sich Differenziertes sein. Andernfalls gibt es von ihm kein Denken, sondern nur ein Berühren, ein Anfassen ohne Wort und Begriff, ein vorgängiges Denken, ehe es das Denken noch gibt und ohne daß das Berührende dabei denkt. – Anderseits darf aber auch das Denkende seinerseits nicht Einzahl bleiben, und das um so weniger, als es sich selber denkt, denn dann muß es sich selber verdoppeln – auch wenn es mit dem Schweigen als Sich-selbst-Erfassen einverstanden ist. Jenes Höchste aber hat es nicht nötig, sich gleichsam eifrig *97* selber auszuforschen – denn was kann es Neues lernen, wenn es sich denkt? Bereits vor dem Denken ist es ja in seinem ganzen Seinsinhalt für sich selber da. Auch ist ja die Erkenntnis eine Art von Verlangen, gleichsam das Auffinden eines, der sich auf die Suche begab. Was also das absolut Verschiedene ist, das bleibt es selbst sich selbst gegenüber und sucht nichts über sich erst zu ermitteln. Das aber, was sich selber entfaltet, das ist dann eben auch Vielheit.

**11** Daher ist denn auch der Geist vielfältig, wenn er das Jen- *98* seitige zu denken sich unterfängt, freilich nicht als das Jen-

ὡς ἁπλῷ ἔξεισιν ἄλλο ἀεὶ λαμβάνων ἐν αὑτῷ πληθυόμενον· ὥστε ὥρμησε μὲν ἐπ᾽ αὐτὸ οὐχ ὡς νοῦς, ἀλλ᾽ ὡς ὄψις οὔπω ἰδοῦσα, ἐξῆλθε δὲ ἔχουσα ὅπερ αὐτὴ ἐπλήθυνεν· ὥστε ἄλλου μὲν ἐπεθύμησεν ἀορίστως ἔχουσα ἐπὶ αὑτῇ φάντασμά τι, ἐξῆλθε δὲ ἄλλο λαβοῦσα ἐν αὑτῇ αὐτὸ πολὺ ποιήσασα. καὶ γὰρ αὖ ἔχει τύπον τοῦ ὁράματος· ἢ οὐ παρεδέξατο ἐν αὑτῇ γενέσθαι· οὗτος δὲ πολὺς ἐξ ἑνὸς ἐγένετο, καὶ οὕτως γνοῦσα εἶδεν αὐτό, καὶ τότε ἐγένετο ἰδοῦσα ὄψις. τοῦτο δὲ ἤδη νοῦς, ὅτε ἔχει, καὶ ὡς νοῦς ἔχει· πρὸ δὲ τούτου ἔφεσις μόνον καὶ ἀτύπωτος ὄψις. οὗτος οὖν ὁ νοῦς ἐπέβαλε μὲν ἐκείνῳ, λαβὼν δὲ ἐγένετο νοῦς, ἀεὶ δὲ ἐνδιαθέμενος καὶ γενόμενος καὶ νοῦς καὶ οὐσία καὶ νόησις, ὅτε ἐνόησε· πρὸ γὰρ τούτου οὐ νόησις ἦν τὸ νοητὸν οὐκ ἔχων οὐδὲ νοῦς οὔπω νοήσας. τὸ δὲ πρὸ τούτων ἡ ἀρχὴ τούτων, οὐχ ὡς ἐνυπάρχουσα – τὸ γὰρ ἀφ᾽ οὗ οὐκ ἐνυπάρχει – ἀλλ᾽ ἐξ ὧν· ἀφ᾽ οὗ δὲ ἕκαστον, οὐχ ἕκαστον, ἀλλ᾽ ἕτερον ἁπάντων. οὐ τοίνυν ἕν τι τῶν πάντων, ἀλλὰ πρὸ πάντων, ὥστε καὶ πρὸ νοῦ· καὶ γὰρ αὖ νοῦ ἐντὸς τὰ πάντα· ὥστε καὶ ταύτῃ πρὸ νοῦ· καὶ εἰ τὰ μετ᾽ αὐτὸν δὲ τὴν τάξιν ἔχει τὴν τῶν πάντων, καὶ ταύτῃ πρὸ πάντων. οὐ δὴ δεῖ, πρὸ ὧν ἐστι, τούτων ἕν τι εἶναι, οὐδὲ νοῦν αὐτὸν προσερεῖς· οὐδὲ τἀγαθὸν οὖν· εἰ σημαίνει ἕν τι τῶν πάντων τἀγαθόν, οὐδὲ τοῦτο· εἰ δὲ τὸ πρὸ πάντων, ἔστω οὕτως ὠνομασμένον. εἰ οὖν νοῦς, ὅτι

11, 10 οὕτως Kirchhoff: οὗτος ὡς γνοῦσ(α) Harder: γνούς

seitige selber, sondern er will es als ein Einfaches in den Blick
nehmen, nimmt es aber, wenn er Abschied nimmt, als ein Ding
mit sich, das in ihm selber zu immer neuer Vielfalt wird: ge- *99*
wiß, er machte sich auf zu Jenem nicht als Geist, sondern
wie eine Sehkraft, die noch nicht zum Sehen gelangt ist, und
doch brachte sie beim Abschied ein Ding mit, welches sie
selber zur Vielheit gemacht hatte; so war es ein anderes,
dessen sie begehrte (sie hatte davon nur irgendeine unbe-
stimmte Vorstellung in sich), ein anderes, das sie beim Ab-
schied mitbekam – sie hatte es bei sich zur Vielheit gemacht;
auch besitzt die Sehkraft nun eine Prägung des Schaunisses *100*
(sonst hätte sie es nicht einlassen können, daß es bei ihr
statthabe), und diese Prägung bedeutet ein Vielwerden statt
des Einsseins; und so erkannte die Sehkraft das Schaunis
und sah es; und in diesem Augenblick wurde sie sehende Seh-
kraft. Indem sie dies nun aber besitzt, ist sie im gleichen
Augenblick Geist, und besitzt es als Geist, während sie zu-
vor nur ein Drang war und ungeprägtes Sehen. Dieser *101*
Geist also nahm das Jenseitige in den Blick und, als er es
faßte, wurde er Geist, aber Geist, welcher sich ständig kon-
stituiert und zu Geist, Wesenheit und Denken wird, wenn
er denkt; denn vorher war er nicht Denken, da er kein Ge-
dachtes hatte, und nicht Geist, da er noch nicht gedacht
hatte. Das aber, was vor diesen Dingen belegen ist, ist ihr *102*
Urgrund, nicht als in ihnen enthaltener (denn der Ursprung
ist nicht in den Dingen enthalten), sondern als ihr Ausgangs-
punkt; das aber, von dem jedwedes Einzelne ausgeht, ist
nicht selber ein Einzelnes, sondern unterschieden von ihnen
allen; es ist also nicht eines von allen Dingen, sondern vor
allen Dingen. Mithin auch vor dem Geiste. Auch sind ja alle *103*
Dinge innerhalb des Geistes vorhanden, mithin Jenes auch
auf diesem Wege gesichert als vor dem Geiste liegend; wenn
ferner die Stufe nach Ihm den Rang ‘alle Dinge’ hat, so ist
Es auch auf diesem Wege ‘vor allen Dingen’. Jenes darf ja *104*
nicht eines von den Dingen sein, vor denen es ist; da darfst du
es nicht Geist nennen, also auch nicht das Gute – wenn ‘das
Gute’ eines von allen Dingen bedeutet, auch nicht das Gute;
meint es aber das vor allen Dingen Liegende, so sei es so
genannt. Wenn der Geist nun Geist ist, sofern er vielfältig *105*

πολύς ἐστι, καὶ τὸ νοεῖν αὐτὸ οἷον παρεμπεσόν, κἂν ἐξ αὐτοῦ ᾖ, πληθύει, δεῖ τὸ πάντη ἁπλοῦν καὶ πρῶτον ἁπάντων ἐπέκεινα νοῦ εἶναι. καὶ γὰρ εἰ νοήσει, οὐκ ἐπέκεινα νοῦ, ἀλλὰ νοῦς ἔσται· ἀλλὰ εἰ νοῦς ἔσται, καὶ αὐτὸ [τὸ] πλῆθος ἔσται.

Καὶ τί κωλύει οὕτω πλῆθος εἶναι, ἕως ἐστὶν οὐσία μία; τὸ γὰρ πλῆθος οὐ συνθέσει, ἀλλ' αἱ ἐνέργειαι αὐτοῦ τὸ πλῆθος. ἀλλ' εἰ μὲν αἱ ἐνέργειαι αὐτοῦ μὴ οὐσίαι, ἀλλ' ἐκ δυνάμεως εἰς ἐνέργειαν ἔρχεται, οὐ πλῆθος μέν, ἀτελὲς δὲ πρὶν ἐνεργῆσαι τῇ οὐσίᾳ. εἰ δὲ ἡ οὐσία αὐτοῦ ἐνέργεια, ἡ δὲ ἐνέργεια αὐτοῦ τὸ πλῆθος, τοσαύτη ἔσται ἡ οὐσία αὐτοῦ, ὅσον τὸ πλῆθος. τοῦτο δὲ τῷ μὲν νῷ συγχωροῦμεν, ᾧ καὶ τὸ νοεῖν ἑαυτὸ ἀπεδίδομεν, τῇ δὲ ἀρχῇ πάντων οὐκέτι. δεῖται δὲ πρὸ τοῦ πολλοῦ τὸ ἓν εἶναι, ἀφ' οὗ καὶ τὸ πολύ· ἐπ' ἀριθμοῦ γὰρ παντὸς τὸ ἓν πρῶτον. ἀλλ' ἐπ' ἀριθμοῦ μὲν οὕτως φασί· σύνθεσις γὰρ τὰ ἑξῆς· ἐπὶ δὲ τῶν ὄντων τίς ἀνάγκη ἤδη καὶ ἐνταῦθα ἕν τι εἶναι, ἀφ' οὗ τὰ πολλά; ἢ διεσπασμένα ἔσται ἀπ' ἀλλήλων τὰ πολλά, ἄλλο ἄλλοθεν ἐπὶ τὴν σύνθεσιν κατὰ τύχην ἰόν. ἀλλ' ἐξ ἑνὸς τοῦ νοῦ ἁπλοῦ ὄντος φήσουσι τὰς ἐνεργείας προελθεῖν· ἤδη μέν τι ἁπλοῦν τὸ πρὸ τῶν ἐνεργειῶν τίθενται. εἶτα τὰς ἐνεργείας μενούσας ἀεὶ καὶ ὑποστάσεις θήσονται· ὑποστάσεις δὲ οὖσαι ἕτεραι ἐκείνου, ἀφ' οὗ εἰσιν, ἔσονται, μένοντος μὲν ἐκείνου ἁπλοῦ, τοῦ δὲ ἐξ αὐτοῦ ἐφ' ἑαυτοῦ πλήθους ὄντος καὶ ἐξηρτημένου ἀπ' ἐκείνου. εἰ μὲν γὰρ ἐκείνου ποθὲν ἐνεργήσαντος αὗται ὑπέστησαν, κἀκεῖ **12**

11, 29 del. Kirchhoff 12, 2 συνθέσει Kirchhoff: συνθέσεις 12, 17 θήσονται Kirchhoff: αἰσθήσονται 12, 19 ἐφ' Kirchhoff: ἀφ'

ist, und eben das Denken, indem es sich, obschon aus ihm
stammend, gleichsam eindrängt, ihn zur Vielheit bringt,
dann muß das schlechthin Einfache, das Erste von allen
Dingen, jenseits des Geistes sein. Es würde ja, wenn es *106*
dächte, nicht jenseits des Geistes sein, sondern Geist; wenn
es aber Geist wäre, so müßte es auch seinerseits Vielheit
**12** sein. – Was steht denn aber im Wege, daß es in diesem Sinne
Vielheit sei, solange es als Substanz einheitlich bleibt?
Wenn man bei Vielheit nämlich nicht an Zusammensetzung,
sondern an die Wirkungskräfte denkt. – Aber wenn diese *107*
Wirkungskräfte nicht seine Substanzen sind, sondern Es erst
aus dem bloßen Vermögen *(Potenz)* zur Verwirklichung
schreiten muß, so ist es zwar nicht Vielheit, aber doch
unvollständig, bevor es mit seiner Substanz zur Wirksam-
keit gelangt. Ist jedoch seine Substanz Wirkungskraft,
und seine Wirkungskraft Vielheit, so würde seine Substanz
von eben der Anzahl sein, wie die Vielheit ausmacht. Das *108*
aber lassen wir wohl für den Geist gelten, dem wir entspre-
chend das Denken seiner selbst zugeschrieben haben, nicht
dagegen für das Grundprinzip aller Dinge. Vielmehr muß
vor dem Vielen das Eine sein, von dem auch das Viele erst
herstammt; es steht ja bei jeder Zahlenreihe das Eine an
erster Stelle. – Gewiß, bei der Zahlenreihe lehrt man es so; *109*
da sind ja auch die weiteren Zahlen das Resultat von Zu-
sammensetzung. Was aber besteht bei den seienden Dingen
für eine Notwendigkeit, daß auch hier ein Eines vorhanden
sei, von dem das Viele herkomme? – Nun, sonst würde ja
das Viele ganz auseinandergerissen sein, und jedes Ding käme
aus anderer Richtung zu einem bloß zufälligen Zusammen-
treffen. Will man uns aber entgegenhalten, daß aus dem *110*
einen und einfachen Geiste die Wirkungskräfte hervor-
gehen, so setzt man damit bereits etwas Einfaches, das vor
den Wirkungskräften liegt; und dann müssen unsere Gegen-
sprecher ja die Wirkungskräfte als etwas immer Bleibendes,
als Wesenheiten ansetzen; sind sie aber Wesenheiten, so *111*
müssen sie verschieden sein von Dem, aus dem sie stammen,
denn Jenes bleibt einfach, während das, was aus ihm
kommt, in sich selber Vielheit ist und mit Jenem verknüpft.
Denn wenn diese Wirkungskräfte dadurch zur Wesenheit

πλῆθος ἔσται· εἰ δ' αὗταί εἰσιν αἱ πρῶται ἐνέργειαι τὸ δεύτερον [ποιήσασαι], ποιήσουσιν ἐκεῖνο τὸ πρὸ τούτων τῶν ἐνεργειῶν ὂν ἐφ' ἑαυτοῦ μένειν, τῷ δευτέρῳ τῷ ἐκ τῶν ἐνεργειῶν συστάντι τὰς ἐνεργείας [ἃς] παραχωρῆσαν· ἄλλο γὰρ αὐτό, ἄλλο αἱ ἐνέργειαι αἱ ἀπ' αὐτοῦ, ὅτι μὴ αὐτοῦ ἐνεργήσαντος. εἰ δὲ μή, οὐκ ἔσται ἡ πρώτη ἐνέργεια ὁ νοῦς· οὐ γὰρ οἷον προυθυμήθη νοῦν γενέσθαι, εἶτα ἐγένετο νοῦς τῆς προθυμίας μεταξὺ αὐτοῦ τε καὶ τοῦ γεννηθέντος νοῦ γενομένης· οὐδ' αὖ ὅλως προυθυμήθη, οὕτω τε γὰρ ἦν ἂν ἀτελὴς καὶ ἡ προθυμία οὐκ εἶχεν ὅ τι προθυμηθῇ· οὐδ' αὖ τὸ μὲν εἶχε τοῦ πράγματος, τὸ δὲ οὐκ εἶχεν· οὐδὲ γὰρ ἦν τι, πρὸς ὃ ἡ ἔκτασις. ἀλλὰ δῆλον, ὅτι, εἴ τι ὑπέστη μετ' αὐτόν, μένοντος ἐκείνου ἐν τῷ αὑτοῦ ἤθει ὑπέστη. δεῖ οὖν, ἵνα τι ἄλλο ὑποστῇ, ἡσυχίαν ἄγειν ἐφ' ἑαυτοῦ πανταχοῦ ἐκεῖνο· εἰ δὲ μή, ἢ πρὸ τοῦ κινηθῆναι κινήσεται, καὶ πρὸ τοῦ νοῆσαι νοήσει, <ἢ> ἡ πρώτη ἐνέργεια αὐτοῦ ἀτελὴς ἔσται ὁρμὴ μόνον οὖσα. ἐπὶ τί οὖν ὡς ἀτυχοῦσά του ἐφορμᾷ; ἢ κατὰ λόγον θησόμεθα τὴν μὲν ἀπ' αὐτοῦ οἷον ῥυεῖσαν ἐνέργειαν ὡς ἀπὸ ἡλίου φῶς· <φῶς> τι οὖν θησόμεθα καὶ πᾶσαν τὴν νοητὴν φύσιν· αὐτὸν δὲ ἐπ' ἄκρῳ τῷ νοητῷ ἑστηκότα βασιλεύειν ἐπ' αὐτοῦ οὐκ ἐξώσαντα ἀπ' αὐτοῦ τὸ ἐκφανέν – ἢ ἄλλο φῶς πρὸ φωτὸς ποιήσομεν – ἐπιλάμπειν δὲ ἀεὶ μένοντα ἐπὶ τοῦ νοητοῦ. οὐδὲ γὰρ ἀποτέτμηται

12, 23 ποιήσουσιν Beutler: ποιήσασαι ποιήσασαι δὲ τὸ Harder: ὃ 12, 25 del. Ficinus 12, 34 αὑτοῦ Kirchhoff: αὐτῷ 12, 37 add. Ficinus 12, 38s. ἀτυχοῦσά του Theiler: ὧδε τυχοῦσά του 12, 39 ἢ Ficinus: εἰ 12, 40 add. Kirchhoff

gelangten, daß Jenes von einer Stelle aus Wirkung zu
üben begann, dann gäbe es auch bei Jenem Vielheit.
Wenn aber diese ersten Wirkungskräfte das zweite Wesen *112*
sind, so dürften sie jenes Erste, welches vor diesen Wir-
kungskräften liegt, bei sich selber verharren lassen, nach-
dem Jenes die Wirkungskräfte dem Zweiten, das auf
Grund der Wirkungskräfte zur Existenz gelangte, einge-
räumt hat; denn Jenes selber ist zu unterscheiden von
den aus ihm kommenden Wirkungskräften, denn sie be-
ruhen ja gerade nicht auf einer von ihm ausgehenden Wir-
kung; andernfalls könnte der Geist ja nicht die Erste Wir- *113*
kungskraft sein. Es war ja nicht so, daß Jenes gleichsam
die Lust anwandelte, es möchte der Geist entstehen, und
dann entstand der Geist; dabei würde ja diese Lust zwischen
dem Einen selber und dem dann erzeugten Geist dazwi-
schen stehen; auch hat Es überhaupt niemals eine Lust
angewandelt, denn dann wäre es ja unvollständig, diese
Lust hätte ja das nicht, wonach es sie gelüsten soll, auch
konnte sie nicht etwa ein Stück eines Dinges haben und ein
anderes nicht, es gab ja auch gar kein Ding, auf das sich ein
solcher Impuls hätte richten können. Nein, es ist klar: *114*
wenn etwas nach Jenem zur Existenz gelangt ist, so ist
es zur Existenz gelangt, indem Jenes verharrte in seiner
ihm eigenen Wesensart. Folglich muß Jenes, damit etwas
Weiteres entstehen könne, Ruhe halten und allerwegen
bei sich selber sein; andernfalls würde es sich bewegen,
ehe es Bewegung gibt, würde denken, ehe es Denken gibt,
oder seine erste Wirkungskraft wäre unvollendet, da sie
bloßer Drang bliebe. Und zu welchem Ziele soll sie sich auf *115*
den Weg machen, als ob ihr etwas fehlte? Nun, wir wollen
passend die Wirkungskraft, die von Jenem gleichsam aus-
fließt, ansehen wie das von der Sonne ausgehende Licht;
dann werden wir die gesamte geistige Wesenheit also als
eine Art Licht ansehen, Jener aber steht stille am obersten
Gipfel des geistigen Bereiches und herrscht darüber als
König; ohne das hervortretende Licht nun von sich fort- *116*
zubannen – denn dann würden wir noch ein weiteres Licht
vor dem Lichte benötigen –, sondern Er leuchtet hinab und
verharrt dabei immer über dem geistigen Bereich; denn das,

τὸ ἀπ' αὐτοῦ οὐδ' αὖ ταὐτὸν αὐτῷ οὐδὲ τοιοῦτον οἷον μὴ οὐσία εἶναι οὐδ' αὖ οἷον τυφλὸν εἶναι, ἀλλ' ὁρῶν καὶ γινῶσκον ἑαυτὸ καὶ πρῶτον γινῶσκον. τὸ δὲ ὥσπερ ἐπέκεινα νοῦ, οὕτως καὶ ἐπέκεινα γνώσεως, οὐδὲν δεόμενον ὥσπερ οὐδενός, οὕτως οὐδὲ τοῦ γινώσκειν· ἀλλ' ἔστιν ἐν δευτέρᾳ φύσει τὸ γινώσκειν. ἓν γάρ τι καὶ τὸ γινώσκειν· τὸ δέ ἐστιν ἄνευ τοῦ «τὶ» ἕν· εἰ γὰρ τὶ ἕν, οὐκ ἂν αὐτοέν· τὸ γὰρ «αὐτὸ» πρὸ τοῦ «τὶ».

Διὸ καὶ ἄρρητον τῇ ἀληθείᾳ· ὅ τι γὰρ ἂν εἴπῃς, τὶ **13**
ἐρεῖς. ἀλλὰ τὸ «ἐ π έ κ ε ι ν α πάντων καὶ ἐπέκεινα τοῦ σεμνοτάτου νοῦ» ἐν τοῖς πᾶσι μόνον ἀληθὲς οὐκ ὄνομα ὂν αὐτοῦ, ἀλλ' ὅτι οὔτε τι τῶν πάντων οὔτε ὄ ν ο μ α α ὐ τ ο ῦ, ὅτι μηδὲν κατ' αὐτοῦ· ἀλλ' ὡς ἐνδέχεται, ἡμῖν αὐτοῖς σημαίνειν ἐπιχειροῦμεν περὶ αὐτοῦ. ἀλλ' ὅταν ἀπορῶμεν «ἀναίσθητον οὖν ἑαυτοῦ καὶ οὐδὲ παρακολουθοῦν ἑαυτῷ οὐδὲ οἶδεν αὐτό», ἐκεῖνο χρὴ ἐνθυμεῖσθαι, ὅτι ταῦτα λέγοντες ἑαυτοὺς περιτρέπομεν ἐπὶ τἀναντία. πολὺ γὰρ αὐτὸ ποιοῦμεν γνωστὸν καὶ γνῶσιν ποιοῦντες καὶ διδόντες νοεῖν δεῖσθαι τοῦ νοεῖν ποιοῦμεν· κἂν σὺν αὐτῷ τὸ νοεῖν ᾖ, περιττὸν ἔσται αὐτῷ τὸ νοεῖν. κινδυνεύει γὰρ ὅλως τὸ νοεῖν πολλῶν εἰς ταὐτὸ συνελθόντων συναίσθησις εἶναι τοῦ ὅλου (ὅταν αὐτό τι ἑαυτὸ νοῇ, ὃ δὴ καὶ κυρίως ἐστὶ νοεῖν· ἓν δὲ ἕκαστον αὐτό τί ἐστι καὶ οὐδὲν ζητεῖ· εἰ δὲ τοῦ ἔξω ἔσται ἡ νόησις, ἐνδεές τι ἔσται καὶ οὐ κυρίως τὸ νοεῖν). τὸ δὲ

**13, 13** ταὐτὸ Harder: αὐτὸ **13, 16** τι Beutler: τε

was aus ihm herkommt, ist ja nicht von ihm abgetrennt,
ist freilich wiederum auch nicht mit ihm dasselbe; es ist
auch durchaus, wie es seiner Beschaffenheit entspricht,
Substanz; auch ist es keineswegs gleichsam blind, sondern *117*
es sieht, es erkennt sich selber und ist das Erste Erkennende.
Jenes dagegen, wie es jenseits des Geistes ist, so auch jen-
seits der Erkenntnis; und wie es in keinem Stücke irgend
eines Dinges bedarf, so auch nicht des Erkennens. Sondern *118*
das Erkennen wohnt erst der Zweiten Wesenheit inne.
Denn auch das Erkennen ist etwas Einheitliches, Jenes
aber ist schlechthin Eins, ohne das 'etwas'; denn wäre es
nur etwas Eines, so wäre es nicht das Eine an sich selber;
13 denn das 'an sich selber' liegt vor dem Etwas. Daher Es auch
in Wahrheit unaussagbar ist; denn was du von ihm aus-
sagen magst, immer mußt du ein Etwas aussagen. Viel- *119*
mehr ist allein unter allen andern die Bezeichnung 'jenseits
von allen Dingen und jenseits des erhabenen Geistes' zu-
treffend, denn sie ist kein Name, sondern besagt, daß es
keines von allen Dingen ist, daß es auch 'keinen Namen
für Es' gibt, weil wir nichts von Ihm aussagen können;
sondern wir versuchen nur nach Möglichkeit, uns unter-
einander einen Hinweis über Es zu geben. – Wenn wir indes *120*
die Frage aufwerfen: 'so wird Jenes also seiner selbst nicht
gewahr und hat kein Bewußtsein von sich und weiß nichts
von sich?', so müssen wir das eine dabei bedenken, daß wir
mit solcher Rede uns selber umstürzen und zur gegenteiligen
Meinung übergehen. Denn wir machen es vielfältig, wenn *121*
wir es zu Erkennbarem und Erkenntnis machen, und in-
dem wir ihm das Denken zuschreiben, machen wir es des
Denkens bedürftig; und wenn ihm auch das Denken inne-
wohnte, es wäre ihm ja zwecklos. Es scheint ja überhaupt, *122*
daß das Denken ein Vorgang ist, bei dem viele Momente in
einen Punkt zusammentreten und dann ein gemeinsames
Gewahren *(Bewußtsein)* des Ganzen stattfindet (wenig-
stens wenn ein Ding sich selber denkt, und das bedeutet ja
Denken im echten Sinne, wobei denn jedes einzelne Moment
ein Selbst für sich ist und nichts weiter sucht; bezieht sich
dagegen das Denken auf die Außendinge, so ist es ein mangel-
haftes und es ist kein Denken im echten Sinne). Das aber, *123*

πάντη ἁπλοῦν καὶ αὔταρκες ὄντως οὐδὲν δεῖται· τὸ δὲ δευτέρως αὔταρκες, δεόμενον δὲ ἑαυτοῦ, τοῦτο δεῖται τοῦ νοεῖν ἑαυτό· καὶ τὸ ἐνδεὲς πρὸς αὑτὸ ὂν τῷ ὅλῳ πεποίηκε τὸ αὔταρκες ἱκανὸν ἐξ ἁπάντων γενόμενον, συνὸν ἑαυτῷ καὶ εἰς αὑτὸ νεῦον. ἐπεὶ καὶ ἡ συναίσθησις πολλοῦ τινος αἴσθησίς ἐστι (καὶ μαρτυρεῖ καὶ τοὔνομα) καὶ ἡ νόησις προτέρα οὖσα, <νοῦς δ'> εἴσω εἰς αὑτὸν ἐπιστρέφει δηλονότι πολὺν ὄντα· καὶ γὰρ ἐὰν αὐτὸ τοῦτο μόνον εἴπῃ «ὄν εἰμι», ὡς ἐξευπορῶν λέγει καὶ εἰκότως λέγει, τὸ γὰρ ὂν πολύ ἐστιν· ἐπεί, ὅταν ὡς εἰς ἁπλοῦν ἐπιβάλῃ καὶ εἴπῃ «ὄν εἰμι», οὐκ ἔτυχεν οὔτε αὑτοῦ οὔτε τοῦ ὄντος. οὐ γὰρ ὡς λιτὸν λέγει τὸ ὄν, ὅταν ἀληθεύῃ, ἀλλ' εἴρηκε μιᾷ ῥήσει πολλά. τὸ γὰρ εἶναι τοῦτο, ὅπερ ὄντως εἶναι καὶ μὴ ἴχνος ἔχον τοῦ ὄντος λέγεται, ὃ οὐδὲ ὂν διὰ τοῦτο λέγοιτ' ἄν, ὥσπερ εἰκὼν πρὸς ἀρχέτυπον, πολλὰ ἔχει. τί οὖν; ἕκαστον αὐτῶν οὐ νοηθήσεται; ἢ ἔ ρ η μ ο ν  κ α ὶ  μ ό ν ο ν ἐὰν ἐθελήσῃς λαβεῖν, οὐ νοήσεις· ἀλλ' αὐτὸ τὸ εἶναι ἐν αὐτῷ πολύ ἐστι, κἂν ἄλλο τι εἴπῃς, ἔχει τὸ εἶναι. εἰ δὲ τοῦτο, εἴ τί ἐστιν ἁπλούστατον ἁπάντων, οὐχ ἕξει νόησιν αὑτοῦ· εἰ γὰρ ἕξει, τῷ πολὺ εἶναι ἕξει. οὔτ' οὖν αὐτὸ νοεῖ οὔτ' ἔστι νόησις αὐτοῦ.

Πῶς οὖν ἡμεῖς λέγομεν περὶ αὐτοῦ; ἢ λέγομεν **14**
μέν τι περὶ αὐτοῦ, οὐ μὴν αὐτὸ λέγομεν οὐδὲ γνῶσιν οὐδὲ νόησιν ἔχομεν αὐτοῦ. πῶς οὖν λέγομεν περὶ αὐτοῦ, εἰ μὴ αὐτὸ ἔχομεν; ἤ, εἰ μὴ ἔχομεν τῇ γνώσει, οὐ παντε-

13, 21 νεῦον Theiler: νοοῦν 13, 23 add. Theiler 13, 25 ἐξευπορῶν Theiler: ἐξευρὼν 13, 27 λιτὸν Theiler: λίθον 13, 30 λέγοιτ' Kirchhoff: λέγοι 13, 35 πολὺ Kirchhoff: που 13, 36 νοεῖ Ficinus: νοεῖν 14, 4 οὐ Ficinus: καί

was schlechthin einfach ist und wahrhaft sich selber genug,
kennt kein Bedürfen; erst das, was im zweiten Sinne sich
selbst genug ist, indem es nämlich nur seiner selbst bedarf,
dies bedarf des Sichselberdenkens; das, was sich selbst gegen- *124*
über bedürftig ist, erreicht die Selbstgenugsamkeit erst durch
seine Ganzheit, indem es aus allen seinen Teilen her zureichend
wird und so bei sich selber weilt und zu sich selber hinneigt.
So ist ja auch das Mitgewahren *(Selbstbewußtsein)* ein Ge-
wahren einer Vielheit (das bezeugt schon sein Name). Ebenso *125*
auch das Denken, welches früher da ist; der Geist aber
wendet sich hinein zu sich, offenbar einem Vielfältigen. Und
wenn er nur diesen einen Ausspruch tut: 'ich bin das Seiende',
so spricht er etwas aus der eigenen Fülle heraus, er spricht
glaublich, denn das Seiende ist vielfältig. Denn wenn er den *126*
Blick auf sich als auf ein Einfaches richtete und sagte: 'ich
bin das Seiende', so würde er damit sein eignes Wesen
sowohl wie das Seiende verfehlt haben. Denn er spricht,
wenn er wahr spricht, vom Seienden nicht wie von einem
Ärmlichen, sondern er umfaßt mit diesem einen Wort
die Vielheit der Dinge; denn dies Seiende, welches als
wahrhaft seiend angesprochen wird und nicht nur mit
einem bloßen Widerschein des Seienden behaftet – ein sol-
ches Ding würde ja um dieses Abglanzes willen auch gar
nicht seiend genannt werden, gleichsam ein Abbild zu einem
Urbild –, dies Seiende enthält die Vielheit. Wird nun aber *127*
nicht jedes einzelne Ding unter den Vielen gedacht werden?
Nun, willst du es 'allein und für sich abgesondert' ins Auge
fassen, so wirst du es nicht denken; aber das Sein ist in
sich selber vielfältig, und jedes andere Ding, das du nennen
magst, ist im Sein enthalten. Wenn dem aber so ist, dann *128*
kann das Einfachste von allen Wesen, wenn es etwa ein
solches gibt, kein Sichselberdenken haben; denn hätte es
dies, so würde es dies durch seine Vielheit haben. Somit
denkt es weder sich selber, noch gibt es überhaupt eine Mög-
**14** lichkeit, es zu denken. – Wie aber können dann wir etwas *129*
über Jenes aussagen? Nun, wir sagen wohl etwas über
Jenes aus, wir sagen aber nicht Jenes aus, und haben nicht
Erkenntnis noch Denken seiner. Und wie können wir über
Es aussagen, wenn wir es nicht haben? Nun, wenn wir es

λῶς οὐκ ἔχομεν· ἀλλ' οὕτως ἔχομεν, ὥστε περὶ αὐτοῦ μὲν λέγειν, αὐτὸ δὲ μὴ λέγειν. καὶ γὰρ λέγομεν, ὃ μὴ ἔστιν· ὃ δέ ἐστιν, οὐ λέγομεν· ὥστε ἐκ τῶν ὕστερον περὶ αὐτοῦ λέγομεν. ἔχειν δὲ οὐ κωλυόμεθα, κἂν μὴ λέγωμεν. ἀλλ' ὥσπερ οἱ ἐνθουσιῶντες καὶ κάτοχοι γενόμενοι ἐπὶ τοσοῦτον κἂν εἰδεῖεν, ὅτι ἔχουσι μεῖζον ἐν αὑτοῖς, κἂν μὴ εἰδῶσιν ὅ τι, ἐξ ὧν δὲ κεκίνηνται καὶ λέγουσιν, ἐκ τούτων αἴσθησίν τινα τοῦ κινήσαντος λαμβάνοντες ἑτέρων ὄντων τοῦ κινήσαντος, οὕτω καὶ ἡμεῖς κινδυνεύομεν ἔχειν πρὸς ἐκεῖνο, ὅταν νοῦν καθαρὸν ἔχωμεν, χρώμενοι, ὡς οὗτός ἐστιν ὁ ἔνδον νοῦς, ὁ δοὺς οὐσίαν καὶ τὰ ἄλλα, ὅσα τούτου τοῦ στοίχου, αὐτὸς δὲ οἷος ἄρα, ὡς οὐ ταῦτα, ἀλλά τι κρεῖττον τούτου, ὃ λέγομεν «ὄν», ἀλλὰ καὶ πλέον καὶ μεῖζον ἢ λεγόμενον, ὅτι καὶ αὐτὸς κρείττων λόγου καὶ νοῦ καὶ αἰσθήσεως, παρασχὼν ταῦτα, οὐκ αὐτὸς ὢν ταῦτα.

**15** Ἀλλὰ πῶς παρασχών; ἢ τῷ ἔχειν <ἢ τῷ μὴ ἔχειν>. ἀλλ' ἃ μὴ ἔχει, πῶς παρέσχεν; ἀλλ' εἰ μὲν ἔχων, οὐχ ἁπλοῦς· εἰ δὲ μὴ ἔχων, πῶς ἐξ αὐτοῦ τὸ πλῆθος; ἓν μὲν γὰρ ἐξ αὐτοῦ ἁπλοῦν τάχ' ἄν τις δοίη – καίτοι καὶ τοῦτο ζητηθείη ἄν, πῶς ἐκ τοῦ πάντη ἑνός· ἀλλ' ὅμως δὲ ἔστιν εἰπεῖν οἷον ἐκ φωτὸς τὴν ἐξ αὐτοῦ περίλαμψιν – πῶς δὲ πολλά; ἢ οὐ ταὐτὸν ἔμελλε τὸ ἐξ ἐκείνου ἐκείνῳ. εἰ οὖν μὴ ταὐτόν, οὐδέ γε βέλτιον· τί γὰρ ἂν τοῦ ἑνὸς βέλτιον ἢ ἐπέκεινα ὅλως; χεῖρον ἄρα· τοῦτο δέ ἐστιν ἐνδεέστερον. τί οὖν ἐνδεέστερον τοῦ ἑνός; ἢ τὸ μὴ ἕν· πολλὰ ἄρα· ἐφιέμενον δὲ ὅμως τοῦ ἑνός· ἓν ἄρα πολλά. πᾶν γὰρ τὸ μὴ ἓν τῷ ἓν σῴζεται καὶ ἔστιν, ὅπερ ἐστί, τούτῳ· μὴ γὰρ ἓν

14, 17 s. λεγόμενον Cilento: λέγομεν ὂν   15, 1 add. Ficinus, confirmavit epistola Arab.

nicht in der Erkenntnis haben, so ist das doch kein vollkom-
menes Nichthaben, sondern insoweit haben wir es, daß wir
wohl über es, nicht aber es aussagen können. Wir sagen
ja aus, was es nicht ist; und was es ist, das sagen wir nicht
aus; somit geht das, was wir über es aussagen, von den
Dingen aus, die später sind als es. Es zu haben aber, sind *130*
wir nicht gehindert, auch wenn wir es nicht aussagen
können; sondern so, wie die Gottbegeisterten, Besessenen
soviel wohl wissen, daß sie ein Größeres in sich tragen, auch
wenn sie nicht wissen was, dann aber auf Grund der Er-
schütterungen, die ihnen zuteil werden, und ihrer Aus-
sagen, in gewisser Weise dessen gewahr werden, der sie
hervorruft, obgleich diese verschieden sind von ihm: ebenso, *131*
scheint es, stehen auch wir zu Jenem; wenn wir des reinen
Geistes habhaft sind, so erahnen wir es, daß dies der innere
Geist ist, welcher Substanz verleiht und alles, was dieser
Stufe angehört, und daß Jener, wie er immer ist, sei, nicht *132*
alledies, sondern etwas Höheres als das, was wir von ihm
'Sein' nennen, ja er ist mehr und größer, als wir überhaupt
aussagen können, denn er steht höher als Wort und Geist
und Wahrnehmung, er gibt diese Dinge dar, ist sie aber
nicht selber.

**15** Wie kann Er sie aber dargeben? Entweder indem er sie *133*
hat, oder indem er sie nicht hat. Indes, was er nicht hat,
wie kann er das dargeben? Und hat er sie, so ist er nicht ein-
fach; hat er sie nicht, wie kann dann aus ihm die Vielheit
kommen? Denn daß ein Eines aus sich ein Einfaches heraus- *134*
stelle, könnte man vielleicht noch zugeben (obgleich auch
dies eine schwierige Frage wäre, wieso dies aus dem schlecht-
hin Einen möglich sei, dennoch aber, man kann sagen: so
wie aus einem Licht der es umlagernde Glanz) – wieso aber
viele Dinge? Nun, das was aus Jenem kommt, soll ja nicht *135*
dasselbe sein wie Jenes; wenn nun nicht dasselbe, so gewiß
nicht besser, denn was könnte besser sein als das Eine oder
es sonst irgend übertreffen? Mithin geringer; und das heißt
mangelhafter. Und was ist mangelhafter als das Eine? Das
Nichteine, somit Vielfältige, welches dennoch nach dem
Einen trachtet, also EINES-VIELES ist. Denn alles was *136*
Nichteines ist, wird durch das Eine erhalten und ist, was

γενόμενον, κἂν ἐκ πολλῶν ᾖ, οὔπω «ἔστιν» ἂν εἴποι τις αὐτό· κἂν ἕκαστον ἔχῃ λέγειν τις ὅ ἐστι, τῷ ἓν ἕκαστον αὐτῶν εἶναι λέγει καὶ τὸ αὐτό· ἔτι δὲ τὸ μὴ πολλὰ ἔχον ἐν ἑαυτῷ ἤδη οὐ μετουσίᾳ ἑνὸς ἕν, ἀλλὰ αὐτὸ ἕν, οὐ κατ' ἄλλου, ἀλλ' ὅτι τοῦτο, παρ' οὗ πως καὶ τὰ ἄλλα, τὰ μὲν τῷ ἐγγύς, τὰ δὲ τῷ πόρρω· ἐπεὶ [δὲ] τὸ μετ' αὐτὸ καὶ ὅτι μετ' αὐτὸ δῆλον ποιεῖ τῷ τὸ πλῆθος αὐτοῦ ἓν πανταχοῦ εἶναι· καὶ γὰρ πλῆθος ὂν ὅμως ἐν τῷ αὐτῷ καὶ διακρῖναι οὐκ ἂν ἔχοις, ὅτι ὁμοῦ πάντα· ἐπεὶ καὶ ἕκαστον τῶν ἐξ αὐτοῦ, ἕως ζωῆς μετέχει, ἓν πολλά· ἀδυνατεῖ γὰρ δεῖξαι αὐτὸ ἓν πάντα. αὐτὸ δὲ ἐκεῖνο ἓν πάντα, ὅτι μεγάλη ἀρχή· ἀρχὴ γὰρ ἓν ὄντως καὶ ἀληθῶς ἕν· τὸ δὲ μετὰ τὴν ἀρχὴν ὧδέ πως ἐπιβρίσαντος τοῦ ἑνὸς πάντα μετέχον τοῦ ἕν, καὶ ὁτιοῦν αὐτοῦ πάντα αὖ καὶ ἕν. Τίνα οὖν πάντα; ἢ ὧν ἀρχὴ ἐκεῖνο. πῶς δὲ ἐκεῖνο ἀρχὴ τῶν πάντων; ἆρα, ὅτι αὐτὰ σῴζει ἓν ἕκαστον αὐτῶν ποιήσασα εἶναι; ἢ καὶ ὅτι ὑπέστησεν αὐτά; πῶς δή; ἢ τῷ πρότερον ἔχειν αὐτά. ἀλλ' εἴρηται, ὅτι πλῆθος οὕτως ἔσται. ἀλλ' ἆρα οὕτως εἶχεν ὡς μὴ διακεκριμένα· τὰ δ' ἐν τῷ δευτέρῳ διεκέκριτο τῷ λόγῳ, ἐνέργεια γὰρ ἤδη· τὸ δὲ δύναμις πάντων. ἀλλὰ τίς ὁ τρόπος τῆς δυνάμεως; οὐ

15, 15 τὸ αὐτὸ Theiler: τῷ αὐτῷ
15, 13 ἂν Kirchhoff: ὂν 15, 15 ἔτι δὲ τὸ Beutler: ἔτι τὸ δὲ ὅ 15, 18 del. Theiler μετ' αὐτὸ Harder: μὲν ταὐτὸ 15, 23 μεγάλη ἀρχὴ Perna: μεγάλην ἀρχήν 15, 27 πῶς Kirchhoff: ὅπως

es ist, vermöge des Einen; denn wenn es nicht, obgleich aus vielen Dingen bestehend, zu einer Einheit wird, so kann man von ihm nicht ‘ist’ sagen; und wenn auch einer von jedem einzelnen dieser Bestandteile sagen kann, was er ist, so kann er das doch nur deshalb sagen, weil jeder von ihnen ein Eines und Nämliches ist. Das ferner, welches *137* nicht Vielheit in sich enthält, das ist seinerseits nicht durch Teilnahme am Einen Eines, sondern ist selber Eines, nicht die von einem andern Ding ausgesagte Einheit, sondern insofern es dasjenige ist, von dem irgendwie die andern Dinge ihr Einssein erst erhalten, die einen aus näherer, die andern aus weiterer Entfernung. Das nächste nämlich, was *138* nach Ihm kommt *(der Geist)*, gibt eben dies, daß es das nächste nach Ihm ist, darin zu erkennen, daß seine Vielheit ALLERWÄRTS-EINES ist; ob sie gleich Vielheit ist, dennoch ist sie auf derselben Stelle, du könntest sie nicht scheiden, weil alles in ihr beisammen ist; ist ja doch jedes Einzelding, das aus ihm stammt, solange es am Leben teilhat, Eines-Vieles; denn als Eines-Alles vermag dies Allerwärts-Eine sich natürlich nicht zu erweisen. Jenes selber aber ist *139* EINES-ALLES, denn es ist der große Urgrund; der Urgrund nämlich ist eigentlich und wahrhaft Eines. Das aber, was nach dem Urgrund kommt, ist, da das Eine gleichsam in dieser Weise auf ihm lastet, Alles was am Einen teilhat, und auch jedes beliebige Stück von ihm ist ALLES-UND-EINES.

Was aber ist das für ein ‘Alles’? Nun, diejenigen Dinge, *140* deren Urgrund Jenes ist. Und wieso ist denn Jenes Urgrund aller Dinge? Etwa weil es die Gesamtheit erhält, indem es jedes einzelne Ding dasein läßt, oder auch weil es sie alle ins Dasein gerufen hat? – Wieso ist denn aber Jenes der Urgrund? – Nun, es trägt die Dinge zuvor in sich. – Es ist *141* doch aber vorhin festgestellt worden, daß es dann Vielheit wäre! – Indes, es hat die Dinge eben als nicht geschiedene in sich; sie waren erst auf der zweiten Stufe geschieden, durch die rationale Form nämlich; denn dort treten sie in die Verwirklichungen ein; Jenes aber ist erst die Möglichkeit *(Potenz)* aller Dinge. – Indes wie soll man sich die Art ‘Möglichkeit’ im einzelnen vorstellen? Denn es kann nicht

γὰρ ὡς ἡ ὕλη δυνάμει λέγεται, ὅτι δέχεται· πάσχει γάρ· ἀλλ' οὕτως ἀντιτεταγμένως τῷ ποιεῖν. πῶς οὖν ποιεῖ ἃ μὴ ἔχει; οὐ γὰρ ὡς ἔτυχε, μὴ δ' ἐνθυμηθεὶς ὃ ποιήσει, ποιήσει ὅμως. εἴρηται μὲν οὖν, ὅτι, εἴ τι ἐκ τοῦ ἑνός, ἄλλο δεῖ παρ' αὐτό· ἄλλο δὲ ὂν οὐχ ἕν· τοῦτο γὰρ ἦν ἐκεῖνο. εἰ δὲ μὴ ἕν, δύο δέ, ἀνάγκη ἤδη καὶ πλῆθος εἶναι· καὶ γὰρ ἕτερον καὶ ταὐτὸν ἤδη καὶ ποιὸν καὶ τὰ ἄλλα. Καὶ ὅτι μὲν δὴ μὴ ἓν τὸ ἐκείνου, δεδειγμένον ἂν εἴη· ὅτι δὲ πλῆθος καὶ πλῆθος τοιοῦτον, οἷον ἐν τῷ μετ' αὐτὸ θεωρεῖται, ἀπορῆσαι ἄξιον· καὶ ἡ ἀνάγκη δὲ τοῦ μετ' αὐτὸ ἔτι ζητητέα.

16 Ὅτι μὲν οὖν δεῖ τι εἶναι τὸ μετὰ τὸ πρῶτον, ἀλλαχοῦ εἴρηται, καὶ ὅλως, ὅτι δύναμίς ἐστι καὶ ἀμήχανος δύναμις, καὶ τοῦτο, ὅτι ἐκ τῶν ἄλλων ἁπάντων πιστωτέον, ὅτι μηδέν ἐστι μηδὲ τῶν ἐσχάτων, ὃ μὴ δύναμιν εἰς τὸ γεννᾶν ἔχει. ἐκεῖνα δὲ νῦν λεκτέον, ὡς, ἐπειδὴ ἐν τοῖς γεννωμένοις οὐκ ἔστι πρὸς τὸ ἄνω, ἀλλὰ πρὸς τὸ κάτω χωρεῖν καὶ μᾶλλον εἰς πλῆθος ἰέναι, καὶ ἡ ἀρχὴ ἑκάστων ἁπλουστέρα ἢ αὐτά. κόσμον τοίνυν τὸ ποιῆσαν αἰσθητὸν οὐκ ἂν εἴη κόσμος αἰσθητὸς αὐτό, ἀλλὰ νοῦς καὶ κόσμος νοητός· καὶ τὸ πρὸ τούτου τοίνυν τὸ γεννῆσαν αὐτὸ οὔτε νοῦς οὔτε κόσμος νοητός, ἁπλούστερον δὲ νοῦ καὶ ἁπλούστερον κόσμου νοητοῦ. οὐ γὰρ ἐκ πολλοῦ πολύ, ἀλλὰ τὸ πολὺ τοῦτο ἐξ οὐ πολλοῦ· εἰ γὰρ καὶ αὐτὸ πολύ, οὐκ ἀρχὴ τοῦτο, ἀλλ' ἄλλο πρὸ τούτου. συστῆναι οὖν δεῖ εἰς ἓν ὄν-

16, 8 ἢ αὐτά Kirchhoff: ἡ αὐτή

wie bei der Materie sein, die als potentiell angesprochen wird, weil sie alles in sich aufnimmt; denn sie ist lediglich erleidend. – Aber diese Art ist gerade entgegengesetzt dem Hervorbringen. – Also wie kann Es eigentlich hervor- *142*
bringen, was es nicht in sich trägt? Denn Es kann ja nicht aufs Geratewohl und ohne daß es überlegt, was es hervorbringen soll, trotzdem hervorbringen. – Nun, es ist vorhin gesagt worden, daß, wenn etwas aus dem Einen hervorgeht, dies anders sein muß als Es, ist es aber anders, so nicht eines, denn Eines ist ja Jenes; wenn aber nicht Eines, so muß es notwendig Zweiheit und dann auch Vielheit sein; denn dann gibt es bereits Andersheit und Selbigkeit und Wiebeschaffenheit und dergleichen mehr.

Daß also das aus Jenem kommende nicht Eines sein kann, *143*
dürfte damit erwiesen sein. Daß es aber Vielheit sein muß und zwar eine derartige Vielheit, wie sie an dem Jenem Nachgeordneten zu beobachten ist, das ist freilich noch ein schwieriger Punkt, der das Verweilen lohnte. Auch ist noch die Notwendigkeit zu prüfen, daß überhaupt etwas Jenem
16 Nachgeordnetes da sein muß. Daß es etwas geben muß, das *144*
dem Ersten nachgeordnet ist, das haben wir nun bereits anderwärts dargelegt, und haben allgemein gezeigt, daß Es Vermögen ist, unerschöpfliches Vermögen, und daß sich dies aus der Beobachtung aller übrigen Wesen bestätigt, denn es gibt kein Wesen, auch nicht unter den niedersten, welches nicht das Vermögen zum Zeugen hätte. Jetzt aber *145*
haben wir das andere hinzuzufügen, daß der Ursprung, da die Erzeugung von Wesen nicht ein Hinauf-, sondern nur Hinabschreiten bedeuten kann, nur ein weiteres Sich-Ausbreiten in der Vielheit, daß also der Ursprung jeglicher Wesen einfacher ist als diese Wesen selber. Das also, was die *146*
sichtbare Welt hervorgebracht hat, ist nicht selber sichtbare Welt, sondern Geist und geistige Welt; so ist also auch das, was vor dem Geiste liegt und ihn erzeugt hat, selber nicht Geist noch geistige Welt, sondern einfacher als der Geist und einfacher als die geistige Welt. Nicht also aus Vielem wird das Viele, sondern unser Vieles hier wird aus *147*
Nichtvielem; denn wäre auch Jenes selber vieles, so wäre es nicht der Urgrund, sondern es müßte ein anderes Prin-

τως παντὸς πλήθους ἔξω καὶ ἁπλότητος ἡστινοσοῦν, εἴπερ ὄντως ἁπλοῦν. Ἀλλὰ πῶς τὸ γενόμενον ἐξ αὐτοῦ λόγος πολὺς καὶ πᾶς, τὸ δὲ ἦν δηλονότι οὐ λόγος; εἰ δὲ μὴ τοῦτο ἦν, πῶς οὖν οὐκ ἐκ λόγου λόγος; καὶ πῶς τὸ ἀγαθοειδὲς ἐξ ἀγαθοῦ; τί γὰρ ἔχον αὐτοῦ ἀγαθοειδὲς λέγεται; ἆρ' ἔχον τὸ κατὰ τὰ αὐτὰ καὶ ὡσαύτως; καὶ τί ταῦτα πρὸς τὸ ἀγαθόν; τὸ γὰρ ὡσαύτως ζητοῦμεν ὄντων ἀγαθῶν. ἢ πρότερον ἐκεῖνο, οὗ μὴ ἐξίστασθαι δεήσει, ὅτι ἀγαθόν· εἰ δὲ μή, βέλτιον ἀποστῆναι. ἆρ' οὖν τὸ ζῆν ὡσαύτως μένοντα ἐπὶ τούτου ἑκουσίως; εἰ οὖν ἀγαπητὸν τούτῳ τὸ ζῆν, δῆλον ὅτι οὐδὲν ζητεῖ· ἔοικε τοίνυν διὰ τοῦτο τὸ ὡσαύτως, ὅτι ἀρκεῖ τὰ παρόντα. ἀλλὰ πάντων ἤδη παρόντων τούτῳ ἀγαπητὸν τὸ ζῆν καὶ δὴ οὕτω παρόντων, οὐχ ὡς ἄλλων ὄντων αὐτοῦ. εἰ δ' ἡ πᾶσα ζωὴ τούτῳ καὶ ζωὴ ἐναργὴς καὶ τελεία, πᾶσα ἐν τούτῳ ψυχὴ καὶ πᾶς νοῦς, καὶ οὐδὲν αὐτῷ οὔτε ζωῆς οὔτε νοῦ ἀποστατεῖ. αὐτάρκης οὖν ἑαυτῷ καὶ οὐδὲν ζητεῖ· εἰ δὲ μηδὲν ζητεῖ, ἔχει ἐν ἑαυτῷ ὃ ἐζήτησεν ἄν, εἰ μὴ παρῆν. ἔχει οὖν ἐν ἑαυτῷ τὸ ἀγαθὸν ἢ τοιοῦτον ὄν, ὃ δὴ ζωὴν καὶ νοῦν εἴπομεν, ἢ ἄλλο τι συμβεβηκὸς τούτοις. ἀλλ' εἰ τοῦτο τὸ ἀγαθόν, οὐδὲν ἂν εἴη ἐπέκεινα τούτων. εἰ δὲ ἔστιν ἐκεῖνο, δηλονότι ζωὴ πρὸς ἐκεῖνο τούτῳ ἐξημμένη ἐκείνου καὶ τὴν ὑπόστασιν ἔχουσα ἐξ ἐκείνου [καὶ πρὸς ἐκεῖνο ζῶσα]· ἐκεῖνο γὰρ αὐτοῦ ἀρχή. δεῖ τοίνυν ἐκεῖνο ζωῆς εἶναι κρεῖσσον καὶ νοῦ· οὕτω γὰρ ἐπιστρέψει πρὸς ἐκεῖνο καὶ τὴν ζωὴν τὴν ἐν αὐτῷ,

16, 19 αὐτοῦ Ficinus: ἑαυτοῦ 16, 21 ὄντων Ficinus: ὂν τῶν 16, 37 del. Harder

zip vor ihm geben. Es muß also sich zur eigentlichen Ein-
heit verdichten, enthoben aller Vielheit und beliebiger Art
von Einfachheit, wenn es wahrhaft einfach sein soll.

Wie aber kommt es, daß das aus Ihm Entstandene ratio- *148*
nale Form ist, und zwar vielfältige und allumfassende,
während Jenes doch natürlich nicht rationale Form ist?
Ist es das aber nicht, wie kann aus dem, was nicht rationale
Form ist, die rationale Form hervorgehen? Wie ferner das
Gutgestaltige aus dem Guten? Was trägt es von Jenem in
sich, daß es gutgestaltig heißen kann? Vielleicht das Gleich- *149*
bleibende, Unveränderliche? Aber was hat das mit dem
Guten zu tun? Das Unveränderliche wollen wir ja erst
dann haben, wenn die guten Dinge schon da sind. Nein,
wir suchen zuvor jenes, aus dem herauszutreten nicht nötig
werden wird, da es gut ist. Wäre es aber nicht gut, nun dann
wäre es besser, sich von ihm zu trennen. Ist es also gut, ein *150*
Leben zu haben, das unveränderlich ist, und darin zu ver-
harren aus freien Stücken? Ist dies Leben für einen zu-
friedenstellend, so sucht er dann klärlich nichts weiter; und
das Unveränderliche schiene dann den Sinn zu haben, daß
das Vorhandene hinreicht. Wenn nun aber gar alle Dinge *151*
vorhanden sind, ist erst recht dies Leben zufriedenstellend,
noch dazu wo sie in der Weise vorhanden sind, daß sie nicht
andere sind, sondern es selber. Ist aber in ihm das gesamte
Leben und zwar das klare und vollendete Leben, so ist in ihm
auch die gesamte Seele und der gesamte Geist, und kein
Stück an Seele oder Geist steht fern von ihm. Folglich ist *152*
es ihm selber genug und er braucht nichts weiter zu suchen;
und wenn er nichts zu suchen braucht, so hat er in sich
selber, was er suchen müßte, wär's nicht vorhanden. So hat
er also in sich selber das Gute, welches dann also entweder
ein Ding ist, das wir Leben und Geist genannt haben, oder
sonst etwas diesen Anhaftendes. Indessen, wenn dies das *153*
Gute ist, so kann es nichts mehr jenseits dieser Dinge
geben. Wenn nun aber Jenes existiert, so ist klärlich das
Leben des Zweiten auf Jenes gerichtet, ist an Jenes ge-
knüpft und hat sein Dasein von Jenem, denn Jenes ist sein
Urgrund. Mithin muß Jenes mächtiger sein als Leben und *154*
Geist; denn dann kann das Zweite hinkehren zu Jenem auch

μίμημά τι τοῦ ἐν ἐκείνῳ ὄντος, καθὸ τοῦτο ζῇ, καὶ τὸν νοῦν τὸν ἐν τούτῳ, μίμημά τι τοῦ ἐν ἐκείνῳ ὄντος, ὅ τι δήποτέ ἐστι τοῦτο.

Τί οὖν ἐστι κρεῖττον ζωῆς ἐμφρονεστάτης καὶ **17**
ἀπταίστου καὶ ἀναμαρτήτου καὶ νοῦ πάντα ἔχοντος καὶ ζωῆς πάσης καὶ νοῦ παντός; ἐὰν οὖν λέγωμεν «τὸ ποιῆσαν ταῦτα», καὶ πῶς ποιῆσαν; κἂν μὴ φανῇ τι κρεῖττον, οὐκ ἄνεισιν ὁ λογισμὸς ἐπ' ἄλλο, ἀλλὰ στήσεται αὐτοῦ. ἀλλὰ δεῖ ἀναβῆναι διά τε ἄλλα πολλὰ καὶ ὅτι τούτῳ τὸ αὔταρκες ἐκ πάντων ἐξ ὧν ἐστίν· ἕκαστον δὲ αὐτῶν δηλονότι ἐνδεές· καὶ ὅτι ἕκαστον τοῦ αὐτοενὸς μετείληφε [καὶ μετέχει ἑνός], οὐκ αὐτοέν. τί οὖν τὸ οὗ μετέχει, ὃ ποιεῖ καὶ αὐτὸ εἶναι καὶ ὁμοῦ τὰ πάντα; ἀλλ' εἰ ποιεῖ ἕκαστον εἶναι καὶ τῇ ἑνὸς παρουσίᾳ αὔταρκες τὸ πλῆθος αὐτοῦ καὶ αὐτό, δηλονότι ποιητικὸν οὐσίας καὶ αὐταρκείας ἐκεῖνο αὐτὸ οὐκ ὂν οὐσία, ἀλλ' ἐπέκεινα ταύτης καὶ ἐπέκεινα αὐταρκείας.

Ἀρκεῖ οὖν ταῦτα λέγοντας ἀπαλλαχθῆναι; ἢ ἔτι ἡ ψυχὴ ὠδίνει καὶ μᾶλλον. ἴσως οὖν χρὴ αὐτὴν ἤδη γεννῆσαι ἀίξασαν πρὸς αὐτὸ πληρωθεῖσαν ὠδίνων. οὐ μὴν ἀλλὰ πάλιν ἐπᾳστέον, εἴ ποθέν τινα πρὸς τὴν ὠδῖνα ἐπῳδὴν εὕροιμεν. τάχα δὲ κἂν ἐκ τῶν ἤδη λεχθέντων, εἰ πολλάκις τις ἐπᾴδοι, γένοιτο. τίς οὖν ὥσπερ καινὴ ἐπῳδὴ ἄλλη; ἐπιθέουσα γὰρ πᾶσι τοῖς ἀληθέσι καὶ ὧν μετέχομεν ἀληθῶν ὅμως ἐκφεύγει, εἴ τις βούλοιτο εἰπεῖν καὶ διανοηθῆναι, ἐπείπερ δεῖ τὴν διάνοιαν, ἵνα τι εἴπῃ, ἄλλο καὶ

17, 1 ἐμφρονεστάτης Creuzer: ἐμφρονεστάτου 17, 4 κἂν Kirchhoff: καί 17, 5 ἄνεισιν Harder: ἄπεισιν 17, 7 ἐξ ὧν Harder: ἔξω 17, 9 del. Theiler 17, 10 καὶ αὐτὸ cod. M.: αὐτὸ καὶ 17, 12 αὐτό Müller: αὐτός 17, 19 κἂν Sleeman: καὶ 17, 22 ἐκφεύγει Ficinus: εἰσφεύγει 17, 8 αὐτοενὸς Harder: αὐτοῦ ἑνός

das Leben, das in ihm ist – ein Nachbild des in Jenem befind-
lichen Prinzips, kann hinkehren den Geist, der in ihm ist –
ein Nachbild des in Jenem befindlichen Prinzips, was dies
**17** denn auch immer sein mag. Was aber ist nun mächtiger als *155*
das Leben, welches doch in höchstem Maße vernunftge-
leitet ist und frei von Straucheln und Fehle, und mächtiger
als der Geist, welcher doch alle Dinge in sich enthält,
mächtiger als das Gesamtleben also und der Gesamtgeist?
Falls wir erwidern 'das was sie geschaffen hat' – nun, wie
hat es sie denn geschaffen? Und wenn sich nichts Mächtige- *156*
res zeigt, dann wird unsere Überlegung nicht hinaufschreiten
zu etwas Anderem, sondern hier stehen bleiben; indes ist es
unerläßlich hinaufzuschreiten, aus vielen andern Gründen
und zumal, weil das Zweite nur die Selbstgenugsamkeit hat,
die aus allen Dingen herrührt, aus denen es besteht, von
denen aber natürlich jedes Einzelne mangelhaft ist; ferner
weil jedes Einzelne am Einen-an-sich teilhat, also nicht
Eines-an-sich ist. Was also ist das, an dem es teilhat, *157*
welches ihm sowohl wie zugleich allem das Dasein gibt?
Nun, wenn dies jedem Einzelnen das Dasein gibt und die
Vielheit des Einzelnen auch ihrerseits selber lediglich durch
das Vorhandensein des Einen sich selbst genug ist, so ist
klar, daß Jenes nur darum Substanz und Selbstgenugsam-
keit hervorzubringen vermag, weil es selber 'nicht Substanz
ist, sondern jenseits der Substanz' und jenseits der Selbst-
genugsamkeit.

Haben wir damit genug gesagt und dürfen uns empfehlen? *158*
Nein, die Seele ist noch trächtig, ja ist's noch mehr als zu-
vor; so ist es vielleicht so weit, daß sie gebären muß; denn
sie hat sich zu Jenem hinaufgeschnellt und ist dort voll
und trächtig geworden. Indessen wir wollen sie nochmals
besprechen, vielleicht finden wir ein Zaubersprüchlein gegen
die Wehen. Vielleicht könnte auch schon das bereits Gesagte
helfen, wenn man sie oft damit bespräche. Aber was haben *159*
wir denn für einen neuen 'Zauberspruch'? Sie hat zwar
alles Wahre durchmustert, auch alle jene Wahrheit, an
der wir nur Anteil haben, trotzdem aber macht sie sich
davon, wenn einer will, daß sie aussagt und gliedernd denkt;
denn das gliedernde Denkvermögen muß, um etwas aus-

ἄλλο λαβεῖν· οὕτω γὰρ καὶ διέξοδος· ἐν δὲ πάντη ἁπλῷ διέξοδος τίς ἐστιν; ἀλλ' ἀρκεῖ κἂν νοερῶς ἐφάψασθαι· ἐφαψάμενον δέ, ὅτε ἐφάπτεται, πάντη μηδὲν μήτε δύνασθαι μήτε σχολὴν ἄγειν λέγειν, ὕστερον δὲ περὶ αὐτοῦ συλλογίζεσθαι. τότε δὲ χρὴ ἑωρακέναι πιστεύειν, ὅταν ἡ ψυχὴ ἐξαίφνης φῶς λάβῃ· τοῦτο γάρ [τοῦτο τὸ φῶς] παρ' αὐτοῦ καὶ αὐτός· καὶ τότε χρὴ νομίζειν παρεῖναι, ὅταν ὥσπερ θεὸς ἄλλος [ὅταν] εἰς οἶκον καλοῦντός τινος ἐλθὼν φωτίσῃ· ἢ μηδ' ἐλθὼν οὐκ ἐφώτισεν. οὕτω τοι καὶ ψυχὴ ἀφώτιστος ἄθεος ἐκείνου· φωτισθεῖσα δὲ ἔχει, ὃ ἐζήτει, καὶ τοῦτο τὸ τέλος τἀληθινὸν ψυχῇ, ἐφάψασθαι φωτὸς ἐκείνου καὶ αὐτῷ αὐτὸ θεάσασθαι, οὐκ ἄλλῳ φωτί, ἀλλὰ τῷ, δι' οὗ καὶ ὁρᾷ. δι' οὗ γὰρ ἐφωτίσθη, τοῦτό ἐστιν, ὃ δεῖ θεάσασθαι· οὐδὲ γὰρ ἥλιον διὰ φωτὸς ἄλλου. πῶς ἂν οὖν τοῦτο γένοιτο; ἄφελε πάντα.

17, 29 del. Kirchhoff 17, 31 del. Ficinus, Kirchhoff 17, 35 ἄλλῳ Ficinus: ἄλλου

sagen zu können, eines nach dem andern ergreifen, denn erst
so kommt ja der Ablauf des Denkens zustande. Bei dem aber, *160*
welches schlechthin einfach ist, wie soll es da einen Ablauf
des Denkens geben? Nein, dort genügt auch wohl ein geisti-
ges Berühren. Indem man aber berührt, hat man, in dem
Augenblick, wo man berührt, überhaupt weder Vermögen
noch Muße, irgend etwas auszusagen, sondern man reflektiert
erst nachträglich darüber. Man muß aber annehmen, daß *161*
man Jenen in dem Augenblick gesehen hat, wo die Seele
mit eins von einem Licht erfüllt wird, denn das kommt von
Ihm, das ist Er selbst; und in dem Augenblick soll man
glauben, daß Er zugegen ist, wo er wie ein anderer Gott,
den jemand in sein Haus herbeiruft, erscheint und ihm
leuchtet; denn wäre er nicht erschienen, hätte er nicht ge-
leuchtet. So ist denn auch die Seele, wenn sie von Jenem *162*
unerleuchtet ist, gottlos, ist sie aber erleuchtet, so hat sie,
was sie suchte. Und das ist das wahrhafte Endziel für die
Seele: Jenes Licht anzurühren und es kraft dieses Lichtes zu
erschauen, nicht in einem fremden Licht, sondern in eben
dem, durch welches sie überhaupt sieht. Denn das, wodurch
sie erleuchtet wurde, ist eben das Licht, das es zu erschauen
gilt (man sieht ja auch die Sonne nicht in einem fremden
Licht). – Und wie kann dies Ziel Wirklichkeit werden? –
Tu alle Dinge fort!

# TABELLE
# UNTERSCHIEDLICHER LESARTEN
## von Harder[2] und H-S[2, 3, 4] bzw. Schw.*

Harder[2]

H-S[2, 3, 4] bzw. Schw.

IV 8

2,6 f. εἴτε ... ἴσως
◇ εἴτε ὀρθῶς εἴτε ὡς ἡμέτεραι ψυχαὶ ἴσως (H-S[1] u. H-S[4]): "und ob der Schöpfer mit Recht (d.h. frei) handelte oder wie unsere Seelen (nämlich notwendig)"

3,2 ἐν ἀνίαις
◇ ἐν ἀνοίαις (Plat., Phaed. 81a6): "in Unwissenheit"

4,12 τῷ σὺν ἄλλῳ (Ficinus)
◇ 11 τὸ σὺν ἄλλῳ (innerer Akk.) MSS

* Zu den Abkürzungen s. "Quellen- und Literaturverzeichnis". – Lesart Harder[2] beginnt am linken Satzrand mit Stellenangabe, der bezogene Text in derselben Zeile; abweichende Lesart beginnt unterhalb Text Harder[2] mit neuer Zeile (und zur Verdeutlichung mit der Sigle ◇) und ist, wenn nicht anders vermerkt, derjenige aus H-S[2], auch wenn MSS angefügt ist.

Für die Tabelle der unterschiedlichen Lesarten gilt:

a) wenn wichtig, wird auch auf H-S[1] verwiesen;
b) gemäß dem Vorwort werden nur solche Textänderungen gegenüber Harder[2] aufgenommen, die mir bedeutsam oder doch sehr empfehlenswert zu sein scheinen;
c) von den Textabweichungen aufgrund von Konjekturen bei H-S[2] wird nur selten Gebrauch gemacht;
d) Korrekturen von H-S[2] durch H-S[4] oder Schw., die sich wieder mit dem Text bei Harder[2] decken, werden nicht vermerkt, z. B. V 1,4,13: Harder[2] αὔξην, H-S[2] αὔξειν, Schw. 200 wieder αὔξην;
e) αὑτοῦ, αὑτῶν etc., von Harder[2] häufiger mit spiritus asper, von H-S[1] u. H-S[2] dagegen eher mit spiritus lenis geschrieben, kann sowohl nichtreflexiv als auch reflexiv verstanden werden; zur Schreibweise bei H-S[2] vgl. ebd., Bd. II, Anm. 3 S. XII. Wenn der Sinn es nicht unbedingt erforderte, habe ich Harder[2] stehengelassen, z. B. V 3,13,23: Harder[2] αὑτὸν, H-S[2] u. H-S[3] αὐτὸν, H-S[1] αὑτὸν; nicht jedoch z. B. in V 1,7,6, wo ich weder Harder[2] noch H-S[2] (αὐτὸ), sondern H-S[1] (αὑτὸ) folge.

Harder²

H-S^2, 3, 4^ bzw. Schw.

| | |
|---|---|
| 4,18 | [ὅλων καὶ] πάντων<br>◇ ὅλων κατὰ πᾶν; MSS: ὅλων καὶ πᾶν |
| 5,4f. | [ἢ … ἀνάγκη]<br>◇ 3f. nicht getilgt: “und die Notwendigkeit und das Freiwillige, weil doch die Notwendigkeit das Freiwillige enthält”; vgl. Sapiens Graecus I § 86 |
| 5,13 | ἀπὸ … αὐτὸ<br>◇ 12f. ἀπὸ … αὐτόν: “von dem, was über ihm (dem Menschen) ist” |
| 5,16 | δίκης<br>◇ διττῆς δὲ: “Zweifach aber” |
| 5,18 | ἡ μέν<br>◇ <δίκη> ἡ μέν (Theiler H-S³): “die eine Strafe” |
| 6,5 | αὐτὸ<br>◇ αὐτὰ meint τῶν ὄντων = νοητῶν v. Z. 3 |
| 6,12 | ἐκείνῳ (Vitringa)<br>◇ ἐκείνοις (MSS) |
| 8,16 | † τὸ … ὅλου †<br>◇ wohl noch nicht geheilt (H-S⁴) |
| 8,17 | αὑταὶ (Harder² richtig)<br>◇ αὗται (MSS) |

V 4

| | |
|---|---|
| 2,4 | διὰ … νόησις<br>◇ 3f. διὰ τί δὲ οὐ νοῦς, οὗ ἐνέργειά ἐστι νόησις; “Aber warum ist nicht der Geist das Zeugende, dessen Verwirklichung das Denken ist?” |
| 2,12f. | ἔστι … νοητόν<br>◇ 11f. ἔστι δὲ καὶ ἄλλο τῷ μετ’ αὐτὸ νοητόν: “Er ist aber verschieden (vom Einen) dadurch, daß er nach Ihm ein Erkennbares ist” |
| 2,49 | ἀλλ’ †<br>◇ 47 ἀλλ’ ἐνταῦθα: v. H-S¹ u. H-S² als in Ordnung angesehen |

Harder²

H-S^{2, 3, 4} bzw. Schw.

V 1

2,6 καὶ ζῆν
◇ καὶ ἃ ζῆν

2,17 f. οὐρανὸς † ἀμείνων
◇ 17 οὐρανὸς ἀκήμων (H-S⁴): "und selbst der Himmel ist ruhig"

2,35 ἕκαστον (Harder² Schw. 200)
◇ ἑκάστῳ (MSS H-S¹ u. H-S²)

4,40 f. καὶ₁ ... ἑτερότης
◇ καὶ κοινὸν δέ τι ἓν πᾶσι· καὶ ἡ διαφορὰ ἑτερότης: "und auch etwas Gemeinsames, da es mit allen (gedachten Gegenständen) eines ist. Und der Unterschied ist Andersheit" (zu letzterem vgl. Arist., Met. 1004a21)

5,14 f. ἡ₂ ... λαμβανομένη
◇ ... ἡ δυὰς τῷ οἷον ὑποκειμένῳ λαμβανομένη: "Jedoch die Zweiheit, durch das gleichsam zugrunde liegende Substrat aufgenommen, ist zwar unbestimmt, die Zahl dagegen ..." (Dodds' Vorschlag <ὡς ταὐτὸν> τῷ, v. Schw. 200 aufgegriffen, erachte ich weder als notwendig noch als besonders sinnvoll; H-S¹ ist überzeugend)

5,16 ἑκάστου
◇ 15 f. εἶδος ἕκαστος (MSS), οἷον μορφωθέντος: "ist Form, (und zwar) eine jede Zahl, indem der Nus gleichsam geformt wird"; vgl. Cilento, III 1,10

6,18 f. u. 7,5 f.
◇ vgl. Anm. 3 in Schw. 200 u. meine Einl. oben S. XXV f.

6,21 f. αὐτοῖς ... τὸ
◇ αὐτοῖς <ἀποδόσει> αἰτίας καὶ τάξεως [αὐτοῖς ἀποδῷσει] τὸ (H-S⁴): Übers. v. Z. 20–23: "Wenn wir ihnen (dem Einen und dem Geist) dem Ausdruck nach Entstehung beilegen, dadurch daß wir Ursache und Rangordnung zuweisen, müssen wir nun sagen, daß das von dort Entstehende entstehe, ohne daß Jenes sich bewegt" (Schw., Gnomon 58, 1986, 600)

6,27 f. πῶς ... μὲν ὄν
◇ πῶς οὖν καὶ τί δεῖ νοῆσαι περὶ ἐκεῖνο μένον (MSS Schw.

Harder[2]

H-S[2, 3, 4] bzw. Schw.

200): “Aber wie kommt das zustande, und als was muß man es sich denken, das um Jenes, das beharrt, ist?”

7,8 τοῦτο (das Eine)
◇ der Kreismittelpunkt (Schw. 200)

7,11–13 ἐπεὶ ... οὐσίαν
◇ vgl. Schw. 200 u. meine Einl. oben S. XXX

7,22f. [πάντα ... ἦν]
◇ πάντα [ἐν ... ἦν]

7,32 ἐκπεσεῖν
◇ ἐκπεσεῖν <ἐᾶν> (Atkinson Schw. 201): “hinabstürzen läßt“

7,48f. [καὶ ... θεῖα]
◇ 49 nicht getilgt v. H-S[1] und H-S[2]

9,12 ἔχων
◇ ἔχον, Apposition zu εὔλογον (= Akk.)

9,24 αἱ ... ἔργον
◇ 23–25. ... αἱ ἀρχαὶ <συν> ἔσονται. καὶ διὰ τί [συνέσονται καὶ] πρὸς ἓν ἔργον ... ὁμονοήσει; (Theiler Schw. 201): “dann müßten die Prinzipien zufällig verbunden sein. Weswegen werden sie (die Bewegenden) aber dann zu einem einheitlichen Werk ... zusammenstimmen?”

9,29 [καὶ Φερεκύδους δὲ]
◇ ohne Klammer; vgl. Quellenapparat zu V 1,1,4 (H-S[2])

10,27 ταῖς φαντασίαις
◇ 26 ταῖς <μὴ> φαντασίαις (Page H-S[4])

11,9 μὲν ὄντος
◇ μένοντος

12,9 οὐ μόριον ψυχῆς
◇ 9f. “Wir sind nicht der obere Teil der Seele” (MacKenna Schw. 201)

V 6

2,10 τὸ ἐπιβάλλειν
◇ 10f. τὸ ἐπιβάλλον (MSS) ... νοεῖ: “und der Nus würde

Harder[2]

H-S[2, 3, 4] bzw. Schw.

mit dem auf das Denken stoßenden Einen (τὸ ἐπιβάλλον = das Eine = Akk.-Obj.) ins Leere gehen, ohne das Gedachte greifen und fassen zu können, das er denkt"

2,12 τέλειος (Theiler)

◇ τέλεον (MSS): trotz Neutrum ist Subjekt der Nus

3,16f. [τὸ ... πολλῶν]

◇ 19f. dorthin übertragen: $τὸ_2$ <συγκείμενον ἐκ πολλῶν> (Igal H-S[2])

5,7 γενόμενον

◇ <τὸ> γενόμενον

6,5–7 εἰ ... ἐστιν

◇ εἰ δέ γε ταῖς ἄλλαις ταῖς εἰς ἄλλο ἔχουσιν ἐπανενεγκεῖν, τήν γε πρώτην ἁπασῶν, εἰς ἣν αἱ ἄλλαι ἀνήρτηνται, αὐτὸ εἶναι δεῖ τοῦτο ὅ ἐστιν: "Wenn man es schon für möglich hält, für die anderen (Akte) einen Rückbezug auf ein anderes herzustellen, so muß wenigstens der erste von allen Akten, an den die anderen geknüpft sind, das selbst sein, was er ist, ohne daß man ihm noch etwas hinzufügt" (ich bleibe so bei H-S[1])

6,32–35

◇ Zur Übers. s. Einl. oben S. XXXII

6,34 ἵν' ᾖ

◇ ἦν (MSS)

V 3

1,17 ὡς <οὐ>

◇ ὡς πάνυ ἄτοπον ὄν: "als ob es völlig abwegig wäre"

3,34 [καὶ ... οὕτως]

◇ καὶ διὰ <νοῦ> νοοῦμεν οὕτως: "und denken wir so durch den Nus?"

4,3 [ἢ]

◇ $ἢ_2$: weitere Alternative zu den Möglichkeiten ἢ in Z. 2 u. $ἢ_1$ in Z. 3

4,5f. ἢ [καὶ]

◇ 6 ἢ κατὰ

Harder[2]

H-S[2, 3, 4] bzw. Schw.

4,16 [καὶ ὅτι]
◇ 17 Schw. jetzt zustimmend zur Streichung (Brief v. 7. 7. 1989)

4,17f. <ὃ> ... δήπου
◇ 18f.: "welches (Nominativ) nicht zu suchen braucht, da es bereits durchaus (alles) hat?"

6,2 νοοῦν [νοεῖ οὖν] getilgt v. Theiler
◇ νοεῖν. νοεῖ οὖν (MSS)

6,41f. αὑτοῦ τὴν γνῶσιν
◇ 42 αὐτοῦ τὴν <ἑαυτοῦ> γνῶσιν: "seine Erkenntnis von sich selbst"

7,6f. καὶ ... αὐτός
◇ Andere Übers.: "Denn eine der von Gott verliehenen Gaben (nicht: Dinge) ist er ja selber, oder vielmehr alle diese verliehenen Gaben ist er selber"

7,7f. εἰ ... κἀκεῖνον ... [καὶ] ... αὐτοῦ μαθών
◇ εἰ μὲν οὖν κἀκεῖνο γνώσεται κατὰ τὰς δυνάμεις αὐτοῦ μαθών: "Wenn er (der Nus) nun Jenes erkennt, indem er Es gemäß seinen Kräften erfährt"

8,11 καὶ$_1$
◇ κἂν (= καὶ ἐν) Igal, Emerita 43(1975)176 u. Epistola § 87; zustimmend jetzt Schw. (Brief v. 7. 7. 1989)

8,32 οὐ μᾶλλον (MSS)
◇ 33 zu tilgen (Igal H-S[2])

8,33 οἷον βλέπει μᾶλλον (MSS)
◇ 34f. οἷον βλέπει <οὐ> μᾶλλον ... τοὐναντίον (Kirchhoff H-S[2]): "der sieht gewissermaßen nicht mehr das Sichtbare, sondern (er sieht) in umgekehrter Richtung (nämlich nach innen schauend)"

9,28f. εἰ ... νοοῦσαν
◇ εἰ δέ τις ἀδυνατεῖ [τὴν πρώτην] τὴν τοιαύτην ψυχὴν ἔχειν καθαρῶς νοοῦσαν (Dodds H-S[2]): "Wenn jemand aber unvermögend ist, die so beschaffene Seele, die rein denkende (nämlich), zu erreichen"

10,30 [ἤ]
◇ ἤ: "oder von bunten Farben ist"

Harder[2]
H-S[2, 3, 4] bzw. Schw.

10,33 αὐτὸ
◇ αὐτὸν (MSS Schw. 201): “Und wenn er (der Nus) nämlich das schlechthin Ungeteilte aussagen müßte”

10,45 f. κἂν … σιωπήν
◇ 46 κἂν … σιωπῶσαν (H-S[4]): “auch wenn es (das Denkende) Einsicht gewährt, die schweigt”

10,47 f. πρὸ γὰρ τοῦ (νοῦ MSS) νοῆσαι ὑπάρχει
◇ 48 f. πρὶν γὰρ νοῦν νοῆσαι ὑπάρχει … (Schw. 201): “Bevor der Nus zu denken sich anschickt, existiert Es (das Eine) schon in seinem ganzen Seinsinhalt für sich selber”; so Cilento III 1,40

11,1 [ὁ]
◇ ὁ$_1$ … ὁ πολύς: Subjekt

11,2 οὐ (Theiler; εἰ MSS; ἕν Dodds) μὲν … ἐπιβάλλειν (nur ein MS)
◇ ἓν μὲν … ἐπιθάλλειν (die übrigen MSS Schw. 201). Übers. v. 11,1–2: “Wenn daher dieser vielfältige Geist das Jenseitige denken will, dann will er Jenes selbst zwar als Eines denken, aber im Bestreben, (auf dem Einen) als einem Einfachen zu blühen, endet er damit, daß er immer wieder etwas anderes erhält, das in ihm zur Vielfalt wird”

11,10 γνοῦσα (scl. ὄψις οὔπω ἰδοῦσα v. Z. 5)
◇ γνοὺς (scl. τύπος v. Z. 9) MSS

11,13 f. ἐνδιαθέμενος oder ἐνδιάμενος (MSS)
◇ ἐνδεόμενος: Igal, Emerita 41(1973)90; aufgenommen von Armstrong u. jetzt auch v. Schw. (vgl. Einl. [Anm. 12)

12,17 θήσονται
◇ 17 f. ἀεὶ θήσονται

12,22–25 εἰ … παραχωρῆσαν
◇ nicht geheilte Stelle: Schw. 201 Anm. 4

12,39–41 ἤ … φῶς· <φῶς> τι οὖν … φύσιν
◇ εἰ … φῶς νοῦν … φύσιν: “Wenn wir es vernünftigerweise ansehen wollen, werden wir die von Jenem gleichsam ausfließende Wirkungskraft, wie das von der Sonne ausgehende Licht, als Nus und als die gesamte geistige Wesenheit ansehen”

Harder[2]
H-S[2, 3, 4] bzw. Schw.

13,23 <νοῦς δ’>
◇ nicht aufgenommen, da die νόησις im Sinne von νοῦς sich nach innen zu ihm (dem Nus) wendet

13,25 ἐξευπορῶν
◇ ἐξευρὼν …: “so spricht er aus der eigenen Entdekkung heraus”

13,27 λιτὸν
◇ λίθον (MSS); vgl. V 3,5,35

13,36 αὐτὸ νοεῖ
◇ αὐτὸ νοεῖν: “weder denkt Es (Subj.) selber”

14,4 f. οὐ (Ficinus) … οὐκ ἔχομεν·
◇ καὶ (MSS) … οὐκ ἔχομεν; “bedeutet dies, daß wir Es überhaupt nicht haben?”

14,12 λαμβάνοντες (Harder-Beutler-Theiler)
◇ λαμβάνουσιν (MSS H-S[3] u. H-S[2])

15,13 <<ἔστιν>> ἂν
◇ οὔπω ἔστιν ὃ ἂν εἴποι (de Strycker H-S[4]): “so ist es noch nicht das, was jemand ‘es selbst’ nennen würde”

15,15 τὸ αὐτό· ἔτι δὲ τὸ
◇ τῷ αὐτῷ ἔστι.τὸ δέ, ὃ: “durch dasselbe (Eines-Sein) ist”
τῷ αὐτῷ ἔτι· τὸ δέ, ὃ (MSS)

15,23 αὐτὸ … μεγάλη ἀρχή
◇ 23 f. αὐτὸ … μετὰ τὴν ἀρχήν (Igal H-S[4]; vgl. Epistola 146): “Jenes selbst aber (zeigt der Nus an) als Eines-Alles, weil er nach dem Ursprung ist”
μεγάλην ἀρχήν (MSS)

15,35 οὕτως
◇ οὗτος = das Eine (H-S[1] u. H-S[2])

15,36 f. οὐ … ἔτυχε, μὴ δ’ … ὅμως: “Denn Es kann ja nicht aufs Geratewohl und ohne daß Es überlegt, was Es hervorbringen soll, trotzdem hervorbringen”
◇οὐ … ἔτυχε· μηδ’ … ὅμως: “Denn Es bringt nicht aufs Geratewohl hervor. Auch bringt Es nicht überlegend hervor, was Es hervorbringt, bringt aber gleichwohl hervor”; so auch Cilento, III 1,48

Harder[2]
H-S[2, 3, 4] bzw. Schw.

16,19 αὐτοῦ
◇ ἑαυτοῦ (MSS): "Was von sich trägt es (das Gutgestaltige) in sich, daß es das Gutgestaltige genannt werden kann?"
16,21 ὄντων ἀγαθῶν
◇ 21 f. τὸ ... ὂν τῶν ἀγαθῶν: "Das Unveränderliche nämlich suchen wir, da es zu den guten Dingen gehört"
16,37 [καὶ ... ζῶσα]
◇ καὶ πρὸς ἐκεῖνο ζῶσα: "und lebt auf Jenes (das Eine) hin"
17,6 f. καὶ ... ἐξ ὧν ἐστίν
◇ καὶ ... ἔξω ἐστίν (MSS): "und weil diesem (dem Zweiten) die Selbstgenugsamkeit, die aus allen Dingen besteht, von außen zukommt"
17,8 f. καὶ ... αὐτοέν
◇ καὶ ὅτι ἕκαστον [τοῦ αὐτοῦ ἑνὸς] μετείληφε καὶ μετέχει <τοῦ αὐτο> ενός, οὐκ αὐτὸ ἕν (H-S[3] u. H-S[4]): "Ferner weil jedes Einzelne teilgenommen hat und (immer noch) teilhat am Einen an sich, ist es selbst nicht das Eine"
17,10 καὶ αὐτὸ falsch die Berufung auf MS M; vgl. Apparat v. Creuzer
◇ αὐτὸ καὶ (MSS)
17,12 αὐτό
◇ αὐτός (Nus) MSS: "und durch die Anwesenheit des Einen seine (des Nus) Vielheit und auch er selbstgenugsam ist"
17,35 οὐκ ἄλλῳ φωτί, ἀλλὰ τῷ
◇ 35 f. οὐκ ἄλλου φωτί, ἀλλὰ τῷ (Schw. jetzt) ...: "nicht durch das Licht eines anderen, sondern durch eben das, durch welches sie (die Seele) überhaupt sieht"
ἄλλου (MSS) alterius (Ficinus)
ἀλλ' αὐτό 4 MSS
ἀλλὰ τῷ 2 MSS Theiler Schw. jetzt (Brief v. 7. 7. 1989)

# QUELLENANGABEN
## nach H-S², H-S⁴ und Schw.*

| | | |
|---|---|---|
| IV 8 | 1,12 | Heraclit., Fr. B 90 |
| | 1,14 | Heraclit., Fr. B 60 |
| | 1,15 | Heraclit., Fr. B 84a; vgl. IV 8,5,6–7 |
| | 1,15–16 | Heraclit., Fr. B 84b |
| | 1,19–20 | Empedocl., Fr. B 115, lin. 13–14; vgl. IV 8,5,5 |
| | 1,29 | vgl. Plat., Phaed. 65d1 |
| | 1,30 | Plat., Phaed. 67d1 |
| | 1,31 | vgl. Plat., Crat. 400c2 |
| | 1,31–32 | Plat., Phaed. 62b2–5 |
| | 1,33 | Plat., Resp. 514a5 |
| | 1,34 | Empedocl., Fr. B 120 |
| | 1,35–36 | Plat., Resp. 515c4–5 u. 517b4–5 |
| | 1,36 | vgl. Plat., Resp. 532e3 |
| | 1,37 | vgl. Plat., Phaedr. 246c2 u. 248c9; vgl. 246d4 |
| | 1,38 | vgl. Plat., Phaedr. 247d5 u. 249a6 |
| | 1,39 | vgl. Plat., Resp. 619d7 u. Phaedr. 249b2 |
| | 1,42–43 | Plat., Tim. 34b8 |
| | 1,43 | Plat., Tim. 29a3 |
| | 1,44 | Plat., Tim. 30b8 |
| | 1,45–46 | vgl. Plat., Tim. 30b3 |
| | 1,49 | vgl. Plat., Tim. 92c8 |
| | 1,49–50 | vgl. Plat., Tim. 39e7–9 |
| | 2,17 | Plat., Tim. 33d2 |
| | 2,20 | Plat., Tim. 33c6–7 |
| | 2,22–23 | Plat., Phaedr. 246c1–2 |
| | 2,31–32 | vgl. Plat., Phaed. 67a5 |
| | 2,42–43 | Plat., Tim. 38c7–8 |
| | 2,45 | Plat., Phaed. 65a10 |
| | 2,46–47 | Plat., Phaed. 66c2–3 |
| | 2,54 | vgl. Plat., Phaedr. 247a4 |

* Die Zeilenzählung bezieht sich auf die Ausgabe von Harder², die öfters ein wenig von der Zeilenzählung bei H-S² differiert.

| | | |
|---|---|---|
| IV 8 | 3,2 | Plat., Phaed. 95d3; vgl. 81a6 |
| | 3,4–5 | vgl. IV 8,1,30–34 |
| | 3,14–15 | vgl. Plat., Tim. 30c–31a |
| | 4,5 | vgl. Plat., Phaedr. 248c4 |
| | 4,11–12 | vgl. Heraclit., Fr. B 84a–b |
| | 4,21 | vgl. Plat., Phaedr. 247e3–4 |
| | 4,22–30 | vgl. IV 8,1,30–37 |
| | 4,30–31 | vgl. Plat., Phaedr. 249c2; 249e5 |
| | 4,35–37 | vgl. Plat., Tim. 41d5–8 |
| | 4,37–39 | vgl. Plat., Tim. 41e3–4 u. 42d4 |
| | 4,40–41 | vgl. Plat., Tim. 41a–d |
| | 5,1–3 | vgl. IV 8,1,29–48 |
| | 5,5–7 | vgl. IV 8,1,11–19 |
| | 5,13 | vgl. Plat., Phaed. 113a4–5; Tim. 34b–c; 41d–e |
| | 5,19–20 | vgl. Plat., Phaed. 83d10–e1 |
| | 5,20–23 | vgl. Plat., Phaed. 113e |
| | 6,10 | vgl. Plat., Tim. 42e5–6 |
| | 7,7 | vgl. Plat., Phaedr. 230a5–6 |
| | 8,15–16 | Arist., Phys. B 8,199b28 |
| V 4 | 1,3–5 | vgl. Plat., Epist. II 312e3–4 |
| | 1,8–9 | vgl. Plat., Parm. 141e10–11 |
| | 1,9–10 | Plat., Parm. 142a3–4 |
| | 1,10 | Plat., Resp. 509b9 |
| | 1,19 | Plat., Phaedr. 245d3 |
| | 1,21 | vgl. Plat., Parm. 144e5 |
| | 1,35 | vgl. Plat., Tim. 29e1–2 |
| | 2,3 | vgl. Plat., Resp. 509b9; Arist., Fr. 49, ed. V. Rose (Leipzig $^{3}$1886) = Ausg. Ross (Oxford 1955) p. 57 = Simplicius, In De caelo II 12, p. 485,22 |
| | 2,8–9 | vgl. Plat. bei Arist., Met. A 6,987b21–22 und M 7,1081a13–15; vgl. V 1,5,14 |
| | 2,12 | Arist., De an. Γ 4,430a4 |
| | 2,22 | Plat., Tim. 42e5–6 |
| | 2,36 | Plat., Tim. 42e5–6 |
| | 2,40 | Plat., Resp. 509b9 |
| | 2,47 | vgl. Arist., Categ. 7,8a11 |
| | 2,48 | Arist., De an. Γ 7,431b17 |
| | 2,50–51 | vgl. Arist., De an. Γ 4,430a3 u. Γ 7,431a1–2 |

V 1 1,4 τόλμα vgl. Plut., De Is. 75, p. 381 f.: ἔριν τὴν δυάδα καὶ τόλμαν (ἐκάλουν οἱ Πυθαγόρειοι) et [Jamblichus] Theologoumena arithmeticae 2, p. 9,5–6 de Falco = p. 8 Ast: πρώτη γὰρ ἡ δυὰς διεχώρισεν αὑτὴν ἐκ τῆς μονάδος, ὅθεν καὶ τόλμα καλεῖται· et Lydus, De mens. II 7, p. 24, 12–13 = Pherecydes, Fr. B 14: τόλμαν δὲ καὶ οἱ περὶ Φερεκύδην ἐκάλεσαν τὴν δυάδα. Vgl. Anatolius Περὶ δεκάδος p. 31,1 Heiberg et [Jamblichus] Theologoumena arithmeticae 2, p. 7,19 de Falco = p. 7 Ast; vgl. Etymol. magnum p. 289 s.v. δυάς; vgl. Pythagorei apud Procl., In Alcib. 104e, p. 132,14 Creuzer = col. 428,29 Cousin 1864, et apud Hermiam, In Phaedr. 2,129, p. 128,5, et apud Olympiodorum, In Alcib. 104e, p. 48,17; vgl. Plat., Resp. 310e1

1,22 Hom., O 566

1,26 vgl. II 4 u. III 4

2,1–5 vgl. Plat., Phaedr. 246b6–7 u. Leg. 896e8–9

2,9 Plat., Phaedr. 245c9

2,16 vgl. Hom., μ 421; Plat., Tim. 43b5; Marc. Anton. 12,14,4 (Theiler); Numenius, Test. 45 (Leemans) = Fr. 33 des Places = Porph., De antro 34

2,19 vgl. Plat., Tim. 36e3

2,21 Soph., Aias 877 u. Eur., Or. 1259

2,24–25 vgl. Plat., Tim. 36e4 u. 34b8

2,28 Hom., Y 65

2,29–30 vgl. Plat., Leg. 896e8–897a1

2,37–38 vgl. Plat., Tim. 37c7

2,40 vgl. Plat., Tim. 92c6–7

2,42 Heraclit., Fr. B 96

2,45 vgl. Plat., Resp. 611c3

2,47–49 vgl. Arist., Met. N 2,1088b15–16

3,4 Hom., A 156

3,5 Plat., Leg. 705a4

3,7–8 vgl. Arist., Anal. post. A 10,76b24–25; Stoic. Vet. Fr. II n. 135; I 2,3,29

3,19 Arist., De an. A 1,403a3

3,22–23 vgl. Arist., De an. Γ 5,430a10–15

4,3–4 vgl. Plat., Tim. 40d4

4,8.10 Plat., Crat. 396b6–7

| | | |
|---|---|---|
| V 1 | 4,16 | vgl. Arist., Met. Λ 7,1072b23 |
| | 4,18 | vgl. Plat., Tim. 37d7 |
| | 4,22 | Plat., Tim. 37e6 |
| | 4,32 | vgl. Arist., De an. Γ 4,430a4 |
| | 4,35–36 | Plat., Soph. 254d4–5 u. 254e5–255a1 |
| | 4,40–41 | Arist., Met. Γ 2,1004a21 |
| | 5,2 | Plat., Parm. 144b2 |
| | 5,6–9 | vgl. Arist., Fr. p. 114,22–23 (Ross) = Alex. Aphrod., In Met. A 6, p. 56,20–21 |
| | 5,9–10 | vgl. Pythagorei apud Stob. I 49,1a, p. 318,21 = Doxogr. Gr. p. 386b8; Xenocrates, Fr. 60 |
| | 5,14–15 | vgl. Plat. apud Arist., Met. M 7,1081a14–15 u. Arist., Fr. 28 (Rose³) = p. 116 (Ross) = Alex. Aphrod., In Met. A 9, p. 85,17; V 4,2,7–8 |
| | 5,18–19 | vgl. Arist., De an. Γ 2,426a13–14 |
| | 6,52–53 | vgl. Pherecydes, Fr. A 7 = Arist., Met. N 4,1091 b10 |
| | 7,7–8 | vgl. Plat., Leg. 898a–b |
| | 7,27 | Hom., Z 211 u. Plat., Resp. 547a4–5 |
| | 7,32–36 | vgl. Hesiod., Theog. 453 ff. |
| | 7,33–36 | vgl. Plat., Crat. 396b |
| | 7,48 | vielleicht ist die Schrift II 4 gemeint |
| | 8,1–5 | Plat., Epist. II 312e1–4 |
| | 8,4–5 | Plat., Epist. VI 323d4 |
| | 8,5 | vgl. Plat., Phaed. 97c1–2 gemäß Anaxag., Fr. B 12 |
| | 8,5–7 | vgl. Plat., Tim. 34b–35b u. 41d4–5 |
| | 8,8 | vgl. Arist., Fr. 49 (Rose³) = p. 57 (Ross) = Simplicius, In De caelo II 12, p. 485,22 |
| | 8,8–9 | Plat., Resp. 509b9 |
| | 8,17–18 | Parm., Fr. B 3 |
| | 8,18 | Parm., Fr. B 8,26 |
| | 8,20 | Parm., Fr. B 8,43 |
| | 8,20 | vgl. Plat., Tim. 30c7–8 |
| | 8,21 | Parm., Fr. B 8,6 |
| | 8,22–23 | vgl. Plat., Soph. 245a5–b1 |
| | 8,24 | vgl. Plat., Parm. 137c–142a |
| | 8,25–26 | Plat., Parm. 144e5 u. 155e5 |
| | 9,1–2 | vgl. Anaxag., Fr. B 12 |
| | 9,5 | vgl. Heraclit., Fr. A 1 = Diog. Laert. 9,8; Arist., De caelo Γ 1, 298b29–33 |

| | | |
|---|---|---|
| V 1 | 9,5–6 | Empedocl., Fr. B 17,7–8 = 26,5–6 |
| | 9,8 | vgl. Arist., Met. Λ 7,1073a4; De an. Γ 5,430a17 |
| | 9,8–9 | Arist., Met. Λ 7,1072a26 u. 1072b20 |
| | 9,9–13 | vgl. Arist., Met. Λ 8,1074a14–17 |
| | 9,25–27 | vgl. Arist., Met. Λ 8,1074a32–34 |
| | 9,29 | Zu Pythagoras u. Pherecydes vgl. Quellenapparat zu V 1,1,4; Pherecydes, Fr. A 7 |
| | 10,4 | vgl. V 1,2–9 |
| | 10,9 | vgl. Plat., Phaedr. 247c2 |
| | 10,10 | Plat., Resp. 589a7–b1 |
| | 10,14–15 | vgl. Alex. Aphrod., De an., Suppl. Aristot. II 2, p. 84,10–11 |
| | 10,17 | vgl. Arist., De an. Γ 4,429a24–25 |
| | 10,22 | Plat., Tim. 34b4 |
| | 10,24 | Plat., Tim. 90a5 |
| | 10,25 | vgl. Plat., Phaed. 67c6 |
| | 10,30 | vgl. Plat., Epinomis 981b8 |
| | 12,6 | Plat., Phaedr. 245c5 |
| V 6 | 5,13 | Plat., Resp. 509a3 |
| | 6,14 | Plat., Resp. 508c1 u. 517b5 |
| | 6,22–23 | vgl. Parm., Fr. B 3 |
| | 6,29 | vgl. V 4,2 |
| | 6,29–30 | Plat., Resp. 509b9 |
| V 3 | 1,1 | vgl. V 3,5 |
| | 2,22 | vgl. Anaxag., Fr. A 15 (= Plut., Pericl. 4,6) u. Xenophon, Cyr. 8,7,20 |
| | 3,3 | vgl. Plat., Soph. 263e4 |
| | 3,21–22 | vgl. Anaxag., Fr. B 12 |
| | 3,24 | vgl. Alex. Aphrod., De an., Suppl. Aristot. II 1, p. 112,18 |
| | 3,42 | vgl. Arist., De an. Γ 5,430a17 |
| | 3,44 | Plat., Phileb. 28c7; vgl. Anaxag., Fr. B 12 |
| | 4,13–14 | vgl. Plat., Phaedr. 246c1 |
| | 5,1–48 | vgl. Sext. Emp., Adv. math. 7,310–12 |
| | 5,22–23 | Arist., Met. Λ 7,1072b21–22 |
| | 5,45 | vgl. Arist., Met. Λ 9,1074b33–34 |
| | 6,10–12 | vgl. Anaxag., Fr. B 12 |
| | 7,7–8 | vgl. Plat., Alcib. 133c5–6 |

| | | |
|---|---|---|
| V 3 | 8,12–13 | Plat., Tim. 52c2–4 |
| | 8,35–36 | vgl. Arist., Met. Λ 7,1072b27 |
| | 8,47 | vgl. Plat., Phaed. 95c5 |
| | 9,6 | vgl. Plat., Phaed. 66c3 |
| | 10,7 | vgl. V 3,11–17 |
| | 10,7–8 | Plat., Resp. 352d5–6 |
| | 10,17 | Plat., Phileb. 63b7–8 |
| | 10,22–26 | vgl. Plat., Soph. 254d–e |
| | 10,43–44 | gegen Arist., Met. Λ 7,1072b21 |
| | 11,28 | vgl. Plat., Resp. 509b9; Arist., Fr. 49 (Rose[3]) = p. 57 (Ross) = Simplicius, In De caelo II 12, p. 485,22 |
| | 12,15 | vgl. Anaxag., Fr. A 55 = Arist., De an. A 2,405 a15–19 |
| | 12,34 | Plat., Tim. 42e5–6 |
| | 12,42 | Plat., Resp. 509d2 |
| | 12,47–48 | vgl. zu V 3,11,28 |
| | 13,2 | Plat., Resp. 509b9 |
| | 13,2–3 | vgl. zu V 3,11,28 |
| | 13,4 | Plat., Parm. 142a3 |
| | 13,32 | Plat., Phileb. 63b7–8 |
| | 14,2 | vgl. Plat., Parm. 142a5 |
| | 14,9–10 | vgl. Plat., Io 533e6–7 |
| | 14,14 | vgl. Anaxag., Fr. B 12 |
| | 14,19 u. 15,1 | vgl. Plat., Resp. 508e1 |
| | 15,11 | vgl. Plat., Parm. 144e5 |
| | 15,21 | Anaxag., Fr. B 1 |
| | 15,22 | vgl. Plat., Parm. 144e5 |
| | 15,24 | Plat., Soph. 245a8 |
| | 15,27 | vgl. Plat., Parm. 153c3 |
| | 15,30 | V 3,15,2–3 |
| | 15,37 | V 3,15,7 |
| | 15,40 | vgl. Plat., Soph. 254e5–255a1 |
| | 16,1–2 | vgl. IV 8,6; V 4,1,37; V 2,1 |
| | 16,2 | vgl. V 4,1,36; VI 7,32,31 |
| | 16,4–5 | vgl. V 1,6,30ff. |
| | 16,18–19 | vgl. Plat., Resp. 509a3 |
| | 16,20 | vgl. Plat., Soph. 248a12 |
| | 16,30 | vgl. Plat., Parm. 144b2 |
| | 17,10 | vgl. Anaxag., Fr. B 1 |

| | | |
|---|---|---|
| V 3 | 17,13 | Plat., Resp. 509b8–9 |
| | 17,16 | vgl. Plat., Resp. 490b; Epist. II 313a4–5 |
| | 17,29 | vgl. Plat., Symp. 210e4; Epist. VII 341c7–d1 |